나도 성경을 가르칠 수 있다

| 구약편 | 하

| 구약편 | 하

나도 성경을 가르칠 수 있다

초판 1쇄 발행 | 2010년 7월 15일
개정판 1쇄 인쇄 | 2011년 1월 20일
개정판 1쇄 발행 | 2011년 1월 30일

지은이 | 이지은
펴낸이 | 김호석
펴낸곳 | 바이블하우스
등 록 | 제 313-194호
주 소 | 서울시 마포구 상수동 6-1 대한실업빌딩 301호
전 화 | (02) 305-0210 / 306-0210
팩 스 | (02) 305-0224
전자우편 | dga1023@hamnail.net
홈페이지 | www.bookdaega.com

디 자 인 | 씨오디
일러스트 | 이수종
사진제공 | 장인수 박사(Ph.D, D.Min) / 성지연구소장

ISBN 978-89-965295-5-2 14230
978-89-965295-1-4 14230 (세트)

바이블하우스는 도서출판 대가의 임프린트사입니다.

나도 성경을 가르칠 수 있다

| 구약편 | 하

이지은 지음

비아블하우스

| 머리말 |

큰 아이가 초등학교 6학년 때 일입니다. 갑자기 하나님이 믿어지지 않는다며 교회에 가지 않겠다고 하는 것이었습니다. 그때부터 아이를 교회에 보내기 위한 힘겨운 주일이 시작되었습니다. 처음에는 '쟤가 왜 저럴까' 하고 화도 났지만, 차분히 나 자신을 돌아보니 아이 눈에는 내 생활 속에 예수님이 보이지 않았다는 것을 깨닫게 되었고, 진정한 아버지이신 하나님을 적극적으로 가르치지 않았다는 회개가 나오게 되었습니다.

큰 아이와 함께 예배드리기 위해 주일학교 중등부 교사로 섬기게 되면서 알게 된 주일학교 아이들의 예배태도는 적잖이 충격적이었습니다. 많은 생각 끝에 아이를 말씀으로 무장시켜 흔들림 없는 신앙을 심어주어야겠다는 생각을 하게 되었고 그때부터 시간을 정해 창세기부터 체계적으로 가르치기 시작했습니다. 이렇게 하나님과 성경에 무관심한 아이를 위해 직접 교안을 짜서 '하나님은 누구시며 너는 누구인지'를 가르치게 되면서 주변 집사님들의 아이들도 자연스럽게 함께하게 되고 결국 생각지도 않은 성경과외로 이어지게 되었으며 이는 방학 때마다 열리는 바이블 캠프의 시발점이 되었습니다.

이때부터 저는 하나님의 필요성도 못 느끼고 성경에 대해 알고 싶어하지도 않는 대부분의 아이들에게 어떻게 성경을 가르쳐야 하는가에 대해 고민하게 되었고, 그러던 중 과연 이스라엘 사람들은 다음 세대에게 어떤 관점으로 성경을 가르칠 것인가라는 질문을 통해 다음과 같은 결론을 내리게 되었습니다.

"그들에게 구약은 그들의 역사다. 우리로 말하자면 고구려, 백제, 신라의 역사와 같은 것이다. 그들에게 다윗은 우리의 광개토대왕일 것이고, 기드온은 우리의 이순신 장군일 것이다. 그렇다면 구약은 이스라엘만의 역사인가? 아니다. 구약은 우리의 역사이기도 하다. 왜냐하면 창세기12장3절에서 아브라함을 부르신 목적이 '모든 족속'이기 때문이며 우리가, 한국 교회가 '모든 족속' 안에 있기 때문이다. 이렇듯 성경은 '모든 족속'을 향하신 하나님 백성들에 대한 역사이므로 구약은 우리의 역사다."

이렇게 깨닫게 되면서 성경을 가르칠 때마다 우리의 국사를 가르치듯 영적인 국사, 성경을 역사적인 관점으로 가르치게 되었습니다.

보통 4시간 또는 8시간 동안 진행되는 성경 강의를 신기하게도 아이들은 집중해서 들었습니다. 바이블 캠프 강의는 찬양과 같은 다른 프로그램 없이 거의 말씀만을 강의해서 많이 지루할 수도 있는데 아이들이 다음 날 그리고 그 다음 캠프에도 오는 것을 보았습니다. 이런 아이들을 보면서 '말씀만 가르쳐도 아이들이 듣는 구나', '되는 구나'라는 생각을 하게 되었고 아이들에게도 말씀에 대한 갈망이 있다는 것을 체험하게 되었습니다. 이렇게 스스로 하나님께서 하시는 일들을 경험하고 감탄하면서 이런 아이들에게 성경을 가르치는 것이 나의 소명임을 확신하게 되었습니다.

이 책은 역사적인 관점에 초점을 맞추어 구약 39권 중 창세기부터 느헤미야까지의 역사서를 중심으로 강의할 수 있게 구성하였습니다. 아이들에게 구약 역사의 생생한 현장을 보여주기 위해 많은 사진을 활용하였고, 구약에 등장했던 인물들의 삶을 공감하고 이해할 수 있도록 다양한 삽화와 자료를 넣었으며, 구약의 역사를 입체적으로 따라올 수 있도록 지도를 사용하였습니다. 내용 또한 교훈이나 적용, 개인적인 느낌보다는 하나님과 구약 당시 신앙의 위인들 간에 일어난 객관적인 사실을 통해 하나님께서 그들(이스라엘)에게 무엇을 원하셨고 그들(이스라엘)은 어떻게 했으며 그 결과는 무엇인지를 서술하여 마치 옆에서 관람하듯 당시의 사건들을 이해할 수 있도록 구성하였습니다.

하나님에 대해 내 아이도 제대로 가르치지 못했던 나에게 하나님의 말씀을 가르치는 사역을 맡겨주신 하나님께 감사드립니다. 모세오경 강의를 통해 귀한 가르침을 주시고 바쁘신 가운데에서도 원고를 검토해 주시고 추천의 글을 써주신 김진섭 백석대학교 신대원장님께 진심으로 감사드립니다. 20년 동안 작업하신 귀한 자료를 청소년들을 위해 아낌없이 제공해주신 장인수 교수님께도 감사드립니다. 방학마다 청소년, 학부모 바이블 캠프를 할 수 있도록 지원해주신 이철 담임 목사님께도 감사드립니다. 어려울 때마다 저에게 귀한 조언과 지도를 해주신 여삼열 목사님께도 감사드립니다.

출판할 수 있도록 격려해주시고 이끌어주신 윤재형 교수님께 감사드리고 이름 없는 저를 믿어주시고 인내하며 묵묵히 지원해주신 도서출판 대가의 김호석 대표님께도 감사드립니다. 성경과외부터 모든 것을 함께 감당해주신 사랑하는 우정인 집사님과 과천중앙교회 집사님들, 제목과 교재 형식에 도움을 주신 정경석 집사님께도 진심으로 감사드립니다.

제가 잘 감당할 수 있도록 새벽마다 기도해주신 엄마, 주어진 일들을 스스로 잘 해나가는 믿음직한 우리 준성이 준상이, 항상 곁에서 지지해주고 작업할 수 있도록 끝까지 배려해준 사랑하고 존경하는 남편께 이 자리를 빌려 온 마음을 다해 고마움을 표합니다. 다음 세대를 말씀으로 일으키고자 하는, 같은 중심을 가지신 고마운 분들의 협력이 있었기에 『나도 성경을 가르칠 수 있다』를 출판할 수 있었습니다.

2010년 6월
이지은

백석대학교 신학대학원에는 매년마다 입학하는 300명의 학생들이 있습니다. 제가 가르치는 과목을 수강하는 모든 학우들에게는 반드시 필수과제물로서 가족사진이 부착된 자기소개서를 제출하게 합니다. 신학수련의 필수과목들 가운데 첫 단추에 해당하는 모세오경은 사실상 모든 제자들의 개인 간증문과 함께 교제해야 하기 때문입니다.

우리 주 예수 그리스도를 통하여 한 성령님 안에서 성부 하나님께 나아오도록(엡2:18) 머리털까지 다 세신 바 된(마10:30) 제자들 한 사람 한 사람이 오늘의 여기에 있기까지, 비록 불신앙과 불순종으로 인하여 사망의 음침한 골짜기 가운데를 통과할 때에라도 그들을 양육하시고 인도하신 성삼위 하나님의 은혜와 사랑이 얼마나 더욱 흘러넘쳤는지(롬5:20) 제자들의 감동적인 개인 간증에 눈시울이 뜨거워졌던 것이 한두 번이 아니었습니다. 그럴 때마다 득천하영재이교육지삼락야(得天下英才而教育之三樂也), 즉 천하에 영재를 얻어 그를 교육함이 셋째 즐거움이라는 말과 네가 뉘게서 배운 것을 알며, 또 네가 어려서부터 성경을 알았나니(딤후3:14~15)라는 말씀을 떠 올리곤 했습니다.

이 책의 저자 이지은 전도사는 치과의사인 남편을 내조하며 대학과 고등학교를 다니는 두 아들 준성, 준상을 기르는 40대 초반의 주부이자 보다 신학적인 이론과 실제를 체득하고자 노력하고 있는 우리 신대원의 소중한 학우입니다.

이 책이 출간된 과정에서 성삼위 하나님께서 너무나 자연스럽고 분명하게 여기까지 인도해 주시는 은혜의 오솔길을 엿보게 됩니다. 이지은 전도사는 고등학교 1학년 때 교회에 첫 발을 내디뎠지만 결혼하고 두 아들을 낳은 후에야 비로소 예수님을 주님으로 영접하고 그리스도인이 무엇인지를 절감하였다고 합니다. 그 후 현재까지 남편과 함께 남서울교회를 섬기면서 가정을 말씀으로 바로 세우고자 아이들에게 규칙적인 성경과외를 시작했고, 주위 집사님들의 간청으로 집사님들의 아이들에게까지 그 가르침을 확장하면서 특별히 성령님께서 주신 청소년 성경교사로서의 은사를 확인하게 되었습니다. 이렇게 소그룹의 성경수업은 방학을 이용하여 『청소년 · 학부모 바이블 캠프』로 발전하게 되었고 지금까지 7차에 걸쳐 구약 16시간과 신약 13시간의 강의를 하게 되었으며, 더 나아가 학부모와 사역자들의 요청으로 『청소년들에게 성경을 가르치는 법』을 강의하기에 이르렀습니다. 급기야 학부모, 주일학교 교사, 청소년 교육 담당 전도사들의 강의자료 공유 요청을 받게 되면서 먼저 구약을 가르치는 데 도움이 되도록 이 교재를 출판하게 되었습니다.

주 예수님께서 오시는 그날까지 하나님 나라의 인재(人才)요, 새벽이슬 같은 주의 청년들(시 110:3)이며, 미래에 파송할 선교사인 다음 세대를 키우는 것이 우리의 비전과 사명이라 생각합니다. 앞으로 선교사가 될 지금의 청소년들에 대한 분명한 비전과 사명을 하나님께서 주셨으므로 우리 자녀들에게 하나님의 말씀을 가르쳐야 하는 것입니다. 세계 67억 인구 중에 아시아 인구가 40억이며, 그중에 15세 이하 청소년이 전체 아시아 인구의 40%에 이르고 있음은 '교육선교'의 중요성을 환기시키는 것입니다. 창세기에서 요한계시록에 이르기까지 하나님의 창조로부터 인간 타락과 하나님 구원의 역사가 완성되는 총체적인 '하나님 나라'의 이야기를 청소년들에게 가르쳐야 합니다. 또한 땅 끝까지 내 증인이 되리라(사1:8)는 예수님의 유언과 모든 족속으로 제자를 삼으라(마28:19~20)는 대위임령을 가장 잘 수행했던 대표적인 인물인 사도바울의 '성경적 세계관'을 본받아, 그 하나님 나라 건설에 한국교회에 주신 역할과 각자에게 주신 자신의 정체성을 알아가도록 도와야 합니다.

이 책은 독자들이 성경에 대해 일반적으로 가지고 있는 질문들로 시작하여 독자와 함께 그 질문에 대한 답에 이를 수 있도록 단계적이고 논리적으로 서술되었습니다. 도덕적 교훈이나 현실적인 적용, 주제별, 인물별로 구약 성경을 풀어간 것이 아니라, 역사적인 관점으로 오늘날 하나님의 백성의 자리에서 하나님의 옛 백성들에 대한 이야기를 객관적으로 보게 합니다. 따라서 구약의 역사서 위주로 정리된 이 책은 창세기부터 느헤미야까지 각 권마다 하나님의 역사를 일관성 있게 보여주고 있습니다.

이 책을 애독하고 실제로 가정과 교회를 중심한 교육현장에 직접 활용하실 독자들을 통하여 하나님이 높이 사용하실 때까지 하나님의 능하신 손아래서 겸손히 준비하는(벧전 5:6) 다음 세대를 향해 소중한 필독서로 자리매김할 것을 확신하면서, 개인적으로 존중하는 저자 이지은 전도사의 가정과 교회를 중심한 교육 사역에 더욱 성령님의 기름 부으심을 간구합니다.

2010년 6월 16월 서울 방배골에서

김진섭(백석대 신학부총장 겸 신대원장, 구약학)

• 왜 다음 세대인가?

또 이르되 셈의 하나님 여호와를 찬송하리로다 가나안은 셈의 종이 되고 (창9 : 26)

하나님이 나의 하나님이 되어 주시는 것, 이것이 셈이 받았던 축복이며 **한국교회가 누리고 있는 영광된 자리**이다. 우리는 하나님의 백성으로서 제2의 디아스포라가 되어 160여 개국에 복음을 전하는 통로의 역할을 감당하고 있다. 그런데 지금 초등학교에서 중학교, 중학교에서 고등학교로 올라갈 때마다 주일학교 아이들의 수가 줄고 있고, 더욱이 고등학교에서 대학교에 들어가면서 **많은 아이들이 교회를 떠나고 있는 실정**이다. 날이 갈수록 아이들이 성경 말씀 듣는 것을 힘들어하고 있는 시점에서 한국교회의 미래의 밝은 모습은 예측하기 어려운 것이 현실이다. 그러므로 이제 우리에게 주신 이 영광된 사명을 우리의 다음 세대가 계속해서 이어가도록 하기 위해 우리는 **다음 세대에게 하나님 앞에서의 우리의 위치와 사명**을 가르쳐야 할 것이다.

• 왜 성경을 가르쳐야 하는가?

그 세대의 사람도 다 그 조상들에게로 돌아갔고 그 후에 일어난 다른 세대는 여호와를 알지 못하며 여호와께서 이스라엘을 위하여 행하신 일도 알지 못하였더라 이스라엘 자손이 여호와의 목전에 악을 행하여 바알들을 섬기며 (삿2 : 10~12)

사사기 2장에서 말하는 '그 세대의 사람'은 여호수아와 갈렙과 함께 했던 광야 2세대들을 말하며, 그들의 다음 세대들은 여호와를 버리고 이방신들을 섬겼다. 광야 2세대는 "우리도 여호수아처럼 오직 하나님만 섬기겠다"는 위대한 고백을 하였지만 **그 후에 일어난 다음 세대는 여호와 앞에서 이처럼 악을 행하였다.** 성경은 그 이유를 여호와를 알지 못했고 이스라엘을 위하여 하나님께서 행하신 일도 알지 못했기 때문이라고 말하고 있다. 그러므로 우리는 이 말씀을 교훈 삼아 **다음 세대에게 하나님의 말씀으로 하나님이 어떤 분이시고 하나님께서 어떤 일들을 행하셨는지** 가르쳐 주어 하나님만을 섬길 수 있도록 해야 한다.

• 어떻게 가르쳐야 하는가?

너를 축복하는 자에게는 내가 복을 내리고 너를 저주하는 자에게는 내가 저주하리니 땅의 모든 족속이 너로 말미암아 복을 얻을 것이라 하신지라 (창12 : 3)
또 하나님이 이방을 믿음으로 말미암아 의로 정하실 것을 성경이 미리 알고 먼저 아브라함에게 복음을 전하되 모든 이방인이 너로 말미암아 복을 받으리라 하였느니라 (갈3 : 8)

히브리인들이 그들의 국사로서 가르치는 **구약은 그들만의 역사인가?** 하나님께서 아브라함을 첫 사람으로 부르시고 하나님 나라를 시작하실 때 이 나라의 목표는 모든 족속, 즉 모든 이방인이라고 분명히 말씀하셨으므로 구약은 우리의 역사이기도 하다. 그러므로 우리는 하나님 나라를 이어갈 **다음 세대에게 구약을 역사적 관점에서** 객관적으로 가르쳐 '모든 족속'을 향하신 하나님의 뜻을 바로 알 수 있도록 가르쳐야 한다.

• 누가 가르쳐야 하는가?

오늘 내가 네게 명하는 이 말씀을 너는 마음에 새기고 네 자녀에게 부지런히 가르치며 집에 앉았을 때에든지 길을 갈 때에든지 누워 있을 때에든지 일어날 때에든지 이 말씀을 강론할 것이며 (신6 : 6,7)

유대인들은 태어나면서부터 모세오경(토라), 탈무드를 배운다. **아이에게 자신의 정체성,** 즉 아브라함의 후손이라는 뿌리를 찾아주기 위해서 회당에서 뿐만 아니라 집에서도 할아버지, 아버지, 어머니가 날마다 철저히 가르친다. 이와 같이 그들은 어려서부터 말씀 속에서 자신의 정체성을 찾는다. 세상의 기준에서 찾는 것이 아니라 말씀 속에서 찾기 때문에 어떠한 유혹과 어려움이 와도 흔들리지 않는 신앙을 갖게 되는 것이다. 그렇다면 우리와 우리의 아이들은 누구인가? **우리야말로 진정한 아브라함의 후손**이다. 그러므로 우리는 다음 세대에게 어려서부터 영적인 정체성을 찾아주어야 한다. 그러기 위해서 모든 그리스도인의 가정에서 부모들은 날마다 **아이들에게 성경을 통해 영적인 뿌리**를 가르쳐야 한다. 뿌리가 깊은 나무는 어떤 폭풍우가 몰아쳐도 끄떡없이 견디는 것처럼 우리 아이들이 어려서부터 성경에 깊이 뿌리를 내리게 된다면 어떠한 어려움과 상황 속에서도 결코 흔들리지 않게 될 것이다. 그렇게 되기 위해서는 **교회에서 뿐만 아니라 가정에서도** 가르쳐야 한다.

『나도 성경을 가르칠 수 있다』 활용법

물음 : 각각의 물음은 앞의 물음과 연결되어 있음을 설명하면서 시작

도입 : 이 물음에서 가르쳐야 할 포인트 정리

소제목 : 물음의 답을 향한 단계별 정리

! : 각 단락의 요점 정리

지도 / 사진 / 삽화 : 질문에 대한 객관적인 자료 제공

Q 성경에서 말하는 '복'이란? 성경이 말하는 '저주'란?

하나님께서 노아를 통해 세 아들들에게 하신 축복과 저주의 말씀을 통해 성경은 무엇을 복이라고 말하고 무엇을 저주라고 말하는지에 대해서 알아본다. 창세기 9장을 통해 우리가 지금 셈이 받은 축복을 이어가고 있다는 것에 대해서 알아본다.

1 셈에게 하신 축복

또 이르되 셈의 하나님 여호와를 찬송하리로다 가나안은 셈의 종이 되고 하나님이 야벳을 창대하게 하사 셈의 장막에 거하게 하시고 가나안은 그의 종이 되게 하시기를 원하노라 하였더라 (창9 : 26,27)

··· 하나님께서 노아를 통해 셈에게 하신 축복은 셈의 하나님 여호와를 찬송하리로다이이다. 사실 무엇을 축복하셨는지 금방 깨달아지지 않는다. 말씀을

! 하나님의 백성이 되는 것이 셈이 받은 축복임을 설명한다.

96 | 나도 성경을 가르칠 수 있다

성경	물음 (개)	소제목 (개)
창세기	39	125
출애굽기	12	44
레위기	5	17
민수기	7	34
신명기	6	16
여호수아	6	33
사사기	10	31
룻기	2	5
사무엘상 · 하	13	42
열왕기상 · 하	15	47
역대상 · 하, 에스라, 느헤미야	5	13
총	120개	374개

• 자녀와 함께하는 큐티 활용법

하루에 소제목을 1개씩 공부하면 일 년 동안 구약 전체를 공부할 수 있습니다(예외로 일년 중 5일만 2개씩 공부합니다).

• 교회에서 52주 공과 활용법

역사적 관점으로 저술하였기 때문에 성경마다, 질문마다 연결되어 있습니다. 그러므로 질문을 주일마다 2개 혹은 3개씩 52주 공과용으로 활용하여 1년 동안 구약 전체를 가르칠 수 있습니다.

• 소그룹, 개인 활용법

구약 전체의 다양한 자료를 통해 소그룹 성경모임이나 개인 성경공부에 활용할 수 있습니다.

여호수아

여호수아 1~12장

여호수아 13~21장

사사기

사사기 1~2장

사사기 3~16장

사사기 17~21장

룻기

사무엘상 · 하

사무엘상 1장~사무엘하 4장

사무엘하 5~24장

열왕기상 · 하

열왕기상 1~11장

열왕기상 12장~열왕기하 17장

열왕기하 18~25장

역대상 · 하, 에스라, 느헤미야

역대상 · 하

에스라, 느헤미야

여호수아는 크게 두 부분 '가나안 땅의 정복'과 '정복한 땅의 분배'로 나뉜다.
여호수아 1장부터 12장까지는 가나안 땅의 정복에 대한 역사이다.
여호수아 13장부터 21장까지는 정복한 땅의 분배에 대한 역사이다.
여호수아서에서는 가나안 땅의 정복전쟁과 정복한 땅의 분배에 대해서 공부한다.

여호수아

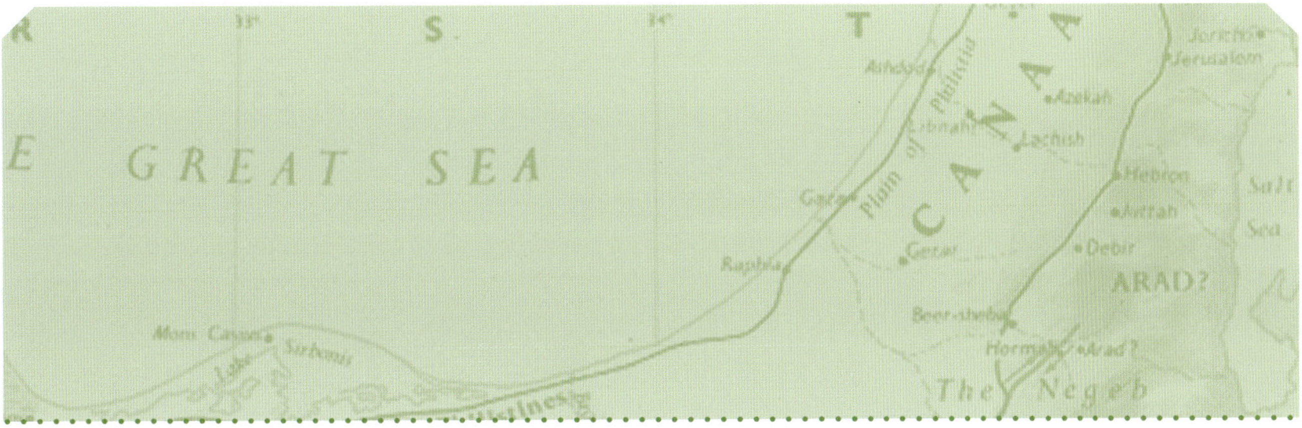

여호수아 1~12장

여호수아 1장부터 12장까지는 가나안 땅의 정복전쟁에 대한 말씀이다.
이 부분에서는 '여호수아 전과 여호수아 후', '하나님의 전쟁',
'여리고 전쟁', '남쪽 전쟁, 북쪽 전쟁'에 대해서 공부한다.

Q 여호수아 전과 여호수아 후?

아브라함부터 여호수아와 광야 2세대가 가나안 땅에 들어가기 전까지 어떤 일들이 있었으며, 하나님께서는 왜 이스라엘 백성들을 여기까지 이끌고 오셨는지, 하나님께서는 앞으로 이스라엘을 통해 무엇을 하실 계획이신지, 우리는 앞으로 펼쳐질 이스라엘 역사를 통해 무엇을 보아야 하는지에 대해서 알아본다.

1 여호수아 전

그 날에 여호와께서 아브람과 더불어 언약을 세워 이르시되 내가 이 땅을 애굽 강에서부터 그 큰 강 유브라데까지 네 자손에게 주노니 곧 겐 족속과 그니스 족속과 갓몬 족속과 헷 족속과 브리스 족속과 르바 족속과 아모리 족속과 가나안 족속과 기르가스 족속과 여부스 족속의 땅이니라 하셨더라 (창15 : 18~21)

내가 네게 큰 복을 주고 네 씨가 크게 번성하여 하늘의 별과 같고 바닷가의 모래와 같게 하리니 네 씨가 그 대적의 성문을 차지하리라 (창22 : 17)

내 종 모세가 죽었으니 이제 너는 이 모든 백성과 더불어 일어나 이 요단을 건너 내가 그들 곧 이스라엘 자손에게 주는 그 땅으로 가라 (수1 : 2)

곧 광야와 이 레바논에서부터 큰 강 곧 유브라데 강까지 헷 족속의 온 땅과 또 해 지는 쪽 대해까지 너희의 영토가 되리라 (수1 : 4)

아브라함부터 여호수아와 200만 명의 이스라엘 백성들까지 설명한다.

••• 아브라함부터 여호수아까지 대략 600년 정도의 시간이 흘렀다. 아브라함은 가나안 땅에서 하나님께 약속을 받았고, 야곱의 가족 70명이 애굽으로 이주했으며, 430년 후 모세를 통해 200만 명의 이스라엘 백성들은 애굽을 나와 광야에서 40년을 살았다. 이제 드디어 여호수아와 200만 명의 이스라엘 백성들은 아브라함이 하나님께 약속을 받은 그 땅 앞에 서게 되었다.

하나님께서는 하나님 나라를 이루시기 위해 아브라함에게 '큰 민족'과 '가나안 땅'을 약속하셨다. 창세기 끝에서 출애굽기 시작 사이인 430년 동안 하나님께서는 아브라함에게 하신 '큰 민족'에 대한 약속을 이루셨으며, 이제 '가나안 땅'에 대한 약속을 이루시기 위해 광야 2세대를 요단강 앞에 세우셨다.

하나님께서는 모든 족속이 하나님께로 돌아오게 하는 하나님의 뜻을 이루시기 위해 아브라함이라는 한 사람으로부터 시작하셨고, 모든 족속이 하나님께로 돌아오게 하는 하나님의 뜻을 이루시기 위해 약속의 땅인 가나안 땅에서부터 시작하셨다. 하나님께서 천명하신 뜻을 이루시기 위해 창세기 12장 이후부터 출애굽기부터 민수기까지 아브라함의 자손을 번성시켜주셨고 건져

큰 민족에 대한 약속과 가나안 땅의 약속을 이루시기 위해 요단강 앞에 섰음을 설명한다.

무엇을 이루시기 위해 아브라함을 첫 사람으로, 가나안 땅을 첫 시작 지점으로 삼으셨는지 설명한다. 창세기 12장 이후 요단강 앞까지 어떻게 이끌어 오셨는지 설명한다.

내셨으며 먹이시고 입히시고 가르치시고 눈으로 보이시고 기다리시고 참아 주시면서 이스라엘을 요단강 앞까지 인도해 오셨다.

여호수아와 이스라엘 백성들은 드디어 그들의 조상 아브라함이 하나님 나라의 첫 사람으로 깃발을 꽂았던 그 땅으로 600년 만에 들어가게 된 것이다.

아브라함에게 약속하셨던 그곳으로 돌아왔음을 설명한다.

2 여호수아 후

너를 축복하는 자에게는 내가 복을 내리고 너를 저주하는 자에게는 내가 저주하리니 땅의 모든 족속이 너로 말미암아 복을 얻을 것이라 하신지라 (창12:3)

••• 하나님께서는 첫 사람으로 아브라함이 하나님의 나라를 시작할 때 어디를 바라보고 계셨을까? 바로 **모든 족속**이다. 하나님께서는 모세와 이스라엘 백성들에게 제사장 나라의 사명을 주실 때 어디를 바라보고 계셨을까? 역시

하나님 나라를 시작하실 때, 제사장 나라의 사명을 주실 때, 땅을 정복하고 신정국가를 세우신 후 하나님께서 바라보신 곳을 설명한다.

느보산에서 본 모압 평지

'모든 족속'이다. 하나님께서는 이제 약속의 땅을 정복하고 하나님의 나라 신정 국가를 세우신 후 어디를 바라보고 계실까? 마찬가지로 '모든 족속'이다.

우리는 하나님께서는 무엇을 바라보셨으며 하나님의 백성인 이스라엘은 무엇을 바라보았는지, 하나님께서 바라보시는 곳을 과연 이스라엘도 바라보았는지를 살펴보아야 한다. 또한 여호수아 이후 이스라엘은 제사장 나라의 사명을 잘 감당했는지, 하나님의 나라인 신정 국가를 잘 세워 나갔는지, 결국 하나님께서 바라보는 곳을 그들도 바라보았는지에 대해서 앞으로 펼쳐지는 이스라엘의 역사를 통해 볼 줄 알아야 한다.

여호수아 이후 이스라엘의 역사를 통해 우리가 무엇을 보아야 하는지 설명한다.

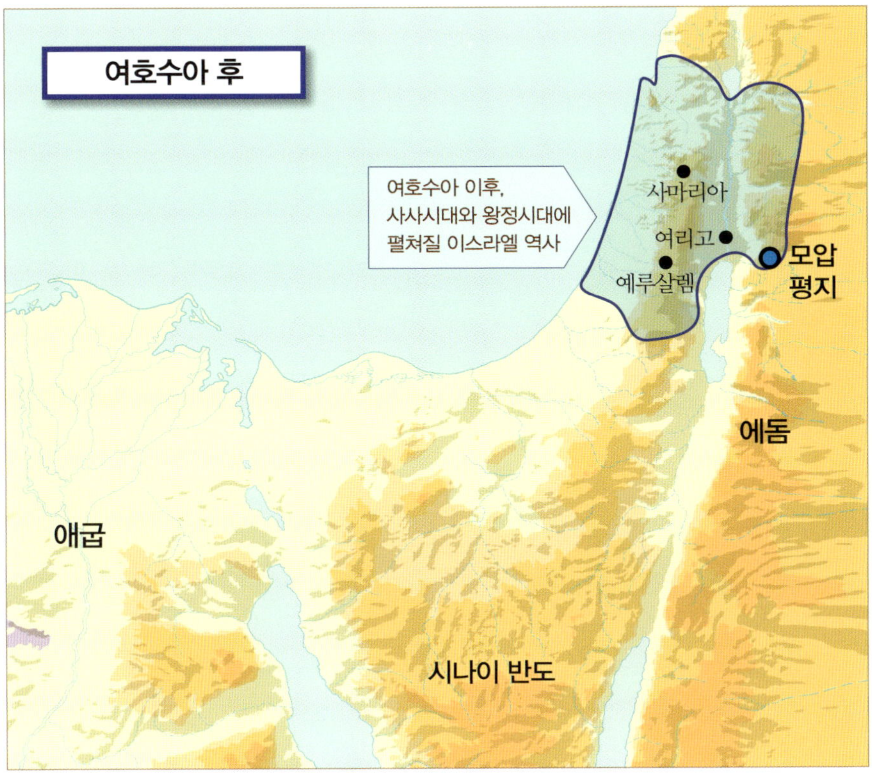

Q 가나안 정복전쟁, 누가 싸우셨는가?

하나님 나라를 이루어가는 데 모세는 어떤 역할을 했으며 여호수아는 어떤 역할은 했는지, 에브라임 지파 땅이 왜 사사시대 중심 지역이 되었고, 여호수아와 광야 2세대들은 어떤 자세로 가나안 족속들과 싸웠는지에 대해서 알아본다.

1 여호수아의 역할

이제 내가 너를 바로에게 보내어 너에게 내 백성 이스라엘 자손을 애굽에서 인도하여 내게 하리라 (출3 : 10)

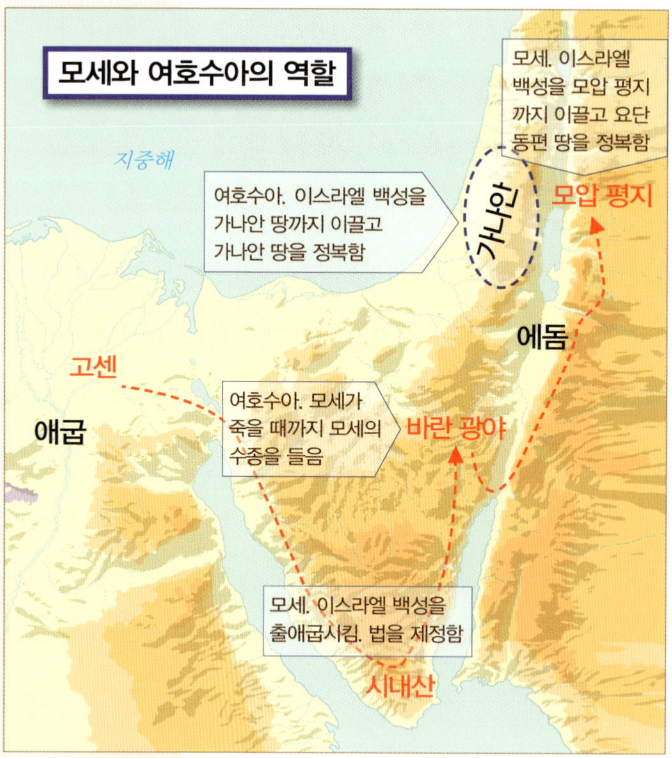

모세가 여호와께서 자기에게 명령하신 대로 하여 여호수아를 데려다가 제사장 엘르아살과 온 회중 앞에 세우고 그에게 안수하여 위탁하되 여호와께서 모세에게 명령하신 대로 하였더라 (민27 : 22,23)

이에 여호와의 종 모세가 여호와의 말씀대로 모압 땅에서 죽어 (신34 : 5)

내 종 모세가 죽었으니 이제 너는 이 모든 백성과 더불어 일어나 이 요단을 건너 내가 그들 곧 이스라엘 자손에게 주는 그 땅으로 가라 (수1 : 2)

여호와께서 그의 종 모세에게 명령하신 것을 모세는 여호수아에게 명령하였고 여호수아는 그대로 행하여 여호와께서 모세에게 명하신 모든 것을 하나도 행하지 아니한 것이 없었더라 (수11:15)

··· 모세와 여호수아는 이스라엘 백성을 이끈 지도자였다. 모세는 이스라엘 백성을 애굽에서부터 광야 40년의 세월을 거쳐 가나안 땅 바로 앞(모압 평지)까지 이끌었으며, 하나님으로부터 받은 법을 제정하는 창조적인 역할을 하였다.

모세의 역할을 설명한다.

하나님께서는 모세 다음으로 이스라엘 백성들을 이끌 지도자로 모세의 수종자였던 여호수아를 세우셨고 가나안 땅을 정복하는 일을 감당케 하셨다. 여호수아는 모세를 통해 제정된 법과 사명과 목표를 이어받아서 집행하고 실질적으로 수행하는 역할을 하였다. 특히 가나안 땅에 들어가 이스라엘 백성들이 하나님의 명령대로 약속의 땅을 점령할 수 있도록 지도자의 역할을 잘 수행함으로써 하나님의 일을 완성하였다.

여호수아의 역할을 설명한다.

모세는 가데스 바네아 므리바 물가에서 이스라엘 백성들에게 하나님의 거룩함을 나타내지 않은 죄를 범함으로써 말씀대로 느보 산에서 죽게 되었고, 그 후 드디어 여호수아가 이스라엘 백성의 지도자가 되어 약속의 땅에 들어가게 되었다.

모세에서 여호수아로 이스라엘의 지도자가 바뀌었음을 설명한다.

2 사사시대의 중심 지역

첫째 달 십일에 백성이 요단에서 올라와 여리고 동쪽 경계 길갈에 진 치매 (수4:19)

이스라엘 자손의 온 회중이 실로에 모여서 거기에 회막을 세웠으며 그 땅은 그들 앞에서 돌아와 정복되었더라 (수18:1)

> 어떻게 해서 에브라임이 중심 지역이 되었는지를 설명한다.

> 사사시대의 중심 지역은 예루살렘이 아닌 중간 지역(에브라임)이었음을 설명한다.

··· 사사기에는 에브라임 산지 지대에라는 말이 많이 나온다. 이것은 사사시대의 중심지역이 에브라임 지파 땅이었음을 말해주는 것이다. 여호수아 당시 이스라엘 백성들이 요단강을 건넌 후 처음 도착한 곳은 길갈이었다. 이곳에서 그들은 진을 쳤고, 실로에 회막을 세웠으며, 처음으로 여리고와 싸움을 하는 등 중부지역에서의 몇 차례 전쟁을 치뤘다.

이와 같은 일들로 인해 처음 도착해서 기반을 세운 이 지역이 이스라엘의 중심 지역이 되었고 나중에 이 지역은 에브라임 지파가 분배받게 되었다. 따라서 에브라임 지파 땅이 자연스럽게 사사시대의 중심 지역이 되었다.

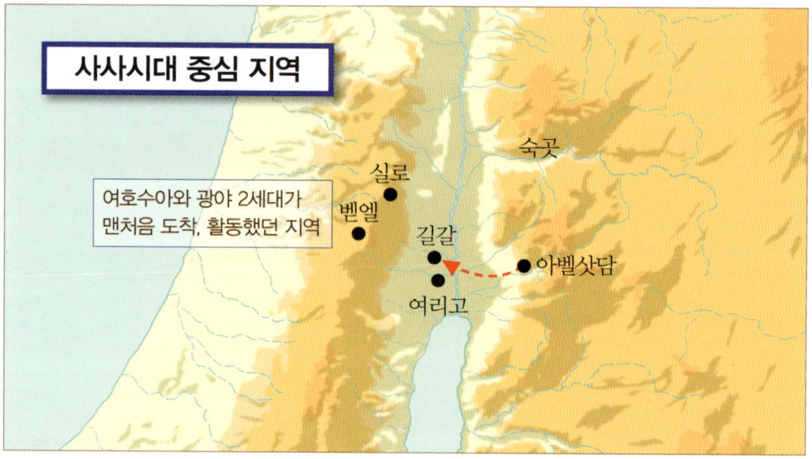

실로

길갈

3 가나안 전쟁

사백삼십 년이 끝나는 그 날에 여호와의 군대가 다 애굽 땅에서 나왔은즉 (출12:41)
그 때에 내가 여호수아에게 명령하여 이르기를 너희의 하나님 여호와께서 이 두 왕에게 행하신 모든 일을 네 눈으로 보았거니와 네가 가는 모든 나라에도 여호와께서 이와 같이 행하시리니 너희는 그들을 두려워하지 말라 너희의 하나님 여호와께서 친히 너희를 위하여 싸우시리라 하였노라 (신3:21,22)
이스라엘의 하나님 여호와께서 이스라엘을 위하여 싸우셨으므로 여호수아가 이 모든 왕들과 그들의 땅을 단번에 빼앗으니라 (수10:42)
내가 주를 의뢰하고 적군을 향해 달리며 내 하나님을 의지하고 담을 뛰어넘나이다 (시18:29)

••• 하나님께서는 출애굽하는 이스라엘을 '여호와의 군대'라고 부르셨다. 이스라엘은 하나님의 싸움을 하는 '여호와의 군대'로서 하나님께서 중심이 되셔서 친히 이끄셨다. 모세는 여호수아를 비롯한 40년 동안 신앙교육을 철저히 받은 광야 2세대들에게 비록 가나안의 일곱 족속이 이스라엘보다 힘은 세지만 너희들이 싸우는 것이 아니라 애굽에서 큰 기적을 행하시고 요단 동편 땅도 점령하게 하신 하나님께서 친히 싸우실 것이므로 두려워하지 말고 그 땅을 취하라고 명하였다. 모세는 가나안 정복전쟁은 여호와의 전쟁이며 **여호와가 싸우시는 승리가 보장된 싸움**임을 알고 있었다.

> ! 모세가 여호수아와 광야 2세대에게 무엇을 명하고 있는지 설명한다.

하나님께서 아브라함에게 약속했던 땅을 완전히 정복했던 다윗 왕은 하나님의 싸움은 하나님이 친히 싸우신다는 것을 알았기 때문에 매번 싸울 때마다 자기의 힘을 의지하고 적에게 나아가지 않고 반드시 하나님 앞에 여쭙고 허락하심을 받고 난 후에 하나님을 의지하며 적진으로 뛰어 들었다.

> ! 다윗왕은 어떤 자세로 전쟁을 했는지 설명한다.

우리는 모세, 여호수아, 광야 2세대, 다윗 왕을 통해서 하나님께서 친히 싸우시는 정복전쟁은 어떤 통로를 통해서 승리로 이끌어 가시는지 알아야 한다.

> ! 모세, 여호수아, 광야 2세대, 다윗왕을 통해서 알 수 있는 것을 설명한다.

Q 여리고성 싸움, 왜 모든 것을 다 죽이라고 하셨을까?

이제 드디어 가나안 정복전쟁의 시작이다. 하나님께서는 왜 여리고성 싸움으로 가나안 정복전쟁을 시작하셨으며, 여리고성 안에 있는 모든 것을 다 죽이라고 하셨고, 왜 가나안 종교와 문화에 대해서 반복해서 엄히 경고하셨는지, 가나안 일곱 족속은 어떤 종교와 문화와 사상을 가지고 있었는지에 대해서 알아본다.

1 모든 것을 멸하라!

그 성 안에 있는 모든 것을 온전히 바치되 남녀 노소와 소와 양과 나귀를 칼날로 멸하니라 (수6:21)

오직 네 하나님 여호와께서 네게 기업으로 주시는 이 민족들의 성읍에서는 호흡 있는 자를 하나도 살리지 말지니 (신20:16)

여리고성 싸움이 정복전쟁의 첫 싸움임을 설명한다.

··· 광야 2세대는 하나님을 중심으로 여호수아를 따라 요단강을 건너 처음 도착한 길갈에서 할례를 행했고, 그곳에 열두 지파의 진을 치고 두 번째 유월

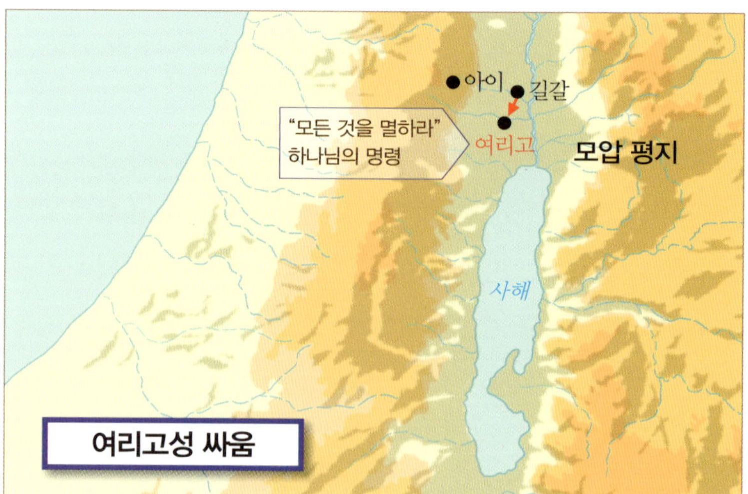

절을 지켰으며, 이때 만나가 그쳤다. 그 후 가나안 정복전쟁의 첫 싸움을 명하셨는데, 그것이 '여리고성 싸움'이었다. 첫 싸움인 여리고성 싸움은 가나안 정복전쟁의 성격이 무엇인지 보여주는 대표적인 전쟁이다.

그런데 하나님께서는 모세를 통해 민수기와 신명기에서도 명령하셨던 것처럼 여리고성 안에 있는 모든 것, 즉 가나안 거민들과 그에 속한 모든 것 남녀노소와 소와 양과 나귀를 다 죽이라고 명령하셨다.

이와 같은 명령을 내리신 이유를 알기 위해서는 먼저 이스라엘이 멸해야 할 대상인 가나안 일곱 족속들의 종교와 사상과 문화에 대해 알아야 한다.

하나님께서 이스라엘에게 무엇을 명령하셨는지 설명한다.

그렇게 명령하신 이유를 알기 위해서는 무엇을 알아야 하는지를 설명한다.

여리고에 있는 돌로 쌓은 탑
(화살표는 계단입구)

여리고의 폐허

2 가나안 종교와 문화

가나안은 장자 시돈과 헷을 낳고 또 여부스 족속과 아모리 족속과 기르가스 족속과 히위 족속과 알가 족속과 신 족속과 아르왓 족속과 스말 족속과 하맛 족속을 낳았더니 이 후로 가나안 자손의 족속이 흩어져 나아갔더라 (창10:15~18)

가나안의 경계는 시돈에서부터 그랄을 지나 가사까지와 소돔과 고모라와 아드마

와 스보임을 지나 라사까지였더라 (창10 : 19)

너희는 이 모든 일로 스스로 더럽히지 말라 내가 너희 앞에서 쫓아내는 족속들이 이 모든 일로 말미암아 더러워졌고 그 땅도 더러워졌으므로 내가 그 악으로 말미암아 벌하고 그 땅도 스스로 그 주민을 토하여 내느니라 (레18 : 24,25)

가나안 일곱 족속은 어디에 등장하는지 설명한다.

··· 하나님께서 이스라엘을 통해서 멸하시려고 하는 대상인 가나안 일곱 족속은 창세기 10장에 등장한다. 가나안은 함의 아들이고, 가나안의 자손이 바로 창세기 10장15~18절에 소개되고 있는 '일곱 족속들'이다. 결국 가나안 일곱 족속은 노아의 세 아들 중 저주받은 함의 계열이었다. 가나안 일곱 족속들의 성격은 바벨, 소돔과 고모라, 시돈 등을 통해서 알 수 있다.

가나안 일곱 족속들의 성격을 설명한다.

창세기 11장의 '바벨 사건'을 통해서 함의 계열인 가나안 일곱 족속이 추구하는 사상은 힘의 관계 원리를 바탕으로 하여 하나님을 대적하는 인간중심 사상임을 알 수 있다. 또한 창세기 19장에 등장하는 '소돔과 고모라'는 하나님 앞에 죄악이 가득해서 심판받은 도시로서 가나안 족속이 그 도시의 거민들이었다.

바알상

마지막으로 가나안 자손의 땅 중에 '시돈'은 바알의 본산지로서 우상숭배가 극심한 곳이었다. 가나안 족속의 우상숭배를 보면 그들은 '엘'이라는 신을 섬겼는데 '엘'은 '아세라'라는 여신과 결혼을 해서 70명의 신들을 낳았으며 이 중 제일 능력이 있는 신인 '바알'을 '주(主)'라 부르며 섬겼다. 바알 신은 비를 주관하는 신으로 사람이 먹고 사는 농작물들을 공급하는 일을 하며 모든 피조물의 신 중 가장 위대한 신으로 섬겨졌다. '바알'은 '아스다롯'이라는 여신과 결혼했으므로 가나안 사람들은 두 신을 함께 섬겼다.

가나안 일곱 족속들의 우상숭배에 대해서 설명한다.

하나님께서는 이미 레위기 18장, 민수기, 신명기를 통해서 가나안 일곱 족속들의 종교와 문화와 사상에 대해서 자세히 이스라엘 백성들에게 계속해서 가르쳐 주셨다.

레위기, 민수기, 신명기의 말씀을 통해서도 계속 가르쳐 주셨음을 설명한다.

3 심판 하시는 이유

네 자손은 사대 만에 이 땅으로 돌아오리니 이는 아모리 족속의 죄악이 아직 가득 차지 아니함이니라 하시더니 (창15:16)

땅의 모든 족속이 너로 말미암아 복을 얻을 것이라 하신지라 (창12:3)

그 날에 여호와께서 아브람과 더불어 언약을 세워 이르시되 내가 이 땅을 애굽 강에서부터 그 큰 강 유브라데까지 네 자손에게 주노니 (창15:18)

곧 겐 족속과 그니스 족속과 갓몬 족속과 (창15:19)

헷 족속과 브리스 족속과 르바 족속과 (창15:20)

아모리 족속과 가나안 족속과 기르가스 족속과 여부스 족속의 땅이니라 하셨더라 (창15:21)

너희가 내게 대하여 제사장 나라가 되며 거룩한 백성이 되리라 너는 이 말을 이스라엘 자손에게 전할지니라 (출19:6)

이는 그들이 그 신들에게 행하는 모든 가증한 일을 너희에게 가르쳐 본받게 하여 너희가 너희의 하나님 여호와께 범죄하게 할까 함이니라 (신20:18)

하나님께서 아브라함에게 하신 약속을 설명하고, 약속하신 땅이 어떻게 되었는지 설명한다.

• • • 하나님께서는 아브라함에게 가나안 땅에 하나님의 나라를 만드실 것이라고 약속하셨다. 그런데 아브라함에게 '약속하신 땅'이 가나안 일곱 족속들의 종교와 문화와 사상으로 인해 온통 죄악으로 가득 차게 되었다. 즉 가나안 일곱 족속의 종교와 문화의 '죄악의 씨'가 아브라함에게 약속하신 땅(하나님의 나라를 세울 땅)에 심어져 온 땅과 모든 것이 죄악의 열매로 가득 차게 된 것이다.

이스라엘이 그들을 몰아내야 하는 이유를 설명하고, 이스라엘의 사명과 하나님께서 걱정하신 이유와 심판하는 이유를 연결해서 설명한다.

이제 하나님께서는 이스라엘 백성을 통해 뿌리부터 열매까지 죄악된 모든 것을 없애버리고 완전히 갈아버린 후 그곳에 거룩한 하나님 나라의 열매를 맺는 '거룩의 씨'를 심으시기 위해 모두 멸하라고 명령하셨다. 또한 이스라엘은 약속의 땅에 들어가 하나님 나라의 거룩한 문화와 사상을 심어야 하는 위

대한 사명을 지닌 백성들이었다. 그런데 이는 그들이 그 신들에게 행하는 모든 가증한 일을 너희에게 가르쳐 본받게 하여 너희가 너희의 하나님 여호와께 범죄하게 할까 함이니라(신20:18)에서 말씀하신 것처럼 이러한 사명을 갖은 하나님의 백성이 가나안 일곱 족속들의 '가증한 일'들로 인해 하나님 앞에서 범죄를 저지를 것이 걱정되셔서 모든 것을 멸하라고 명하셨다.

가나안 일곱 족속들과 그에 속한 모든 것을 철저하게 심판하시는 하나님, 또한 당신의 아들까지도 십자가에 못 박아 죽이시면서까지 죄에 대한 그 어떠한 것도 용납지 않으시는 단호함을 통해 우리는 왜 하나님께서 이스라엘 백성들에게 이와 같은 명령을 내리셨는지 이해할 수 있다.

가나안 일곱 족속의 심판을 통해 무엇을 배울 수 있는지 설명한다.

약속의 땅을 어떻게 점령했는가?

가나안 정복전쟁은 크게 세 부분, 즉 중앙 쪽 전쟁, 남쪽 전쟁, 북쪽 전쟁으로 나뉜다. 중앙 쪽 전쟁 중 여리고성 싸움 이후 아이성 싸움에서 왜 많은 이스라엘 백성들이 죽게 되었고, 어떤 계기로 남쪽 전쟁이 일어났으며 누구와 전쟁을 해서 남쪽 땅을 차지하게 되었는지, 누구와 싸워서 북쪽 땅을 차지하게 되었는지, 어떻게 오랜 시간이 걸리지 않고 가나안 땅을 차지할 수 있었는지에 대해서 알아본다.

1 중앙 쪽 전쟁

여호와께서 여호수아에게 이르시되 네 손에 잡은 단창을 들어 아이를 가리키라 내가 이 성읍을 네 손에 주리라 여호와께서 여호수아에게 이르시되 네 손에 잡은 단창을 들어 아이를 가리키라 내가 이 성읍을 네 손에 넘겨 주리라 (수8:18)

! 첫 싸움인 여리고성 싸움은 무엇을 보여준 전쟁인지 설명한다.

••• 요단강을 건넌 후 '길갈'에 진을 치고 첫 싸움으로 여리고성을 점령하였다. 여리고성 싸움은 하나님의 명령에 순종하면 승리할 수 있다는 것과 가나안 정복전쟁은 하나님께서 친히 싸우시는 여호와의 전쟁임을 보여주는 대표적인 싸움이다.

그 후 여호수아 군대는 아이성 싸움에서 참패를 당하였는데, 이는 여리고의 전리품을 몰래 숨긴 아간의 불순종 때문이었다. 아간의 불순종을 깨닫고 아간과 전리품을 숨기는 데 도움을 준 아간의 가족을 심판한 후 다시 아이성을 향해 두 번째 공격이 재기되었다. '아간의 사건'은 당신의 백성을 향해 어떠한 죄도 용납하지 않으시는 하나님의 단호함을 엿볼 수 있는 사건이다. 또한 한 사람, 한 가정의 범죄가 이스라엘 전체에게 영향을 끼치는 것을 통해 가나안 정복전쟁은 한두 사람이 감당하는 사명이 아닌 이스라엘 전체가 함께 감당해야 하는 사명임을 보여주는 사건이다.

아이성 싸움에 대하여 설명하고, 이 사건을 통해 하나님의 단호함과 전체가 감당해야 할 사명을 설명한다.

중부 지역을 먼저 점령했음을 설명한다.

다시금 공격이 재기된 후 여호수아 군대는 아이성뿐 아니라 벧엘도 점령하였다. 이렇게 가나안 정복전쟁은 여리고, 아이, 벧엘 순으로 중부 지역을 먼저 점령하였으며, 이 지역은 사사시대 동안 중심지역의 역할을 하게 되었다

아이성의 폐허

2 남쪽 전쟁

기브온 주민들이 여호수아가 여리고와 아이에 행한 일을 듣고 (수9 : 3)
그들이 여호수아에게 대답하되 종들은 당신의 하나님 여호와의 이름으로 말미암아 심히 먼 나라에서 왔사오니 이는 우리가 그의 소문과 그가 애굽에서 행하신 모든 일을 들으며 또 그가 요단 동쪽에 있는 아모리 사람의 두 왕들 곧 헤스본 왕 시혼과 아스다롯에 있는 바산 왕 옥에게 행하신 모든 일을 들었음이니이다 (수9 : 9,10)
여호수아가 곧 그들과 화친하여 그들을 살리리라는 조약을 맺고 회중 족장들이 그들에게 맹세하였더라 (수9 : 15)

기브온 산악지대

이와 같이 여호수아가 그 온 땅 곧 산지와 네겝과 평지와 경사지와 그 모든 왕을 쳐서 하나도 남기지 아니하고 호흡이 있는 모든 자는 다 진멸하여 바쳤으니 이스라엘의 하나님 여호와께서 명령하신 것과 같았더라 (수10:40)

이스라엘의 하나님 여호와께서 이스라엘을 위하여 싸우셨으므로 여호수아가 이 모든 왕들과 그들의 땅을 단번에 빼앗으니라 (수10:42)

기브온이 이스라엘을 두려워했음을 설명하고, 기브온과 맺은 언약에 대해서 설명한다.

••• 가나안 중부지역의 주요 도시인 '기브온'은 이스라엘이 행한 모든 일을 듣고 이스라엘을 두려워하여 마침내 길갈로 이스라엘을 찾아와 언약을 맺을 것을 요청했다. 여호수아는 이들을 받아들여 언약을 맺고 기브온 사람들을 노예로 삼았다. 이는 기브온 거민들이 자기들이 먼 곳에서 왔다고 여호수아를 속여 평화조약을 맺은 것이었다.

기브온으로 인한 남쪽 연합군과의 전쟁에 대해서 설명하고, 이 전쟁으로 남쪽 땅을 차지하게 됨을 설명한다.

이때 기브온 거민들이 배반한 것을 알게 된 예루살렘 왕과 헤브론, 야르뭇, 라기스, 에글론은 동맹하여 기브온을 쳐들어 왔다. 여호수아는 기브온을 구하기 위해 남쪽 가나안 연합군과 전쟁을 하게 되었고 하나님께서는 이스라엘이 승리할 수 있도록 우박을 내리시고 낮의 길이를 연장시켜 주셨다. 결국 기브온과의 언약을 지키기 위한 전쟁으로 인해 이스라엘은 남쪽 땅을 차지하게 되었다.

3 북쪽 전쟁

하솔은 본래 그 모든 나라의 머리였더니 그 때에 여호수아가 돌아와서 하솔을 취하고 그 왕을 칼날로 쳐죽이고 (수11:10)

••• 여호수아 군대의 승리 소식을 들은 가나안 북쪽에 위치한 '하솔'은 다른 성읍보다 규모가 큰 나라였고 말과 전차도 많이 소유한 가장 강력한 나라였다. 하솔 왕 야빈은 북쪽의 많은 족속들과 연합하여 여호수아에게 대항했다.

결국 여호수아 군대는 하솔을 중심으로 한 강력한 북쪽 연합군과 싸우게 되었고 하나님께서 친히 싸우심으로 말미암아 자기들보다 훨씬 강력한 연합군들을 물리칠 수 있었다. 비록 북쪽 여러 나라 연합군과의 힘든 전쟁이었지만 이 전쟁으로 인하여 한 번에 북쪽 땅을 모두 점령할 수 있게 되었다. 북쪽 땅을 점령하면서 가나안 정복전쟁에 대한 기록이 끝을 맺는다.

하솔은 어떤 나라였는지 설명하고, 하솔이 북쪽 나라들과 연합을 맺고 여호수아를 쳐들어왔음을 설명한다.

이 전쟁을 통해 어느 땅을 차지하게 되었는지 설명하고, 이 전쟁을 끝으로 정복 전쟁이 종결되었음을 설명한다.

하솔의 폐허

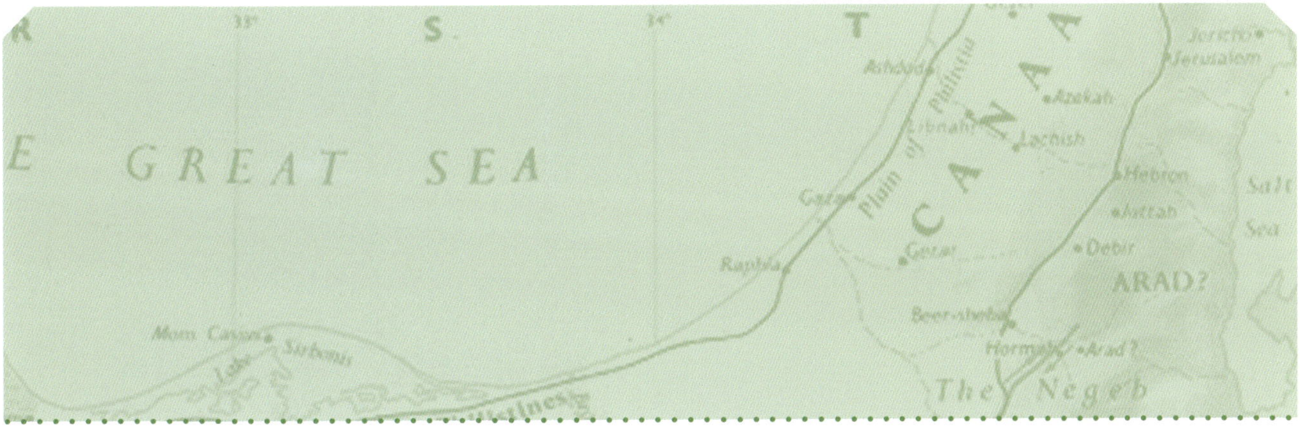

여호수아 13~21장

여호수아 13장부터 21장까지는 정복한 땅의 분배에 대한 말씀이다.
이 부분에서는 '가나안 땅 분배와 남겨진 족속들',
'여호수아의 고백, 갈렙의 고백, 광야 2세대의 고백'에 대해서 공부한다.

이스라엘 백성들은 가나안 땅을 완전히 정복했을까?

하나님께서 아브라함에게 약속하신 땅을 완전하게 차지했는지, 어떻게 땅을 분배했으며, 어느 지파에게는 땅을 분배하지 않았고, 왜 레위지파에게는 48개의 성읍을 주었는지에 대해서 알아본다.

1 땅 분배

너희의 종족을 따라 그 땅을 제비 뽑아 나눌 것이니 수가 많으면 많은 기업을 주고 적으면 적은 기업을 주되 각기 제비 뽑은 대로 그 소유가 될 것인즉 너희 조상의 지파를 따라 기업을 받을 것이니라 (민33:54)

이것은 이스라엘 자손이 가나안 땅에서 받은 기업 곧 제사장 엘르아살과 눈의 아들 여호수아와 이스라엘 자손 지파의 족장들이 분배한 것이니라 (수14:1)

여호와께서 모세에게 명령하신 대로 그들의 기업을 제비 뽑아 아홉 지파와 반 지파에게 주었으니 (수14:2)

먼저 요단 동편의 땅 분배를 설명한다.

••• 가나안 정복전쟁을 끝낸 이스라엘은 하나님께서 명령하신 대로 땅을 분배하기 시작했다. 먼저 민수기에서 아모리 왕 시혼과 바산 왕 옥을 물리쳐서 요단 동편 땅을 차지한 후 르우벤, 갓, 므낫세 반 지파에게 그 땅을 분배했었다.

요단 서편의 땅 분배 과정을 설명한다.

요단 서편의 땅은 유다가 먼저 분배를 받았고, 그 후 요셉의 두 아들인 에브라임과 므낫세가 분배를 받았으며(므낫세는 요단 동편에 이어 요단 서편도 분배받았다), 나머지 일곱 지파들도 분배를 받았다. 이렇게 하나님께서 명령하신 대로 제비를 뽑아 아홉 지파 반이 요단 서편 땅을 분배받음으로써 레위 지파를 제외하고 요셉 대신 그의 아들들인 므낫세와 에브라임이 열두 지파가 되어 가나안 땅을 분배받았다.

이러한 분배 방식은 당시 주변 나라들과 크게 대조되는 것이었다. 주변 나라들은 대부분의 땅이 왕에게 속해 있는 계급사회였으나 이스라엘은 신분의 높고 낮음이 있는 계급사회가 아니었다. 하나님 앞에서 이스라엘 백성은 모두 똑같은 백성의 신분으로 존재했고 동등한 대우를 받았으며, 따라서 지파 백성 수의 많고 적음에 따라 공평하게 땅을 분배하고 백성들에게 나누어 주었다. 결국 하나님께서는 약속의 땅을 모든 백성 한 사람 한 사람에게 분배해 주신 것이다.

> 당시 주변의 다른 나라들과 비교해서 하나님의 땅 분배 방식을 설명한다. 백성 한 사람에게까지 분배되었음을 설명한다.

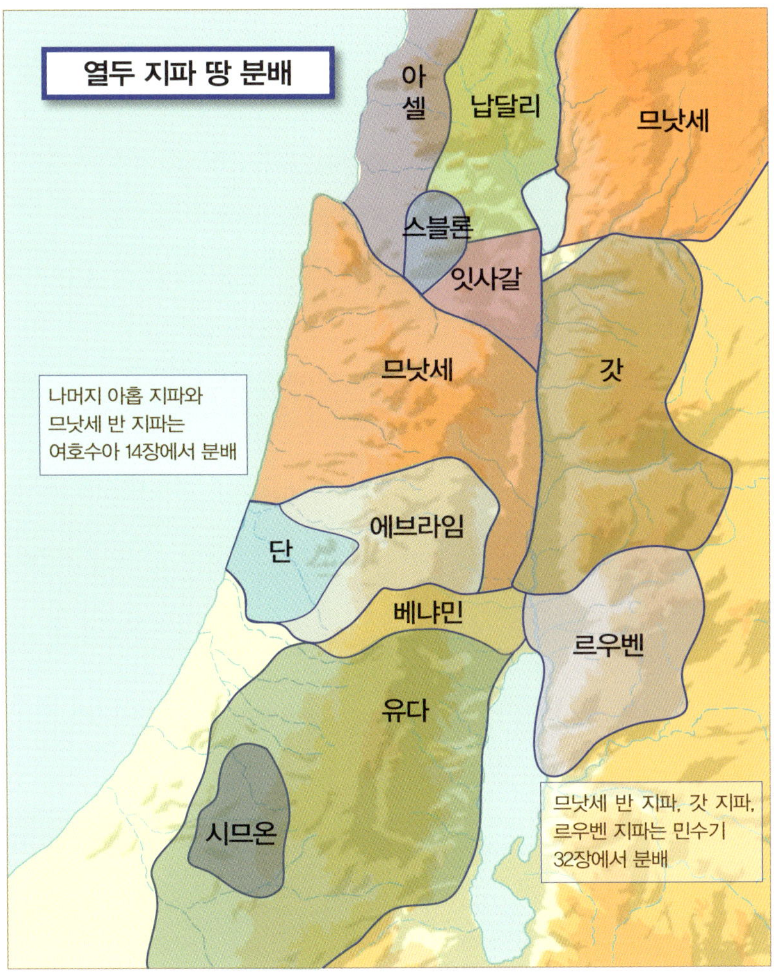

2 레위의 48개 성읍과 6개의 도피성

레위 사람들이 이스라엘 자손의 기업 중에서 받은 성읍은 모두 마흔여덟 성읍이요 또 그 목초지들이라 이 각 성읍의 주위에 목초지가 있었고 모든 성읍이 다 그러하였더라 (수21 : 41,42)

너는 이같이 이스라엘 자손 중에서 레위인을 구별하라 그리하면 그들이 내게 속할 것이라 (민8 : 14)

레위 지파가 분배받은 것을 설명하고, 그중 무엇이 포함되어 있는지 설명한다.

• • • 열두 지파 중 레위 지파는 땅을 분배받지 않았다. 그 대신 각 지파별로 4개의 성읍씩, 모두 48개의 성읍을 받았다. 48개의 성읍 중 13개 성읍은 제사장이 소유했고, 본의 아니게 죄를 짓게 된 사람들을 보호해 주는 6개의 도피성도 48개 성읍 중에 포함되어 있었다. 또한 가축들을 목축할 수 있는 들과 목축지도 받았다.

도피성

레위성읍

이들은 농사를 짓거나 일하지 않고 오직 하나님만을 섬기는 것이 직분이었으므로 하나님 자체가 레위인의 기업이었던 것이다. 하나님께서는 레위인들을 48개의 성읍에 흩어져 백성들과 함께 살아가게 하심으로써 하나님과 백성 간의 영적인 일들을 중재하게 하셨고, 말씀으로 백성들을 가르치는 일들을 하게 하셨다.

무엇이 레위 지파의 기업이었는지 설명하고, 왜 레위 지파를 흩어져 살게 하셨는지 설명한다.

3 남겨진 족속들

예루살렘 주민 여부스 족속을 유다 자손이 쫓아내지 못하였으므로 여부스 족속이 오늘까지 유다 자손과 함께 예루살렘에 거주하니라 (수15:63)
그들이 게셀에 거주하는 가나안 족속을 쫓아내지 아니하였으므로 가나안 족속이 오늘까지 에브라임 가운데에 거주하며 노역하는 종이 되니라 (수16:10)
그러나 므낫세 자손이 그 성읍들의 주민을 쫓아내지 못하매 가나안 족속이 결심하고 그 땅에 거주하였더니 이스라엘 자손이 강성한 후에야 가나안 족속에게 노역을 시켰고 다 쫓아내지 아니하였더라 (수17:12,13)

••• 유다 지파는 여부스 사람들을 쫓아내지 못했고, 에브라임 지파는 게셀의 가나안 사람을 쫓아내지 못했으며, 므낫세 지파도 성읍에 사는 가나안 사람들을 쫓아내지 못했다. 결국 열두 지파 중 단 한 지파도 완전하게 가나안 거민들을 몰아낸 지파가 없었다.

각 지파별로 남겨진 가나안 거민들을 설명한다.

사실상 가나안 정복전쟁은 하나님의 명령하신 대로 완전하게 끝을 맺은 것이 아니라 각 지파별로 가나안 거민이 남아 있는 불완전한 상태에서 하나님의 뜻과는 별개로 정복전쟁이 흐지부지하게 마무리되었다. 이 내용은 다시 사사기 앞에서 반복해서 말할 것이다. 왜냐하면 앞으로 펼쳐질 사사기의 역사와 연관이 있기 때문이다.

정복전쟁이 어떻게 마무리 되었는지 설명한다. 이 내용을 사사기 앞 부분에서 다시 반복하는 이유를 설명한다.

여호수아, 갈렙, 광야 2세대, 무엇이 가나안 정복전쟁을 감당할 수 있게 했는가?

하나님께서는 어떤 사람들을 통해 약속의 땅을 정복하게 하셨으며, 무엇이 여호수아로 하여금 애굽에서부터 가나안 정복까지 감당할 수 있게 했고, 무엇이 갈렙으로 하여금 정탐꾼 사건부터 헤브론 정복까지 감당할 수 있게 했으며, 무엇이 광야 2세대로 하여금 가나안 땅을 정복하고 여호수아와 같은 고백을 하게 했는지에 대해서 알아본다.

1 여호수아의 고백

여호와께서 그의 종 모세에게 명령하신 것을 모세는 여호수아에게 명령하였고 여호수아는 그대로 행하여 여호와께서 모세에게 명하신 모든 것을 하나도 행하지 아니한 것이 없었더라 (수11:15)

만일 여호와를 섬기는 것이 너희에게 좋지 않게 보이거든 너희 조상들이 강 저쪽에서 섬기던 신들이든지 또는 너희가 거주하는 땅에 있는 아모리 족속의 신들이든지 너희가 섬길 자를 오늘 택하라 오직 나와 내 집은 여호와를 섬기겠노라 하니 (수24:15)

에발산이 보이는 나불르스

••• 여호수아는 애굽의 극심한 노역을 겪은 사람으로 하나님의 크신 능력과 기적을 체험하며 이스라엘 백성과 함께 애굽에서 나와 모세의 수종을 들던 사람이었다. 또 정탐꾼 사건 때 오직 하나님만 의지하라고 외쳤던 사람이었다. 또한 광야 40년 동안 자기와 같은 세대가 모두 죽어가는 것을 보았으며 광야 1세대 중 갈렙과 함께 유일하게 가나안 땅에 들어 온 사람으로서 모세의 뒤를 이어 이스라엘의 지도자로 세움을 받아 가나안 정복전쟁의 사명을 완전하게 감당한 사람이었다.

애굽에서부터 정복전쟁을 끝 낼 때까지 여호수아가 온 길을 설명한다.

출애굽부터 신정국가를 이룬 시점까지 하나님께서 역사하시는 모든 현장에 있었던 여호수아가 자신의 일생을 마감하는 순간 다음과 같이 고백하였다.

일생을 마감하는 순간 여호수아가 한 고백에 대해서 설명한다.

오직 나와 내 집은 여호와를 섬기겠노라 (수24:15)

여호수아는 출애굽부터 신정국가를 이룰 때까지 누구보다도 많은 일들을 겪었으며 모든 인생 동안 하나님을 경험한 사람이었다. 그런 여호수아의 이 고백은 결론과도 같은 말씀이다. **지금까지 하나님만을 섬겨왔으며 역시 하나님만이 섬김을 받으셔야 할 분이시라는 것이다.** 여호수아는 오직 이 한 마음, 한 자세로 하나님 앞에서 살았으며 하나님께서 맡기신 일들을 감당하였다.

2 갈렙의 고백

이제 보소서 여호와께서 이 말씀을 모세에게 이르신 때로부터 이스라엘이 광야에서 방황한 이 사십오 년 동안을 여호와께서 말씀하신 대로 나를 생존하게 하셨나이다 오늘 내가 팔십오 세로되 모세가 나를 보내던 날과 같이 오늘도 내가 여전히 강건하니 내 힘이 그 때나 지금이나 같아서 싸움에나 출입에 감당할 수 있으니 그 날에 여호와께서 말씀하신 이 산지를 지금 내게 주소서 당신도 그 날에 들으셨거니와 그 곳에는 아낙 사람이 있고 그 성읍들은 크고 견고할지라도 여호

와께서 나와 함께 하시면 내가 여호와께서 말씀하신 대로 그들을 쫓아내리이다 하니 (수14:10~12)

• • • 갈렙은 정탐꾼 사건 이후 40년 동안 무엇에 집중하며 살아왔는지 그가 한 고백을 통해 알 수 있다. 그는 오직 하나님께서 40년 전 '그날에' 하신 약속만을 중심에 품고 소망하며 살아왔기에 지금 40년 전과 동일한 고백을 할 수 있었다.

여호와는 우리와 함께 하시느니라 그들을 두려워하지 말라 (민14:9)

여호와께서 혹시 나와 함께 하시면 .. 그들을 쫓아내리이다 (수14:12)

갈렙은 40년 동안 하나님께서 땅을 주시고 하나님의 소유로 삼아주시며 제사장 나라를 만드시겠다는 약속에만 집중하고 살아 왔다. 즉 갈렙은 하나님

40년 전과 후의 갈렙의 고백을 비교한다. 갈렙의 고백을 통해 그가 40년 동안 하나님의 '약속'에 집중하고 살았음을 설명한다.

갈렙은 40년 동안 무엇에 집중하고 살았는지 설명한다. 그 결과 어디에 서 있는지 설명한다.

께서 약속하신 땅을 더럽힌 장대한 아낙 사람을 몰아내야 한다는 사명과 약속의 땅을 취하여 하나님께서 시내산에서 명령하신 제사장 나라를 세워야 한다는 사명에 집중하면서 40년 동안 살아 왔던 것이다. 갈렙은 하나님께 받은 사명을 끝까지 감당하기 위해 **다시 아낙 사람 앞 그 산지 앞**에 섰다.

헤브론

3 광야 2세대의 고백

백성이 대답하여 이르되 우리가 결단코 여호와를 버리고 다른 신들을 섬기기를 하지 아니하오리니 이는 우리 하나님 여호와께서 친히 우리와 우리 조상들을 인도하여 애굽 땅 종 되었던 집에서 올라오게 하시고 우리 목전에서 그 큰 이적들을 행하시고 우리가 행한 모든 길과 우리가 지나온 모든 백성들 중에서 우리를 보호하셨음이며 여호와께서 또 모든 백성들과 이 땅에 거주하던 아모리 족속을 우리 앞에서 쫓아내셨음이라 그러므로 우리도 여호와를 섬기리니 그는 우리 하나님이심이니이다 하니라 (수24:16,17,18)

이스라엘이 여호수아가 사는 날 동안과 여호수아 뒤에 생존한 장로들 곧 여호와께서 이스라엘을 위하여 행하신 모든 일을 아는 자들이 사는 날 동안 여호와를 섬겼더라 (수24:31)

••• 하나님께서는 자기들을 왜 구원하셨으며 무엇을 하시려는지에 대한 의식이 없는 백성들을 통해서는 일하지 않으시겠다고 광야 1세대를 다시 광야로 들어가게 하셨다. 광야 2세대들은 부모들이 쓰임 받지 못하고 광야에서 죽어가는 것을 보고 하나님 앞에 쓰임 받지 못하는 구원이 얼마나 무서운 것

광야 2세대가 40년 동안 받은 실물교육과 말씀교육을 설명한다.

인지에 대한 실물교육을 날마다 받으며 살았다. 또한 광야 2세대들은 40년 동안 모세, 아론, 제사장, 레위인들을 통해 하나님께서 주신 율법과 규례를 철저히 배웠고 하나님께서 행하신 일들에 대해서도 배웠다.

40년 동안의 신앙교육을 통해서 무엇을 알게 되었는지 설명한다.

광야 2세대는 40년 동안의 철저한 신앙교육을 통해 하나님께서 이스라엘을 왜 건져내셨으며 무엇을 하시려고 하는지 또 하나님께서 어떤 분이신지에 대해 바로 깨닫게 되었다. 결국 광야 2세대가 받은 신앙교육을 통해 애굽에서 자기들의 조상에게 행하신 일들을 배워서 기억하고 있었고 자신들에게 행하신 일들도 알고 있었다.

가장 중요한 것은 하나님의 이름을 알게 된 것임을 설명하고, 그것이 사명자의 자세를 갖게 해 주었음을 설명한다.

이들은 **여호와께서 이스라엘을 위하여 행하신 모든 일을 아는 자**, 즉 "I will be what I will be"인 하나님의 이름을 아는 자들이었다. 다시 말해 광야 2세대는 하나님을 아는 자들이었기에 하나님께서 이루어 가심을 알았고, 그래서 철저히 하나님을 의지하였으며, 하나님께서 내리시는 명령에 순종할 수 있는 사명자의 자세를 갖출 수 있었다.

광야 2세대의 철저한 신앙교육의 결과를 설명한다.

그 결과 그들은 요단 동편 땅을 정복하였고, 요단강을 건너 가나안 땅에 들어갔으며, 눈앞에서 거대한 여리고성이 무너지는 것을 보았다. 이처럼 자기들보다 거대한 가나안 족속들을 물리칠 수 있었고 하나님께서 약속하신 땅

을 정복하여 분배받을 수 있었다. 여기서 잊지 말아야 할 것은 그들은 하나님께서 이 모든 일들을 행하셨음을 알고, 그런 하나님을 우리의 하나님이라 고백하며 끝까지 하나님만을 섬겼다는 점이다. 이로써 하나님께서 행하신 일을 알고 고백하며 끝까지 하나님만 섬겼던 광야 2세대를 통해 하나님께서는 죄악이 관영했던 가나안 일곱 족속을 심판하셨고 가나안 땅을 정복하셨으며 하나님의 나라 신정국가를 세우셨다.

여호수아와 같은 **하나님에 대한 경험**, 갈렙과 같은 **사명에 대한 집중력**, 광야 2세대와 같은 **철저한 신앙교육**……. 하나님께서는 이런 사람들을 통해 하나님의 싸움을 싸우셨고, 드디어 600년 만에 아브라함에게 약속하신 땅을 정복하게 하셨다. 그러므로 여호수아, 갈렙, 광야 2세대야 말로 진정한 '여호와의 군대'였다.

사사기는 크게 '사사기 서론', '열두 명의 사사들', '사사기 두 사건'으로 나뉜다.
사사기 1장부터 2장까지는 사사시대의 원인에 대한 말씀이다.
사사기 3장부터 16장까지는 사사들에 대한 말씀이다.
사사기 17장부터 21장까지는 사사기를 대표하는 두 사건에 대한 말씀이다.
'사사기 서론, 사사시대의 원인'과 '열두 명의 사사들'과 '사사시대의 대표적인 두 사건'에 대해서 공부한다.

룻기는 사사시대 한 가정에 있었던 일에 대한 말씀이다.
룻기에서는 나오미 가정을 통해 사사시대의 상황을 공부하고,
룻기가 어떤 의의를 갖고 있는 말씀인지에 대해서 공부한다.

사사기, 룻기

사사기 1~2장

사사기 1장부터 2장까지는 사사기 서론과 같은 사사시대의 원인에 대한 말씀이다. 이 부분에서는 '제사장 나라의 왕', '광야 2세대의 다음 세대', '사사가 등장한 이유', '이방신을 섬긴 이유'에 대해서 공부한다.

'제사장 나라'의 왕은 누구인가?

하나님께서는 약속의 땅을 정복한 이스라엘이 어떤 나라가 되기를 원하셨으며, 제사장 나라는 누구를 왕으로 섬기는 나라이고, 누가 제사장 나라의 모든 조직을 정비하셨으며, 왜 레위인들을 흩어져 살게 하셨는지에 대해서 알아본다.

1 제사장 나라

너희가 내게 대하여 제사장 나라가 되며 거룩한 백성이 되리라 너는 이 말을 이스라엘 자손에게 전할지니라 (출19:6)

이스라엘을 통해 제사장 나라를 만드시려고 그들을 건져내셨음을 설명한다.

••• 하나님께서는 이스라엘 백성들을 애굽에서 건져 내신 후 시내산에 도착하자마자 이스라엘을 왜 건져내셨으며 약속의 땅에서 그들이 무엇을 해야 하는지 말씀하셨다. 이스라엘을 잘 사는 나라, 힘 센 나라로 만들어 다른 나라를 점령해서 거대한 제국을 만드시기 위해 선택하신 것이 아니다. 약속의 땅에 하나님만 섬기는 **제사장 나라**를 세우기 위해 이스라엘을 선택하신 것이다.

시내산 아래의 평원. 이스라엘 백성이 진을 친 곳

결국 하나님께서는 이스라엘을 제사장 나라로 만드시기 위해 지금까지 이끌어 오셨고 약속의 땅을 주셨다. 이제 약속의 땅도 정복했고 각 지파별로 땅도 분배받았다. 앞으로 이스라엘은 명령하신대로 제사장 나라를 세워 나가면 되는 것이다.

그런데 제사장 나라는 누구를 섬기는 나라인가? 제사장 나라는 오직 하나님만 섬기는 나라이다. 제사장 나라의 왕은 누구인가? 제사장 나라의 왕은 하나님이시다. 그러므로 **이스라엘의 왕은 하나님이신 것**이다.

> 이스라엘 땅을 주신 이유를 설명하고, 앞으로 이스라엘은 무엇을 해야 하는지 설명한다.

> 왜 이스라엘의 왕이 하나님이신지 설명한다.

2 질서정연한 조직

너희의 종족을 따라 그 땅을 제비 뽑아 나눌 것이니 수가 많으면 많은 기업을 주고 적으면 적은 기업을 주되 각기 제비 뽑은 대로 그 소유가 될 것인즉 너희 조상의 지파를 따라 기업을 받을 것이니라 (민33:54)

레위 사람들이 이스라엘 자손의 기업 중에서 받은 성읍은 모두 마흔여덟 성읍이요 또 그 목초지들이라 (수21:41)

••• 민수기 시작에서 백성의 수를 세신 후에 성막을 중심으로 지파별로 조직을 정비하셨다. 이스라엘은 이동할 때도 성막을 중심으로 이렇게 정비된 순서와 위치대로 이동했으며 정착할 때도 동일한 형식으로 장막을 쳤다. 하나님께서는 성막을 중심으로 질서정연하게 이동케 하셨고 정착시키셨다.

가나안 땅을 정복한 후 하나님께서는 당신의 방법대로 각 지파에 맞게 땅을 공평하게 분배하셨고 하나님께서 주신 땅에서 정착해 살게 하셨다. 마치 성막을 중심으로 지파의 위치를 친히 배치하셨던 것처럼 하나님께서 각 지파별로 정착해 살아야 할 곳을 친히 정해 주셨다.

> 성막을 중심으로 지파를 질서정연하게 정비하셨음을 설명한다.

> 약속의 땅도 지파별로 질서정연하게 친히 분배하셨음을 설명한다.

광야에서나 정착해서나 이스라엘의 중심이 하나님이심을 설명한다.

그렇다면 광야에서 지파별로 이동하고 장막치며 살 때 이스라엘의 중심은 무엇이었는가? 이제 지파별로 분배받은 땅에 정착했을 때 이스라엘의 중심은 무엇이겠는가? 광야에서 이동하고 장막치고 살 때에는 성막, 즉 하나님께서 이스라엘의 중심이셨다. 마찬가지로 하나님께서 친히 분배해 주신 땅에서 정착하고 살 때에도 당연히 이스라엘의 중심은 하나님이시다.

3 하나님의 세팅

가나안 땅 실로에서 그들에게 말하여 이르되 여호와께서 모세에게 명령하사 우리가 거주할 성읍들과 우리 가축을 위해 그 목초지들을 우리에게 주라 하셨나이다 하매 (수21 : 2)

레위 사람들이 이스라엘 자손의 기업 중에서 받은 성읍은 모두 마흔여덟 성읍이요 또 그 목초지들이라 (수21:41)

• • • 이스라엘 모든 백성들이 하나님의 말씀과 율례와 법도를 배우고 익혀 제사장 나라의 사명을 감당할 수 있게 하기 위해서 레위 지파에게는 각 지파마다 4개의 성읍을 주어 흩어져서 살도록 하셨다. 레위 지파를 통해 각 지파 백성들이 하나님께 나아와 예배드리고 제사도 지낼 수 있게 하기 위해서 레위인들에게 영적인 일들을 맡기셨고 또한 백성들에게 하나님의 말씀을 가르치도록 흩어 놓으신 것이다. 이는 백성 한 사람 한 사람이 말씀을 통해 하나님의 뜻을 알고 지켜서 오직 하나님만을 왕으로 섬기는 제사장 나라의 역할을 모두 감당할 수 있게 하기 위함이었다.

레위 지파를 왜 흩어져 살게 하셨는지 설명한다. 백성들을 향하신 하나님의 의도하심도 설명한다.

하나님께서는 제사장 나라의 사명을 주셨고, 조직을 이상적으로 질서정연하게 정비해 주셨으며, 법과 제도도 주셨다. 또한 그것을 모두 다 배울 수 있는 시스템까지 만드심으로써 하나님만을 왕으로 섬기는 제사장 나라를 세울 수 있도록 모든 것을 다 세팅하셨다. 이제 드디어 신정국가를 시작하시는 시점인데 **하나님께서 손을 떼시겠는가?**

제사장 나라를 세울 수 있도록 하나님께서 하신 일을 설명한다.

Q 광야 2세대, 그 다음 세대들도 하나님을 알았는가?

여호수아와 광야 2세대는 무엇 때문에 끝까지 하나님을 섬길 수 있었으며, 광야 2세대 다음 세대는 왜 하나님을 떠나 가나안 종교와 문화에 빠지게 되었고, 그 결과 그들은 어떻게 되었는지에 대해서 알아본다.

1 여호수아 시대

이스라엘이 여호수아가 사는 날 동안과 여호수아 뒤에 생존한 장로들 곧 여호와께서 이스라엘을 위하여 행하신 모든 일을 아는 자들이 사는 날 동안 여호와를 섬겼더라 (수24:31)

백성이 여호수아가 사는 날 동안과 여호수아 뒤에 생존한 장로들 곧 여호와께서 이스라엘을 위하여 행하신 모든 큰 일을 본 자들이 사는 날 동안에 여호와를 섬겼더라 (삿2:7)

광야 2세대는 어떻게 하나님을 끝까지 섬길 수 있었는지 설명한다.

광야 2세대가 알았던 하나님께서 하신 일들에 대해서 설명한다.

··· 광야 1세대 중 가나안 땅에 들어간 사람은 여호수아와 갈렙뿐이었다. 그러므로 성경에서 말하고 있는 '생존한 장로들'은 광야 2세대들이다. 이처럼 광야 2세대는 **하나님께서 행하신 모든 일을 알았기 때문**에 끝까지 하나님을 섬길 수 있었다.

광야 2세대는 애굽에서 행하신 일들을 배워서 하나님에 대해서 알았고, 광야에서 날마다 만나와 메추라기로 당신의 백성들을 먹이시는 하나님을 보았으며, 구름기둥과 불기둥으로 당신의 백성들을 이끄시는 하나님을 따라 왔다. 또한 하나님께서는 구원의 목적과 방향성을 모르는 백성들은 쓰지 않으시고 오직 하나님을 의지하는 사람만을 쓰시는 것을 깨달았고, 광야 40년 동안 불뱀으로부터 지켜주셨던 하나님을 체험했으며, 약속하신 땅을 정복하기 위해 친히 싸우시는 하나님을 뒤따르며 아브라함에게 약속하신 것을 신실하게 지키시는 하나님이심을 알았다. 이 모든 것들을 행하신 분이 하나님이심을 광야 2세대는 알았던 것이다. 즉 하나님께서 어떤 분이신지 알았기 때문에 그들은 끝까지 하나님을 섬길 수 있었다.

2 사사시대

그 세대의 사람도 다 그 조상들에게로 돌아갔고 그 후에 일어난 다른 세대는 여호와를 알지 못하며 여호와께서 이스라엘을 위하여 행하신 일도 알지 못하였더라 (삿2:10)

••• 그 후에 일어난 다른 세대는 광야 2세대의 다음 세대인 가나안에 정착한 1세대를 말한다. 광야 2세대가 죽고 난 후 일어난 다음 세대인 가나안 정착 1세대에 대해서 성경은 여호와를 알지 못하며 여호와께서 이스라엘을 위하여 행하신 일도 알지 못하였더라, 즉 하나님께서 애굽에서 행하신 모든 기적들과 이스라엘에게 제사장 나라의 사명을 주셨다는 것, 광야에서 먹이시고 입히셨던 일들, 구름기둥과 불기둥으로 이끄셨던 일들, 구원의 목적과 방향성을 모르는 사람들은 쓰지 않는다는 것과 하나님을 의지하는 사람을 통해서만 일을 하신다는 것, 광야 40년 동안 모든 해로부터 막아주셨던 것들, 정복전쟁은 하

하나님을 알지 못한 것이 원인임을 설명한다.

나님께서 친히 싸우셨으며, 아브라함에게 약속하신 것을 지키셨다는 것에 대해 알지 못하였다. 결국 광야 2세대의 다음 세대들은 하나님께서 행하신 이 모든 것들에 대해서 몰랐다는 것이다. 이것은 그들이 하나님을 몰랐다는 말이다.

3 그 결과

그 세대의 사람도 다 그 조상들에게로 돌아갔고 그 후에 일어난 다른 세대는 여호와를 알지 못하며 여호와께서 이스라엘을 위하여 행하신 일도 알지 못하였더라 (삿2 : 10)

이스라엘 자손이 여호와의 목전에 악을 행하여 바알들을 섬기며 애굽 땅에서 그들을 인도하여 내신 그들의 조상들의 하나님 여호와를 버리고 다른 신들 곧 그들의 주위에 있는 백성의 신들을 따라 그들에게 절하여 여호와를 진노하시게 하였으되 (삿2 : 11,12)

그러므로 이스라엘 자손은 가나안 족속과 헷 족속과 아모리 족속과 브리스 족속과 히위 족속과 여부스 족속 가운데에 거주하면서 그들의 딸들을 맞아 아내로 삼으며 자기 딸들을 그들의 아들들에게 주고 또 그들의 신들을 섬겼더라 (삿3:5,6)

가나안 정착 1세대가 하나님을 몰랐을 때의 결과를 설명한다.

• • • 광야 2세대 다음 세대인 가나안 정착 1세대는 하나님께서 행하신 모든 일들을 몰랐다. '그 결과' 그들이 어떻게 되었는지 성경은 말해주고 있다. 하나님을 몰랐기 때문에 하나님 앞에서 이방신과 온갖 우상들을 섬겼고, 애굽에서 인도해 내신 여호와를 버렸다. 이것이 **하나님의 백성이 하나님께서 행하신 일들을 몰랐을 때의 결과**이다.

아무리 땅을 정복하고 하나님만 섬기겠다는 믿음을 끝까지 지킨 광야 2세대의 자손들일지라도 하나님에 대해서 배우지 않으면 하나님을 알 수 없다.

신앙은 혈통으로 되는 것이 아니다. 신앙은 가르치고 배우고 깨닫고 지키면서 형성된다. 그런데 하나님을 몰랐다는 것은 하나님에 대해서 배우지 않았다는 것이며, 정착한지 얼마 안 된 상태에서 주변에 남겨 둔 가나안 거민들과 혼인했다는 것은 가나안 정착 1세대가 가나안 거민들의 문화와 종교에 영향을 받았다는 것이다.

다시 말해 정착 세대가 하나님에 대해서 몰랐다는 것은 하나님 앞에서 자기들이 어떤 존재인지 몰랐다는 것이고 자기들이 무엇을 해야 하는지 몰랐다는 것이다. 또한 자기들이 무엇을 소유하고 있는지 몰랐던 것이다.

그 결과 자기들의 전 세대인 광야 2세대가 목숨을 걸고 헐어 깨뜨리고 몰아낸 것들을 다시 세우고 불러들이고 그것들을 하나님처럼 섬기고 따라하게 되었다. 따라서 사사기 뒤에 등장하는 두 사건들이 벌어지게 되는 결과를 가져온 것이다. 즉 하나님을 알지 못했기 때문에 미가의 가정과 단 지파처럼 복 받으려고 하나님과 우상을 겸하여 섬기는 삶을 살았고 하나님을 알지 못했기 때문에 레위와 베냐민 지파처럼 괴악한 풍습이 하나님 백성들 가운데 생겨난 것이다.

신앙은 교육을 통해 형성되며 광야 2세대의 자손들이 가나안 종교와 문화에 빠지게 된 것이 결국 하나님을 몰랐기 때문임을 설명한다.

하나님을 모른다는 것은 결국 무엇을 모른다는 것인지 설명한다.

'그 결과' 정착 1세대가 무슨 일을 했는지 설명하고, 사사기 뒤의 두 사건이 '그 결과'로 인해 일어난 사건임을 설명한다.

사사는 왜 등장했는가?

범죄한 이스라엘을 하나님께서는 누구를 통해 징계하셨고, 하나님 앞에 회개하는 이스라엘을 건져주시기 위해 누구를 보내셨는지 알아보고, 왜 계속 사사가 등장했는지, 만약 이스라엘 백성들이 하나님 뜻대로 살았다면 사사가 등장했을지에 대해서 알아본다.

1 심판의 매

곧 그들이 여호와를 버리고 바알과 아스다롯을 섬겼으므로 (삿2 : 13)

여호와께서 이스라엘에게 진노하사 노략하는 자의 손에 넘겨 주사 그들이 노략을 당하게 하시며 또 주위에 있는 모든 대적의 손에 팔아 넘기시매 그들이 다시는 대적을 당하지 못하였으며 (삿2 : 14)

그들이 어디로 가든지 여호와의 손이 그들에게 재앙을 내리시니 곧 여호와께서 말씀하신 것과 같고 여호와께서 그들에게 맹세하신 것과 같아서 그들의 괴로움이 심하였더라 (삿2 : 15)

너희가 만일 그 땅의 원주민을 너희 앞에서 몰아내지 아니하면 너희가 남겨둔 자들이 너희의 눈에 가시와 너희의 옆구리에 찌르는 것이 되어 너희가 거주하는 땅에서 너희를 괴롭게 할 것이요 나는 그들에게 행하기로 생각한 것을 너희에게 행하리라 (민33 : 55,56)

네가 만일 네 하나님 여호와의 말씀을 순종하지 아니하여 내가 오늘 네게 명령하는 그의 모든 명령과 규례를 지켜 행하지 아니하면 이 모든 저주가 네게 임하며 네게 이를 것이니 (신28 : 15)

••• 광야 2세대 다음 세대인 가나안 정착 세대는 하나님께서 행하신 일들을 몰랐기 때문에 하나님을 버리고 온갖 이방신을 섬기는 죄악을 범했다.

! 정착 세대는 왜 이방신들을 섬기는 죄악을 범하게 되었는지 설명한다.

노아의 홍수, 바벨 사건, 소돔과 고모라, 가나안 일곱 족속의 심판을 통해 하나님께서는 죄에 대해 엄중히 심판하시는 분이심을 알 수 있다. 그러므로 가나안 족속들의 가증한 죄악을 따라한 이스라엘에 대해서도 하나님께서는 이미 모세를 통해 말씀하셨듯이 '심판의 매'를 드셨다.

그러나 이스라엘을 징계하기 위한 '심판의 매'로 쓰신 나라들은 애굽이나 앗수르 같은 큰 나라들이 아니었다. 하나님께서 민수기에서 미리 경고하셨던 것처럼 이스라엘이 몰아내지 않고 함께 살게 된 가나안의 여러 족속들과 그 주변에 있었던 나라들이 이스라엘을 치는 '심판의 매'로 쓰였다.

> 이스라엘에게 심판의 매를 드신 이유를 설명한다.

> 민수기에서 미리 말씀하신 대로 '심판의 매'로 사용된 나라들을 설명한다.

2 남겨진 이방족속들

여호와께서 유다와 함께 계셨으므로 그가 산지 주민을 쫓아내었으나 골짜기의 주민들은 철 병거가 있으므로 그들을 쫓아내지 못하였으며 (삿1:19)

베냐민 자손은 예루살렘에 거주하는 여부스 족속을 쫓아내지 못하였으므로 여부스 족속이 베냐민 자손과 함께 오늘까지 예루살렘에 거주하니라 (삿1:21)

이스라엘이 강성한 후에야 가나안 족속에게 노역을 시켰고 다 쫓아내지 아니하였더라 (삿1:28)

그러므로 이스라엘 자손은 가나안 족속과 헷 족속과 아모리 족속과 브리스 족속과 히위 족속과 여부스 족속 가운데에 거주하면서 (삿3:5)

••• 이스라엘은 가나안 거민들을 모두 몰아내지 않은 채 정복전쟁을 마무리 지었다. 유다 지파는 골짜기 거민들을 쫓아내지 못했고, 베냐민 지파는 예루살렘에 거하는 여부스 사람들을 쫓아내지 못했다. 이렇게 므낫세 지파, 에브라임 지파, 스불론 지파, 아셀 지파, 납달리 지파, 단 지파 등 열두 지파 중 어느 한 지파도 완전하게 가나안 거민을 몰아낸 지파가 없이 정복전쟁은 흐지

> 가나안 족속들을 모두 몰아내지 못했음을 설명한다.

부지하게 마무리되었고 각 지파별로 가나안 거민들을 남겨 두고 그들과 함께 살게 되었다.

몰아내지 못한 가나안 거민에 대한 내용이 사사기 서론에서 두 번이나 기록되었음을 설명하고, 이들은 이스라엘에게 어떤 존재가 되었는지 설명한다.

사사기 1장부터 3장7절까지는 사사기 전체의 서론 부분으로, 가나안 거민들이 남게 된 상황을 두 번씩이나 말하고 있다. 결국 남겨진 가나안 거민들은 눈의 가시와 옆구리의 찌르는 것과 같이 이스라엘에게 괴로움을 주는 '심판의 매' 역할을 하게 되었다. 그들은 정복 초기에는 이스라엘의 종처럼 살았지만 시간이 지날수록 점점 이스라엘이 그들의 종교와 문화를 받아들임으로써 그들의 세력이 커지게 되어 나중에는 이스라엘을 침략하고 약탈하고 압제하는 이스라엘에게 있어서 큰 괴로움을 주는 존재가 되었다.

남겨진 가나안 거민들

3 열두 명의 사사

여호와께서 이스라엘에게 진노하사 그들을 메소보다미아 왕 구산 리사다임의 손에 파셨으므로 이스라엘 자손이 구산 리사다임을 팔 년 동안 섬겼더니 (삿3:8)
이스라엘 자손이 여호와께 부르짖으매 여호와께서 이스라엘 자손을 위하여 한 구원자를 세워 그들을 구원하게 하시니 그는 곧 갈렙의 아우 그나스의 아들 옷니엘이라 (삿3:9)
그 사사가 죽은 후에는 그들이 돌이켜 그들의 조상들보다 더욱 타락하여 다른 신들을 따라 섬기며 그들에게 절하고 그들의 행위와 패역한 길을 그치지 아니하였으므로 (삿2:19)

••• 가나안 족속들의 침략으로 이스라엘은 하나님 앞에 회개하며 이방족속들로부터 건져 달라고 부르짖었고, 하나님께서는 이스라엘에게 은혜를 베푸시어 그들을 건져내시기 위해 사사를 보내주셨다.

사사가 등장하는 과정을 설명한다.

메소포타미아 왕 구산 리사다임의 손에서 이스라엘을 건지시기 위해 사사 '옷니엘'을 보내셨고, 모압과 암몬과 아말렉의 손에서 이스라엘을 건지시기 위해 베냐민 사람 '에훗'을 보내셨고, 블레셋의 손에서 건져내시기 위해 사사 '삼갈'을 보내주셨고, 가나안 왕 야빈의 손에서 건지시기 위해 '드보라'와 납달리 사람 '바락'을 보내주셨고, 미디안 사람들의 손에서 건지시기 위해 므낫세 지파 아비에셀 사람 '기드온'을 보내주셨으며, 그 후 사사 '돌라'와 길르앗 사람 사사 '야일'을 보내주셔서 이스라엘을 구원해 주셨다. 또한 블레셋과 암몬의 손에서 건지시기 위해 길르앗 사람 사사 '입다'를 보내주셨고, 그 후 베들레헴 사람 '입산', 비라돈 사람 사사 '압돈'을 보내셔서 이스라엘을 건져 주셨다. 그 후 40년 동안 블레셋에게 압제 당하고 있는 상황에서 이스라엘을 건져내시기 위해 '삼손'을 보내주셨다. 그러나 사사가 죽은 후에 이스라엘은 **다시** 우상을 섬겨 하나님을 배반했고, **다시** 하나님께서는 주변 이방족속들을 통해

어느 지파에 어떤 사사를 보내주셨는지 설명하고, 이 과정이 옷니엘 사사부터 삼손까지 사사시대 동안 계속 반복되었음을 설명한다.

이스라엘을 '심판의 매'로 치셨고, **다시** 하나님 앞에 부르짖었고, 하나님께서는 은혜를 베푸시어 **다시** 사사를 보내주셨고, **다시** 이스라엘을 이방족속의 손에서 건져주셨다. 이 구조는 사사 '옷니엘'부터 마지막 사사 '삼손'까지 사사시대 동안 계속 반복되었다.

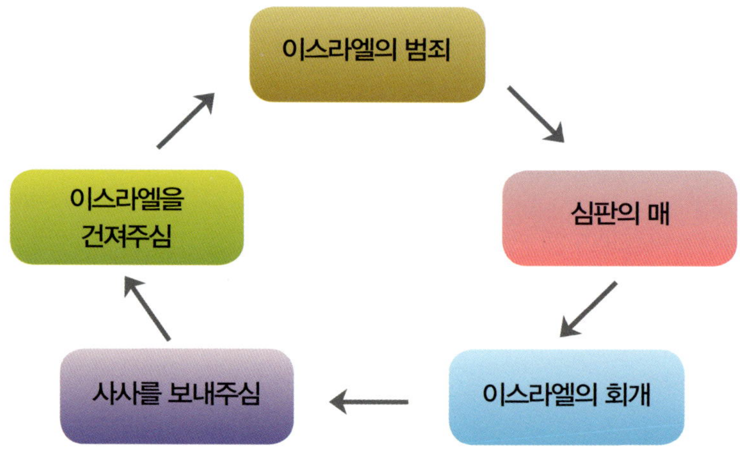

1. 유다의 옷니엘 (삿3:9)
2. 베냐민의 에훗 (삿3:15)
3. 삼갈 (삿3:31)
4. 에브라임의 드보라와 납달리의 바락 (삿4:4~6)
5. 므낫세의 기드온 (삿6:11)
6. 잇사갈의 돌라 (삿10:1)
7. 길르앗의 야일 (삿10:3)
8. 길르앗의 입다 (삿11:11)
9. 베들레헴의 입산 (삿12:8)
10. 스불론의 엘론 (삿12:11)
11. 에브라임의 압돈 (삿12:13)
12. 단의 삼손 (삿15:20)

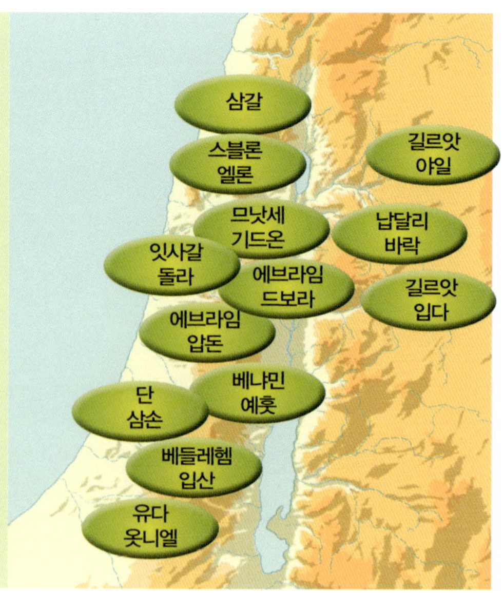

이렇게 사사가 계속 등장했다는 것을 보면 이스라엘은 하나님을 진노하게 하는 '패괴'와 '패역'한 죄의 삶을 계속해서 살았다는 것을 알 수 있다. 뿐만 아니라 이스라엘은 시간이 흘러 사사들이 등장함에 따라 더욱 더 죄와 부패에 가득 찬 삶을 살았다.

만약 하나님께 부르짖지 않았다면 사사는 등장하지 않았을 것이다. 가나안 족속들이 침략하지 않았다면 사사는 등장하지 않았을 것이다. 이방신을 섬기지 않았다면 사사는 등장하지 않았을 것이다. 하나님을 버리지 않았다면 사사는 등장하지 않았을 것이다. 하나님께서 행하신 모든 일들을 알았다면 사사는 등장하지 않았을 것이다. 결국 광야 2세대의 다음 세대인 정착 세대가 하나님께서 행하신 모든 일들을 알았다면 그래서 하나님이 어떤 분이신지 바로 알아 하나님만 섬겼다면 사사는 등장하지 않았을 것이다.

사사가 계속 등장했다는 것이 의미하는 바를 설명한다.

사사가 등장한 가장 큰 이유를 설명한다.

왜 이스라엘은 하나님을 버리고 이방신을 섬겼을까?

가나안 땅에 들어가 정착해 살면서 이스라엘 백성들은 가나안 거민들의 어떤 것들을 부러워하게 되었고, 무엇이 두려워서 하나님도 찾고 우상들도 찾게 되었으며, 무엇 때문에 하나님, 에봇, 드라빔, 신상, 신당 등 온갖 우상들을 다 가지려고 했는지, 결국 이스라엘 백성들이 우상을 섬기게 된 진짜 이유에 대해서 알아본다.

1 부러움

므낫세가 벧스안과 그에 딸린 마을들의 주민과 다아낙과 그에 딸린 마을들의 주민과 돌과 그에 딸린 마을들의 주민과 이블르암과 그에 딸린 마을들의 주민과 므깃도와 그에 딸린 마을들의 주민들을 쫓아내지 못하매 가나안 족속이 결심하고 그 땅에 거주하였더니 (삿1:27)

이스라엘이 강성한 후에야 가나안 족속에게 노역을 시켰고 다 쫓아내지 아니하였더라 (삿1:28)

그러므로 이스라엘 자손은 가나안 족속과 헷 족속과 아모리 족속과 브리스 족속과 히위 족속과 여부스 족속 가운데에 거주하면서 그들의 딸들을 맞아 아내로 삼으며 자기 딸들을 그들의 아들들에게 주고 또 그들의 신들을 섬겼더라 (삿3:5,6)

미디안의 손이 이스라엘을 이긴지라 이스라엘 자손이 미디안으로 말미암아 산에서 웅덩이와 굴과 산성을 자기들을 위하여 만들었으며 (삿6:2)

아비멜렉의 뒤를 이어서 잇사갈 사람 도도의 손자 부아의 아들 돌라가 일어나서 이스라엘을 구원하니라 그가 에브라임 산지 사밀에 거주하면서 (삿10:1)

정복 초기와 다르게 나중에는 이스라엘이 산속으로 들어가 살게 된 과정을 설명한다.

··· 정복 초기에 이스라엘은 하나님께서 몰아내라는 가나안 거민들을 몰아내지 않고 종으로 삼아서 그들과 함께 살았다. 그러나 가나안의 문화가 오랜 전통을 가진 발달된 정착문화였기 때문에 처음과는 다르게 시간이 지남에 따

라 점점 이스라엘이 그들의 영향을 받게 되었다. 그러면서 가나안 거민들의 세력이 커지게 되고 나중에는 이스라엘이 가나안 족속들에게 밀려 그들을 피해 산속으로 들어가 살게 되었다.

결국 평지를 차지하고 살게 된 가나안 거민들은 원래 자기네들이 주로 하던 농사를 지으며 경제적으로 풍성하게 되었고, 산속으로 밀려들어가 살게 된 이스라엘 사람들은 목축을 주로 했던 사람들이기 때문에 산속에서도 다시 목축을 하며 살게 되었다.

평지를 차지한 가나안 거민들의 생활과 산속으로 밀려들어 간 이스라엘 사람들의 생활을 설명한다.

이렇게 가나안 거민이 이스라엘보다 경제적인 능력을 갖고 안정된 생활을 하게 됨으로써 이스라엘은 가나안 거민들의 살아가는 방법을 배우기 위해 그들과 타협하게 되었다. 결국 그들의 경제적인 풍성함과 안정된 생활방식 그리고 기술들에 대한 **부러움**이 그들과의 혼인을 마다하지 않게 된 것이다.

이스라엘 사람들이 가나안 거민과 혼인하게 된 이유를 설명한다.

그 결과 이스라엘 사람들은 가나안 거민인 남편이나 아내가 이끄는 대로 이방신을 따라 섬기게 되었다.

가나안 거민들이 갖고 있는 것들에 대한 부러움이 결국 이방신을 섬기게 된 것임을 설명한다.

2 두려움

이스라엘 자손이 여호와의 목전에 악을 행하여 자기들의 하나님 여호와를 잊어 버리고 바알들과 아세라들을 섬긴지라 (삿3 : 7)

> 이스라엘 백성들은 왜 이방 신을 찾아가게 되었는지 설명한다.

• • • 이스라엘 백성들은 자신들에게 불행이 닥쳐오면 하나님께 부르짖었다. 그런데 즉시 응답이 안 오고 고통이 계속되면 하나님 앞에서 참고 기다리며 자신을 돌아보고 하나님의 뜻을 헤아리는 것이 아니라 그 고통으로부터 빨리

아스다롯 (Ashtoreth)

가나안 우상 중에 하나이다.
여호수아가 죽은 후 이스라엘 백성들은 하나님을 떠나 우상을 섬겼는데, 그중 대표적인 우상이다.
모압에서 이 여신은 그모스의 배우자로, 풍요와 사랑의 여신으로 숭배되었다.

아세라 (Asherah)

고대 근동 지방에서 아모리족이나 가나안족이 숭배했던 여신에 대한 히브리어 명칭이다.
고대 우가릿 문서에 의하면 아세라는 엘의 배우자이다. 모신으로서 바알을 포함한 70신들의 어머니였다.

바알 (Baal)

가나안 및 수리아에서 섬겼던 남성 신으로 주 혹은 소유자라는 뜻이다. 땅의 생산력과 가축의 번식력을 주관하는 신으로 이스라엘 민족은 가나안 정착 초기부터 바알신앙의 영향을 받았다. 비와 풍요의 신으로 바알은 팔레스타인의 농경적인 환경에서 매우 중요한 신이었다.

다곤 (Dagon)

물고기, 곡식이라는 뜻으로 블레셋 사람들이 주로 섬기던 신의 이름이다. 풍요와 생산의 신으로 바알의 아버지로 알려졌다. 상반신은 사람, 하반신은 물고기의 모습을 하고 있다.

그모스 (Chemosh)

모압족속이 국가신으로 숭배한 전쟁의 신이다.
이 때문에 모압 사람들을 그모스의 백성이라고 불리기도 했다.
사사입다는 그모스를 암몬의 신으로 말했는데, 암몬 사람들도 그모스를 숭배했던 것으로 생각된다.
그모스에 대한 예배 중에는 인신제사가 있다.

벗어나기 위해 다른 대안을 찾았다. 그래서 주변에 살고 있는 가나안 거민들이 섬기는 신을 찾아가서 매달렸다.

처음부터 신상을 섬기고 산당을 찾은 것이 아니라 고통을 면하기 위해 불행이 또 닥칠까 하는 **두려움** 때문에 점점 우상숭배에 빠져들게 되어 몰렉, 밀곰, 그모스, 바알, 아세라 등 주변 나라 백성들이 섬기는 많은 우상들을 이스라엘 백성들도 섬겼던 것이다.

결국 고통을 면하고 불행을 막기 위해 우상들을 섬기게 되었음을 설명한다.

3 세상의 복

그의 어머니에게 이르되 어머니께서 은 천백을 잃어버리셨으므로 저주하시고 내 귀에도 말씀하셨더니 보소서 그 은이 내게 있나이다 내가 그것을 가졌나이다 하니 그의 어머니가 이르되 내 아들이 여호와께 복 받기를 원하노라 하니라 미가가 은 천백을 그의 어머니에게 도로 주매 그의 어머니가 이르되 내가 내 아들을 위하여 한 신상을 새기며 한 신상을 부어 만들기 위해 내 손에서 이 은을 여호와께 거룩히 드리노라 그러므로 내가 이제 이 은을 네게 도로 주리라 (삿17 : 2,3)

미가가 그 은을 그의 어머니에게 도로 주었으므로 어머니가 그 은 이백을 가져다 은장색에게 주어 한 신상을 새기고 한 신상을 부어 만들었더니 그 신상이 미가의 집에 있더라 (삿17 : 4)

그 사람 미가에게 신당이 있으므로 그가 에봇과 드라빔을 만들고 한 아들을 세워 그의 제사장으로 삼았더라 (삿17 : 5)

이에 미가가 이르되 레위인이 내 제사장이 되었으니 이제 여호와께서 내게 복 주실 줄을 아노라 하니라 (삿17 : 13)

••• 이스라엘 백성들은 하나님을 섬기지 않겠다고 하지는 않았다. 다만 자신들의 방식대로 열심히 하나님을 섬겼다. 즉 자신들의 방식대로 신상도 만

자기식대로 하나님을 어떻게 섬겼는지 설명한다.

자기식대로 무엇을 위하여 하나님과 우상을 섬겼는지 설명한다.

들고 신당도 지었으며 드라빔과 에봇도 만들었다. 또한 자기 집에 제사장도 데리고 있으면서 하나님을 섬겼다.

왜 이런 것들로 하나님을 섬겼는가? 이유는 단 하나, '복' 받기 위해서다. 그러면 어떤 복을 원했는가? 명예, 재산, 건강의 복을 원했다. 가나안 거민들이 드라빔을 만들면 모든 일이 잘 풀린다고 하니깐 드라빔도 만들어 가지고 있었고, 이방신을 섬기는 사람들이 신상과 신당을 지으면 돈을 많이 벌게 되고 건강해진다고 하니깐 당장 집에다 신상과 신당을 지었다. 이렇게 이스라엘 백성은 풍요와 다산, 잘 먹고 잘 사는 세상의 '복'을 받기 위해서 좋다고 하는 방법들을 모두 따라 하며 하나님과 우상들을 함께 섬기며 살았다.

4 하나님의 복

네가 네 하나님 여호와의 말씀을 삼가 듣고 내가 오늘 네게 명령하는 그의 모든 명령을 지켜 행하면 네 하나님 여호와께서 너를 세계 모든 민족 위에 뛰어나게 하실 것이라 네가 네 하나님 여호와의 말씀을 청종하면 이 모든 복이 네게 임하며 네게 이르리니 성읍에서도 복을 받고 들에서도 복을 받을 것이며 네 몸의 자녀와 네 토지의 소산과 네 짐승의 새끼와 소와 양의 새끼가 복을 받을 것이며 네 광주리와 떡 반죽 그릇이 복을 받을 것이며 네가 들어와도 복을 받고 나가도 복을 받을 것이니라 (신28:1~6)

하나님께서는 말씀을 배우고 지켜 행할 때 복을 약속하셨음을 설명하고, 어떤 복을 약속하셨는지 설명한다.

··· 하나님께서는 이스라엘에게 복을 약속하셨다. 하나님의 말씀을 배우고 지켜 행하면 세계 민족 가운데 으뜸가는 민족이 되고, 어디를 가든지 복을 받을 것이며, 이스라엘에게 속해 있는 모든 것들에게까지 복을 주실 것이고, 이스라엘이 하는 모든 일들 가운데서 받을 복들을 주시겠다고 약속하셨다.

즉 하나님의 말씀을 듣고 순종하면 이스라엘 백성에게 속해 있는 모든 것들에 대해서 세상이 줄 수 없는 하나님께서 주시는 진정한 복을 누리게 해 주시겠다고 하셨다.

그런데 이스라엘은 세상의 복을 받기 위해 하나님이 주시는 진정한 복에는 관심이 없었던 것이다. 이스라엘은 자기들이 가지고 있었던 진짜 보물은 버리고 썩어 없어질 가짜 보물을 갖기 위해 온 정성을 다해 이방신들을 섬겼다.

세상이 줄 수 없고 하나님께서 주시는 진정한 복을 설명한다.

이스라엘은 어떤 복을 원했는지 설명하고, 썩어 없어질 복을 위해 하나님을 버리고 이방신에게로 갔음을 설명한다.

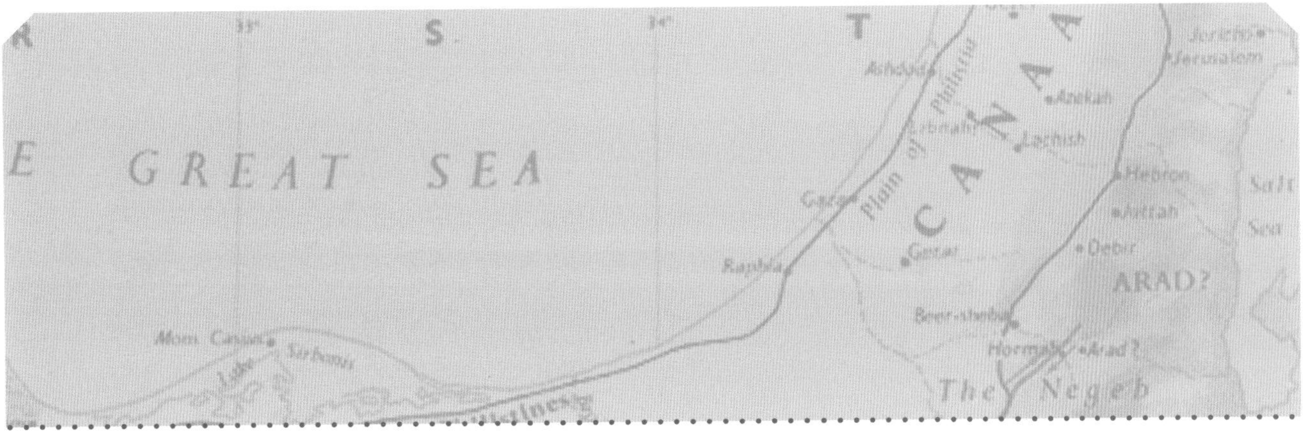

사사기 3~16장

사사기 3장부터 16장까지는 열두 명의 사사들에 대한 말씀이다.
이 부분에서는 '기드온과 300명의 전사들', '삼손의 사명',
'위대한 신앙인 삼손'에 대해서 공부한다.

기드온을 통해 보여주신 승리의 원리는?

기드온 당시 이스라엘 백성들은 어떻게 생활하고 있었으며 영적으로는 어떤 상태였는지, 하나님께서는 농부인 기드온을 왜 큰 용사라고 부르셨고, 하나님께서는 수많은 미디안과 싸울 하나님의 전사를 어떤 방법으로 선택하셨으며, 기드온과 300명 전사들의 무엇을 보셨는지, 어떤 사람을 통해 수많은 미디안 군대를 한 사람 치듯 하셨는지에 대해서 알아본다.

1 이스라엘 상황

미디안의 손이 이스라엘을 이긴지라 이스라엘 자손이 미디안으로 말미암아 산에서 웅덩이와 굴과 산성을 자기들을 위하여 만들었으며 (삿6:2)

진을 치고 가사에 이르도록 토지 소산을 멸하여 이스라엘 가운데에 먹을 것을 남겨 두지 아니하며 양이나 소나 나귀도 남기지 아니하니 (삿6:4)

기드온이 그에게 대답하되 오 나의 주여 여호와께서 우리와 함께 계시면 어찌하여 이 모든 일이 우리에게 일어났나이까 또 우리 조상들이 일찍이 우리에게 이르기를 여호와께서 우리를 애굽에서 올라오게 하신 것이 아니냐 한 그 모든 이적이 어디 있나이까 이제 여호와께서 우리를 버리사 미디안의 손에 우리를 넘겨 주셨나이다 하니(삿6:13)

기드온 당시 이스라엘의 상황을 설명한다.

··· 이스라엘 백성들은 주변 족속들에게 점점 밀려서 산속에 들어가 굴을 파고 그들을 피해 숨어 살았고, 평지는 이방족속들이 차지해서 살게 되었다. 기드온 당시도 이스라엘은 미디안 족속에게 침략과 약탈을 당하고 있었고 그들을 피해 산속에서 숨어 살고 있는 상태였다.

이스라엘은 고통의 원인을 몰랐음을 설명한다.

이런 극심한 고통의 상황 가운데에서도 그들은 우상숭배에 깊이 빠져서 살고 있었다. 기드온이 여호와의 사자에게 한 말을 보면 그들에게 닥친 불행의 근본적인 원인은 생각하지 않는 상태에서 오히려 하나님을 원망하고 있음을 알 수 있다.

여전히 우상을 섬기며 살고 있으면서도 "하나님이 어디 있느냐?", "하나님의 기적은 어디 있느냐?"라며 하나님을 원망하였고 조상들에게 행하신 기적에 대해서는 알고 있으면서도 이스라엘에게 주신 사명과 그들에게 하신 약속 등에 대해서는 모르고 있는 상태였다. 결국 그들은 하나님이 어떤 하나님이신가에 대한 인식이 없는 상태였음을 알 수 있다.

기드온의 원망을 통해 이스라엘이 어떤 상태였는지를 설명한다.

2 여호와 전사의 자세

여호와의 사자가 기드온에게 나타나 이르되 큰 용사여 여호와께서 너와 함께 계시도다 하매 (삿6 : 12)

이제 너는 백성의 귀에 외쳐 이르기를 누구든지 두려워 떠는 자는 길르앗 산을 떠나 돌아가라 하라 하시니 이에 돌아간 백성이 이만 이천 명이요 남은 자가 만 명이었더라 (삿7 : 3)

이에 백성을 인도하여 물 가에 내려가매 여호와께서 기드온에게 이르시되 누구든지 개가 핥는 것 같이 혀로 물을 핥는 자들을 너는 따로 세우고 또 누구든지 무릎을 꿇고 마시는 자들도 그와 같이 하라 하시더니 (삿7 : 5)

여호와께서 기드온에게 이르시되 내가 이 물을 핥아 먹은 삼백 명으로 너희를 구원하며 미디안을 네 손에 넘겨 주리니 남은 백성은 각각 자기의 처소로 돌아갈 것이니라 하시니 (삿7 : 7)

> 리드온을 큰 용사라고 부르신 이유를 설명한다.

••• 기드온은 이스라엘의 다섯 번째 사사로 므낫세 지파 사람이었다. 기드온의 아버지는 우상을 만드는 사람이었고 기드온은 제대로 싸움 한 번 해보지도 못한 농부였다. 그런 기드온을 하나님께서는 '큰 용사', 즉 위대한 용사라고 부르셨다. 하나님께서는 힘세고 싸움만 잘 한다고 해서 용사로 보시는 것이 아니라 기드온 안에 있는 믿음의 씨와 자세 그리고 중심을 보시고 '큰 용사'라고 불러주셨다.

> 3만2천 명 중 먼저 어떤 사람을 돌려보내셨는지 설명한다.

이스라엘을 침략한 미디안과 아말렉 족속은 18만5천 명으로 셀 수 없을 정도로 많았다. 이스라엘은 그들과 맞서기 위해 3만2천 명이 모였다. 그런데 하나님께서는 이스라엘의 수가 많으므로 먼저 두려워 떠는 자는 돌려보내라고 명하시어 싸울 용기가 없는 사람들 2만2천 명을 돌려보냈다.

> 어떤 방법으로 기드온과 함께 싸울 사람들을 선택하셨는지 설명한다.

하나님께서는 기드온에게 아직도 많다고 하시면서 미디안과 맞서 싸울 사람들과 그렇지 않은 사람들을 나누셨다. 그런데 힘세고 능력이 많은 사람들을 뽑으신 것이 아니라 '무릎을 꿇고 물 마시는 자'와 '손으로 움켜 입에 대고 핥는 자', 이렇게 두 부류로 나누게 하셨다. 그리곤 '손으로 움켜 입에 대고 핥는 자' 300명을 미디안을 대항하여 싸울 하나님의 전사로 세우셨다.

하나님께서는 기드온과 같이 중심에 하나님을 향한 '믿음의 씨'를 가진 3백명의 전사를 하나님의 방법대로 분류하셨다. 즉 하나님께서는 기드온의 중심을 보시고 '위대한 신앙의 용사'라고 부르신 것처럼 300명의 중심을 보시고 수많은 미디안을 물리칠 '위대한 신앙의 전사'로 부르셨다. 극심한 우상숭배와 이방나라들의 침략과 핍박을 당하는 암흑과도 같은 상황 속에서도 하나님께서는 기드온과 300명의 전사와 같은 '믿음의 씨'를 가진 사람들을 하나님의 방법대로 선택하셨다.

하나님께서는 기드온과 300명의 전사를 무엇을 보고 부르셨는지 설명한다.

300명은 하나님께 전사로 선택받았다는 확신을 갖게 되었으며, 이 확신은 어떤 상황 속에서도 전진할 수 있는 이유가 되었다. 300명의 전사는 하나님

300명은 어떤 중심을 갖게 되었는지 설명한다.

께 선택받았다는 확신이 있었기 때문에 눈앞에 펼쳐져 있는 상황을 보지 않고 오직 하나님께서 하시는 말씀에만 집중하였으므로 자신들의 경험과 상식과 이성을 뛰어넘을 수 있었다.

어떻게 항아리, 나팔, 횃불을 가지고 적진으로 들어 갈 수 있었는지 설명하고, 전사의 자세를 설명한다

그래서 그들은 칼과 창을 들고 전쟁에 나간 것이 아니라 마치 여리고성을 점령하기 위해 하나님의 명령 붙들고 성을 일곱 바퀴 돌았던 것처럼 미디안을 물리치기 위해 하나님의 명령하신 대로 '항아리'와 '나팔'과 '횃불'을 가지고 수많은 적군 속으로 들어갈 수 있었다. 이것이 하나님께 선택받았다는 확신을 가진 전사의 자세인 것이다.

하롯샘(기드온과 300명의 전사가 물을 마신 곳)

3 여호와 전사의 중심

여호와께서 그에게 이르시되 내가 반드시 너와 함께 하리니 네가 미디안 사람 치기를 한 사람을 치듯 하리라 하시니라 (삿6:16)
이는 그들이 무겁게 멘 멍에와 그들의 어깨의 채찍과 그 압제자의 막대기를 주께서 꺾으시되 미디안의 날과 같이 하셨음이니이다 (사9:4)

• • • 하나님께서는 수많은 미디안 군사들을 한 사람을 치듯 하시겠다고 기드온에게 말씀하셨다. 즉 하나님께서 싸우시겠다는 것이다. 자신의 조상의 하나님이 어디 있느냐고 원망하던 기드온에게 이 싸움을 친히 싸우심으로써 애굽에서 행하신 기적과 홍해를 가르신 그 큰 기적을 베푸신 하나님의 하나님 되심을 드러내실 것이라고 말씀하셨다.

하나님께서는 어떤 사람을 통해 하나님의 싸움을 싸우셨는가? 바로 중심에 '믿음의 씨'를 갖고 하나님께 선택받았다는 확신으로 자신의 모든 상식과 경험과 이성을 뛰어넘어 하나님의 명령에 순종하여 일사분란하게 움직이는 기드온과 3백 명의 전사를 통해 하나님의 싸움을 싸우셔서 하나님의 하나님 되심을 드러내신 것이다.

! 한 사람을 치듯 하시겠다는 의미를 설명한다.

! 하나님께서는 어떤 사람들을 통해 하나님의 하나님 되심을 드러 내셨는지 설명한다.

기드온과 300명의 여호와 전사의 무기는?

기드온과 300명 전사들이 수많은 미디안 군대를 칠 수 있었던 진정한 무기는 무엇이었으며, 하나님께서는 오늘날 우리에게 어떤 무기를 주셨고, 하나님께서 주신 무기를 쓰기 위해서는 무엇을 해야 하는지에 대해서 알아본다.

1 항아리, 횃불, 나팔

미디안과 아말렉과 동방의 모든 사람들이 골짜기에 누웠는데 메뚜기의 많은 수와 같고 그들의 낙타의 수가 많아 해변의 모래가 많음 같은지라 (삿7 : 12)

삼백 명을 세 대로 나누어 각 손에 나팔과 빈 항아리를 들리고 항아리 안에는 횃불을 감추게 하고 (삿7 : 16)

기드온과 300명의 전사들은 무엇을 보고 적진으로 뛰어 들었는지 설명한다.

••• 기드온과 300명의 전사 눈앞에는 수많은 미디안의 군사와 무기가 있었다. 그런데 하나님께서 수많은 미디안 군사들과 싸울 기드온과 300명의 전사에게 주신 무기는 항아리와 횃불과 나팔이었다. 만약 그들이 하나님을 보지

않고 적군을 보았다면, 그들이 하나님을 보지 않고 자기들을 보았다면, 그들이 하나님을 보지 않고 항아리, 횃불, 나팔을 보았다면 그들은 적진에 뛰어들지 못했을 것이다. 그러나 그들은 하나님만을 보았기 때문에 적진으로 뛰어들 수 있었다.

그들이 하나님께서 한 사람 치듯 하시겠다는 말씀을 믿지 않았다면, 그들이 하나님께서 친히 싸우신다는 믿음이 없었다면, 그들이 하나님께서 '믿음의 씨'를 가진 자신들을 통해서 싸우신다는 확신이 없었다면 하나님께서 주신 항아리와 횃불과 나팔만을 가지고 적진으로 뛰어들지 못했을 것이다.

기드온과 300명의 전사들은 무엇을 가지고 있었기에 적진으로 뛰어 들 수 있었는지 설명한다.

모레산

2 하나님의 말씀

삼백 명이 나팔을 불 때에 여호와께서 그 온 진영에서 친구끼리 칼로 치게 하시므로 적군이 도망하여 스레라의 벧 싯다에 이르고 또 답밧에 가까운 아벨므홀라의 경계에 이르렀으며 (삿7 : 22)

또 미디안의 두 방백 오렙과 스엡을 사로잡아 오렙은 오렙 바위에서 죽이고 스엡은 스엡 포도주 틀에서 죽이고 미디안을 추격하였고 오렙과 스엡의 머리를 요단

강 건너편에서 기드온에게 가져왔더라 (삿7 : 25)

구원의 투구와 성령의 검 곧 하나님의 말씀을 가지라 (엡6 : 17)

기드온과 300명의 전사들 눈앞에서 어떤 일이 벌어졌는지 설명한다.

••• 기드온과 300명의 전사들은 항아리와 횃불과 나팔을 가지고 적진으로 뛰어들었다. 300명의 전사들이 나팔을 불자 '여호와께서'는 셀 수 없이 많은 미디안과 아말렉 군사들이 자기들끼리 칼로 서로를 치게 하시므로 그들은 두려움에 휩싸여 뿔뿔이 흩어져 도망하였다. 물론 300명의 전사들은 승리할 것을 확신하긴 했어도 이같은 일들이 눈앞에 벌어지리라고 예상하지는 못했을 것이다.

하나님께서 어떤 사람들을 통해 하신 일인지 설명한다.

성경은 이 일을 **여호와께서** 하셨다고 말하고 있다. 그렇다. 하나님께서 하신 일이다. 하나님께서 말씀하신대로 지금, 즉 내일도 어제도 아닌 오늘 항아리와 횃불과 나팔을 가지고 나아간 사람들을 통해서 이스라엘을 압제하고 괴롭혔던 이스라엘의 대적들을 **한 사람을 치듯** 물리치신 것이다.

300명의 전사가 진짜로 의지한 것이 무엇인지 설명한다.

300명의 전사들에게 항아리와 횃불과 나팔이 아닌 다른 것을 주었어도 그들은 주신 것을 가지고 나아갔을 것이다. 왜냐하면 그들은 항아리와 횃불과 나팔을 의지하며 나아간 것이 아니라 오직 말씀을 믿고, 말씀을 의지하며 나아갔기 때문이다. 그들은 승리가 주신 무기, 도구에 있지 않고 승리는 하나님께 있다는 것을 알았다. 결국 기드온과 300명의 전사들이 의지했던 무기는 바로 승리의 근원되시는 하나님께서 하신 '말씀'이었다.

3 우리에게 주신 무기

구원의 투구와 성령의 검 곧 하나님의 말씀을 가지라 (엡6 : 17)

근신하라 깨어라 너희 대적 마귀가 우는 사자 같이 두루 다니며 삼킬 자를 찾나니 (벧전5 : 8)

• • • 하나님의 대적을 물리칠 때 기드온과 300명의 전사들이 썼던 무기는 하나님의 말씀이었다. 오늘날 하나님의 싸움을 싸워야 할 우리에게 주신 무기도 동일하게 '성령의 검', 곧 하나님의 말씀이다.

그런데 우리에게 주신 무기가 무엇인지도 모르고 무기를 소유하지도 않거나 무기인 검의 날이 무뎌져 있다면 기드온과 300명의 전사들처럼 우리는 세상 가운데에서 하나님의 싸움을 싸울 수 없을 것이다. 즉 하나님의 말씀이 우리의 무기인지도 모르고 하나님의 말씀을 알지도 못하고 하나님의 말씀이 무엇을 말하는지도 모른다면 세상 가운데서 싸울 수도 없고 싸워 이길 수도 없게 되는 것이다.

그러므로 우리는 하나님께서 주신 성령의 검, 즉 말씀의 검인 하나님의 말씀을 바르게 알고 익혀서 하나님은 어떤 분이시고 하나님 앞에 나는 누구이며 우리를 향하신 하나님의 뜻은 무엇인지 바로 알아 견고한 말씀의 검을 가지고 우는 사자와 같이 하나님의 백성인 우리를 삼키려고 하는 세상의 적진 속으로 뛰어들어 승리해야 한다. 그래서 기드온과 300명의 전사들처럼 하나님의 하나님되심을 세상 가운데에 드러내야 한다.

이것이 다음 세대에게 말씀을 가르치는 이유이다. 하나님의 나라를 이어갈 다음 세대에게 하나님의 말씀을 바르게 가르쳐 그들에게 세상을 이길 수 있는 무기인 '날선 성령의 검'과 '날선 말씀의 검'을 주어 세상을 이기게 하고, 나아가 그들을 통해 이 땅에 하나님의 하나님되심을 드러내게 해야 하기 때문이다.

루터의 생가와 성경책

우리에게 주신 무기가 무엇인지 설명한다.

어떨 때 세상 속에서 승리할 수 있는지 설명한다.

세상 속에서 승리할 수 있도록 다음 세대에게 주어야 할 무기에 대해서 설명한다.

다음 세대에게 성경을 가르쳐야 하는 이유를 설명한다.

Q 하나님께서 삼손에게 맡기신 사명은?

삼손은 백성들이 원한 사사였는지 하나님이 원한 사사였는지, 삼손 당시 누구의 압제를 당하고 있는 상황이었으며, 삼손은 왜 결혼이라는 방법을 통해 블레셋을 칠 수밖에 없었는지, 이스라엘 백성들은 왜 삼손을 블레셋에게 고발하려고 했고, 삼손은 하나님께 무슨 사명을 받았는지에 대해서 알아본다.

1 삼손 때의 사회상

이스라엘 자손이 다시 여호와의 목전에 악을 행하였으므로 여호와께서 그들을 사십 년 동안 블레셋 사람의 손에 넘겨 주시니라 (삿13 : 1)

!) 삼손 당시 이스라엘은 블레셋에게 압제를 당하는 상황이었음을 설명하고, 블레셋에 대해서 설명한다.

··· 삼손은 사사기서 안에 등장하는 열두 번째 마지막 사사이다. 삼손 당시 이스라엘은 40년 동안 블레셋에게 압제당하고 있는 상황이었다. 블레셋은 강하고 잔인한 사람들로서 지중해 해안 일대에 자리를 잡아 세력을 확장해 나가기 시작하여 삼갈 때부터 이스라엘을 괴롭혔던 존재였는데, 점점 세력을 키워서 삼손 때에는 이스라엘을 잔혹하게 억압하고 괴롭히고 있는 상태였다. 블레셋은 그동안 이스라엘을 괴롭혔던 그 어떤 족속보다 강하고 잔인했던 족속이었다. 그런 블레셋으로부터 이스라엘을 건져 내시기 위해 하나님께서는 삼손을 보내주셨다.

2 준비된 사사

보라 네가 임신하여 아들을 낳으리니 그의 머리 위에 삭도를 대지 말라 이 아이는 태에서 나옴으로부터 하나님께 바쳐진 나실인이 됨이라 그가 블레셋 사람의

손에서 이스라엘을 구원하기 시작하리라 하시니 (삿13:5)

··· 사사기서 마지막 사사인 삼손은 지금까지의 사사와는 다르게 등장한다. 지금까지의 사사들은 이스라엘 백성들이 이방족속들의 침략으로부터 자기들을 건져내줄 사사를 보내달라고 하나님께 부르짖으면 하나님께서 그들의 외침을 들으시고 은혜를 베푸셔서 사사를 보내주셨다.

삼손 전까지 사사들의 등장에 대해서 설명한다.

그런데 삼손 때는 특이하게도 백성들이 그 어떤 때보다도 극심한 블레셋의 압제에 놓여 있는 힘겨운 상황인데도 불구하고 자신들을 건져달라고 부르짖지도 사사를 보내달라고 간구하지도 않는 상태였다. 결국 삼손은 백성들의 요청으로 등장한 사사가 아니라 하나님께서 친히 준비하신 사사였다. 이것이 그동안 등장했던 **11명의 사사들과 삼손의 차이점**이다.

다른 사사들과 삼손의 등장의 차이점을 설명한다.

그가 블레셋 사람의 손에서 이스스라엘을 구원하기 시작하리라. 삼손을 보내주신 이유는 이스라엘을 블레셋으로부터 구하시기 위해서였다. 즉 삼손은 이스라엘이 부르짖지도 않았는데 하나님께서 일방적으로 그들을 블레셋의 압제에서 건지시기 위해 그의 어머니 태중에서부터 그를 택하시어 구별된 나실인으로 친히 준비하신 사사였다.

삼손에게 주신 사명에 대해서 설명하고, 삼손은 하나님께서 친히 준비하신 사사임을 설명한다.

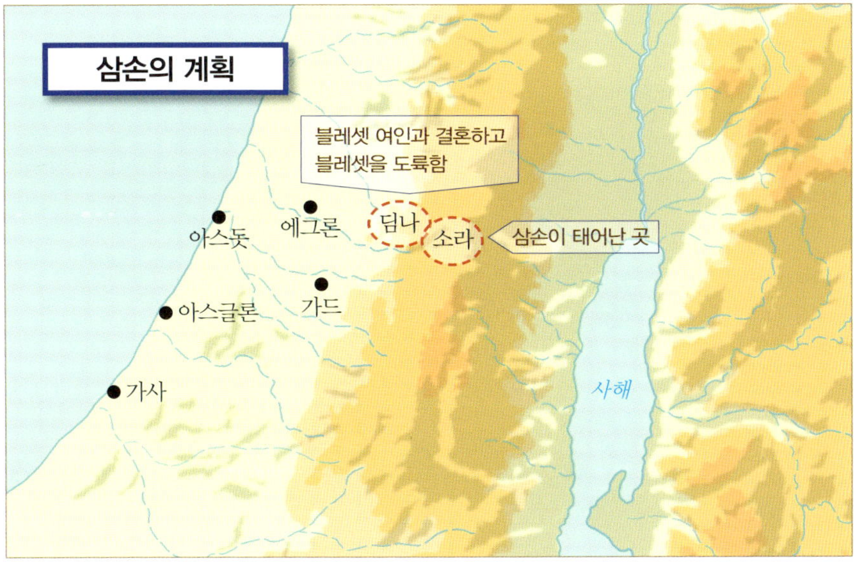

3 블레셋 여인과의 결혼

그의 부모가 그에게 이르되 네 형제들의 딸들 중에나 내 백성 중에 어찌 여자가 없어서 네가 할례 받지 아니한 블레셋 사람에게 가서 아내를 맞으려 하느냐 하니 삼손이 그의 아버지에게 이르되 내가 그 여자를 좋아하오니 나를 위하여 그 여자를 데려오소서 하니라 그 때에 블레셋 사람이 이스라엘을 다스린 까닭에 삼손이 틈을 타서 블레셋 사람을 치려 함이었으나 그의 부모는 이 일이 여호와께로부터 나온 것인 줄은 알지 못하였더라 (삿14:3,4)

유다 사람 삼천 명이 에담 바위 틈에 내려가서 삼손에게 이르되 너는 블레셋 사람이 우리를 다스리는 줄을 알지 못하느냐 네가 어찌하여 우리에게 이같이 행하였느냐 하니 삼손이 그들에게 이르되 그들이 내게 행한 대로 나도 그들에게 행하였노라 하니라 (삿15:11)

그들이 삼손에게 이르되 우리가 너를 결박하여 블레셋 사람의 손에 넘겨 주려고 내려왔노라 하니 삼손이 그들에게 이르되 너희가 나를 치지 아니하겠다고 내게 맹세하라 하매 (삿15:12)

··· 삼손은 단 지파 사람이었지만 갈릴리에서 활동한 것이 아니라 유대 광야 레히에서 활동했다. 삼손은 하나님께서 블레셋의 압제에서 이스라엘을 건져 내시기 위해 자기를 구별하시고 사사로 세우셨다는 것을 알고 있었다.

그는 자신의 사명을 알았으므로 부모의 반대에도 불구하고 딤나의 블레셋 여인과 결혼하려고 했다. 그것은 결혼을 통해 블레셋 안으로 들어가 혼자서라도 블레셋을 치려는 계획이었다. 이 계획은 하나님에게로부터 비롯된 계획이었고 결국 삼손은 많은 블레셋 사람들을 도륙했다.

그런데 당시 이스라엘 백성들의 특이한 점이 있었다. 이스라엘 백성들은 삼손과 함께 블레셋과 싸운 것이 아니라 오히려 많은 이스라엘 백성들이 삼손이 블레셋을 도륙하지 못하도록 막았고, 급기야는 블레셋에게 고발한다고 협박까지 했다.

! 삼손은 무엇을 알고 있었는지 설명한다.

! 왜 블레셋 여인과 결혼하려고 했는지 설명한다.

! 삼손이 하나님의 계획대로 블레셋을 도륙했을 때 이스라엘 백성들의 반응을 설명한다.

4 백성들의 상태

보라 네가 임신하여 아들을 낳으리니 그의 머리 위에 삭도를 대지 말라 이 아이는 태에서 나옴으로부터 하나님께 바쳐진 나실인이 됨이라 그가 블레셋 사람의 손에서 이스라엘을 구원하기 시작하리라 하시니 (삿13:5)

그들이 삼손에게 말하여 이르되 아니라 우리가 다만 너를 단단히 결박하여 그들의 손에 넘겨 줄 뿐이요 우리가 결단코 너를 죽이지 아니하리라 하고 새 밧줄 둘로 결박하고 바위 틈에서 그를 끌어내니라 삼손이 레히에 이르매 블레셋 사람들이 그에게로 마주 나가며 소리 지를 때 여호와의 영이 삼손에게 갑자기 임하시매 그의 팔 위의 밧줄이 불탄 삼과 같이 그의 결박되었던 손에서 떨어진지라 (삿15:13,14)

삼손 당시 이스라엘 백성들의 상태를 설명한다.

··· 삼손 당시 이스라엘 백성들의 상태는 하나님께 구원해 달라고 부르짖지도 않았고, 사사를 보내달라고 구하지도 않았으며, 함께 싸우려 하지도 않는 상태였다. 즉 삼손이 결혼을 통해서 혼자 싸울 수밖에 없는 상태였다. 오히려 블레셋을 괴롭힌다고 삼손을 고발하겠다고 협박하고 싸우지 못하도록 결박하여 블레셋에게 넘기려고 할 정도였다. 그들은 하나님의 사명을 수행하는 삼손을 막고 대적에게 넘겨주려고 했다. 즉 하나님께서 보내신 사사를 알아보지도 받아들이지도 따르려고도 하지 않는 상태였다.

이스라엘 백성들이 무엇을 원했는지 설명하고, 왜 이런 상태가 되었는지 설명한다.

이와 같이 이스라엘 백성들은 블레셋을 자극하려고 하지 않았다. 왜냐하면 이젠 건짐을 받고 싶다는 기대조차 없어져서 그냥 블레셋의 통치를 받으며 그들의 관할 안에서 비록 그들의 눈치를 볼지라도 조용히 살기를 원했기 때문이었다. 결국 이스라엘 백성들은 자기들이 누구이며 무엇을 해야 하는 존재인지에 대한 인식이 마비되고 사장되어 버리고 말았다. 하나님의 소유로, 제사장 나라로, 거룩한 백성으로, 하나님의 영광스러움을 모든 민족 가운데 드러내야 하는 영광스러운 사명을 받은 사람들이 하나님께서 주신 사명이 무엇인지도 모르는 상태가 되어 오히려 하나님의 사사를 고발하는 상태가 되어 버렸다. 이것이 삼손 당시 택함을 받은 이스라엘 백성들의 상태였다.

아스글론(가사)의 폐허. 딤나(블레셋) 여인과 결혼 후 수수께끼를 냈고, 아스글론에서 30명의 블레셋 사람들을 죽임

삼손은 지금까지의 사사들과는 다르게 백성들을 이끄는 지도자의 위치에 있지 못했고 혼자서 블레셋을 상대로 싸울 수밖에 없는 상황이었다. 그러나 삼손은 백성들이 아무도 인정해 주지 않고 도와주지도 않는 상황에서도 오직 이스라엘 백성들을 블레셋의 압제에서 건져 내기 위해 가장 어려운 때 가장 강한 적을 상대로 끝까지 혼자 외롭게 싸웠던 사사였다.

삼손은 어떠한 사사였는지 설명하고, 삼손의 어려움에 대해서 설명한다.

왜 삼손이 위대한 신앙인인가?

삼손은 무엇 때문에 하나님께서 주신 은사를 잃어버리게 되었으며, 어떻게 다시 회복할 수 있었는지, 삼손이 무엇 때문에 하나님께 강한 힘을 구했으며, 왜 히브리서 저자는 삼손을 위대한 신앙인이라고 말하고 있는지에 대해서 알아본다.

1 삼손의 은사

이 후에 삼손이 소렉 골짜기의 들릴라라 이름하는 여인을 사랑하매 (삿16:4)

삼손이 진심을 드러내어 그에게 이르되 내 머리 위에는 삭도를 대지 아니하였나니 이는 내가 모태에서부터 하나님의 나실인이 되었음이라 만일 내 머리가 밀리면 내 힘이 내게서 떠나고 나는 약해져서 다른 사람과 같으리라 하니라 (삿16:17)

블레셋 사람들이 그를 붙잡아 그의 눈을 빼고 끌고 가사에 내려가 놋 줄로 매고

그에게 옥에서 맷돌을 돌리게 하였더라 (삿16:21)

••• 블레셋은 자기들에게 대항하는 삼손을 무너뜨리기 위해 무기가 아닌 '들릴라'라는 여인을 이용해서 그의 힘에 근원은 어디인지 찾으려 했다. 들릴라는 누구도 막을 수 없는 삼손의 거대한 힘이 어디에서 생겨나는지 계속 추궁했고, 삼손은 들릴라의 환심을 사기 위해 결국 하나님과 맺은 가장 거룩한 약속을 어기는 큰 잘못을 범하게 되었다.

하나님께서는 혼자 싸울 수밖에 없었던 삼손에게 블레셋을 대항할 수 있는 용맹함과 누구도 맞설 수 없는 특수하고 거대한 은사를 주셨다.

하지만 가장 연약한 부분을 공격당한 삼손은 하나님께서 이스라엘 백성들을 건지시기 위해 어느 누구에게도 주시지 않은 특수한 은사의 비밀을 사사로운 개인적인 욕망 때문에 지키지 못하는 큰 잘못을 범하고 말았다.

블레셋이 삼손을 무너뜨리기 위해 무엇을 이용했는지 설명한다.

왜 삼손에게 특수한 은사를 주셨는지 설명한다.

삼손은 하나님께 어떤 잘못을 범했는지 설명한다.

2 삼손의 회복

블레셋 사람들이 그를 붙잡아 그의 눈을 빼고 끌고 가사에 내려가 놋 줄로 매고 그에게 옥에서 맷돌을 돌리게 하였더라 (삿16:21)

그의 머리털이 밀린 후에 다시 자라기 시작하니라 (삿16:22)

••• 삼손은 목숨을 걸고 끝까지 지켰어야 할 하나님과 맺은 신성한 약속을 소홀히 여기는 큰 잘못을 범했다. 결국 블레셋 사람들은 삼손의 머리 털 일곱 가닥을 자르고 그를 결박하고 그의 눈을 빼고 옥에 가두어 맷돌을 돌리게 함으로써 온 이스라엘과 블레셋 앞에서 그에게 모욕을 주었다.

사실 삼손은 머리털이 잘렸기 때문에 힘이 없어진 것이 아니다. 삼손에게는 하나님과의 맺은 신성한 약속을 최우선으로 지키는 자세와 태도가 힘의 근원이었는데 그것을 소홀히 여겨 지키지 못했기 때문에 그 근원의 힘이 상

삼손은 하나님과의 신성한 약속을 어김으로써 어떤 결과를 맞게 되었는지 설명한다.

삼손은 왜 힘이 없어지게 된 것인지 설명한다.

삼손은 어떻게 회복될 수 있었는지 설명한다.

실된 것이다.

또한 머리털이 자라났기 때문에 힘이 다시 생긴 것이 아니라 삼손이 백성들을 위해 주신 은사를 사사로이 여겼던 자신을 반성하고 돌이켜 하나님께서 주신 사명에 대한 인식을 다시 회복했기 때문에 그런 삼손의 자세를 보시고 하나님께서 은혜를 베푸시어 사명을 감당할 수 있도록 다시 힘을 허락해 주셨던 것이다.

3 삼손의 간구

블레셋 사람의 방백들이 이르되 우리의 신이 우리 원수 삼손을 우리 손에 넘겨 주었다 하고 다 모여 그들의 신 다곤에게 큰 제사를 드리고 즐거워하고 (삿 16:23)

삼손이 여호와께 부르짖어 이르되 주 여호와여 구하옵나니 나를 생각하옵소서

하나님이여 구하옵나니 이번만 나를 강하게 하사 나의 두 눈을 뺀 블레셋 사람에게 원수를 단번에 갚게 하옵소서 하고 (삿16:28)

삼손이 이르되 블레셋 사람과 함께 죽기를 원하노라 하고 힘을 다하여 몸을 굽히매 그 집이 곧 무너져 그 안에 있는 모든 방백들과 온 백성에게 덮이니 삼손이 죽을 때에 죽인 자가 살았을 때에 죽인 자보다 더욱 많았더라 (삿16:30)

내가 무슨 말을 더 하리요 기드온, 바락, 삼손, 입다, 다윗 및 사무엘과 선지자들의 일을 말하려면 내게 시간이 부족하리로다 (히11:32)

••• 비록 약점도 있었고 실패도 해보았고 많은 것들을 잃어버리기도 했지만, 삼손은 하나님께 받은 사명이 무엇인지 알았고 자기에게 주신 사명을 끝까지 감당하기 위해 어떠한 상황 속에서도 포기하거나 좌절하지 않고 하나님 앞에 나아가 간절히 간구했다.

하나님께서는 그런 삼손의 중심을 보시고 다시 은사를 허락하셨고, 삼손은 끝까지 포기하지 않고 블레셋으로부터 이스라엘을 건져내는 하나님께서 주신 사명을 감당하기 위해 자기의 모든 것을 바쳤다.

아무도 사사로 인정해 주지도 않았고 한 사람도 도와주지 않았고 아무도 그의 마음을 알아주지 않았지만 오직 하나님께서 맡기신 사명을 위해 목숨이 다 할 때까지 전진하였다. 그러므로 히브리서 저자는 삼손을 '위대한 신앙인'이라고 평가하고 있는 것이다.

삼손은 어떠한 자세로 하나님께 간구했는지 설명한다.

삼손은 무엇을 위해 모든 것을 바쳤는지 설명한다.

삼손은 어떠한 상황에 있었는지 설명하고, 왜 '위대한 신앙인'인지 설명한다.

텔 카실 신전터 (블레셋 신전터)

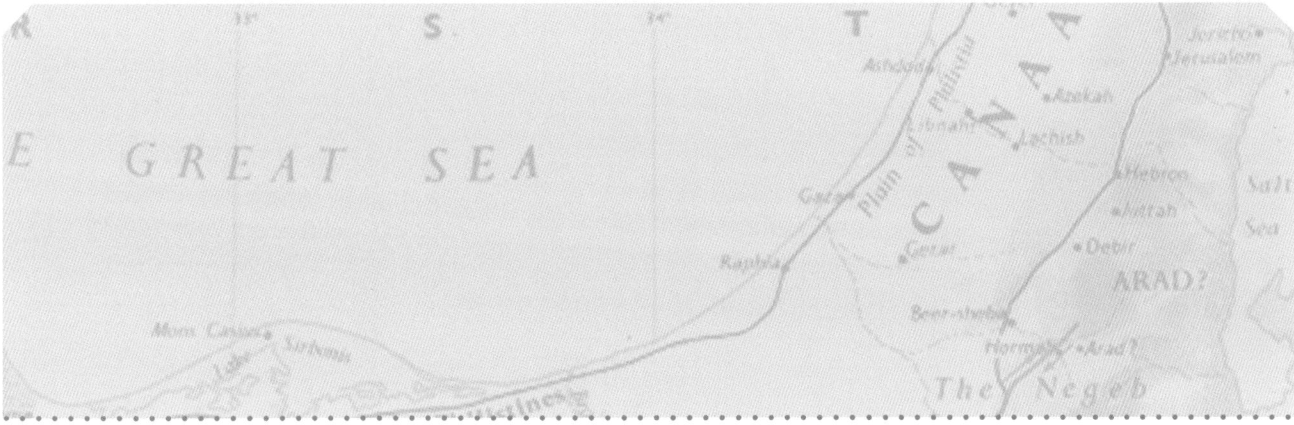

사사기 17~21장

사사기 17장부터 21장까지는 사사기를 대표하는 두 사건에 대한 말씀이다.
이 부분에서는 '이스라엘의 영적, 사회적, 종교적 상태',
'왕이 없었는가? 기준이 없었는가?'에 대해서 공부한다.

왜 사사기 끝에 두 사건이 등장하고 있는가?

사사기 끝에 등장하는 두 사건은 언제 일어난 일들인지 살펴본다. 첫 번째 사건인 '미가 집안과 단 지파'를 통해 사사시대 이스라엘이 영적으로 어떤 상태에 있었으며, 두 번째 사건인 '레위, 그의 첩과 베냐민 지파의 비류들'을 통해 사사시대 이스라엘이 사회적으로 어떤 상태에 있었는지, 두 번째 사건인 '레위, 그의 첩과 지파 간의 싸움'을 통해 사사시대 이스라엘이 정치적으로 어떤 상태에 있었는지에 대해서 알아본다.

1 영적 상태

이에 미가가 이르되 레위인이 내 제사장이 되었으니 이제 여호와께서 내게 복 주실 줄을 아노라 하니라 (삿17:13)

하나님의 집이 실로에 있을 동안에 미가가 만든 바 새긴 신상이 단 자손에게 있었더라 (삿18:31)

사사기 17장부터 시작되는 두 사건의 특징에 대해서 설명한다.

••• 사사기 16장 마지막 사사인 삼손의 이야기로 사사에 대한 역사가 끝을 맺는다. 사사기 17장부터는 사사시대의 정황을 잘 보여주는 대표적인 두 사건을 소개하고 있지만 두 사건은 시간상으로 삼손 다음에 일어난 사건이 아니다. 비록 사사기의 뒷부분에 등장하고 있지만 이 두 사건은 사사시대 초기 사건으로 추정된다.

첫 번째 미가 사건은 단 지파와 연결되어 있었음을 설명한다.

첫 번째 사건은 미가 집안의 사건이다. 이 사건은 단 지파와 연결되어 있으며 사사시대에 이스라엘 백성들의 영적인 상태를 잘 보여주는 대표적인 사건이다.

단 지파의 주거지 (텔탄)

미가와 그의 어머니는 집

에 신상을 만들고 신을 모시는 집인 신당도 지었으며 부적과 같은 드라빔을 만들고 에봇도 갖추어 놓고 레위인을 자기 집의 제사장으로 세웠다. 그리곤 미가는 하나님께 복 받을 것으로 기대하며 안심하였다(삿17 : 13). 이처럼 당시 이스라엘 백성들은 '복'을 받기 위해 하나님과 우상들을 겸하여 섬겼던 것을 알 수 있다.

미가와 그의 어머니는 왜 신상, 신당, 에봇, 드라빔, 제사장, 이런 것을 모두 소유했는지 설명한다.

미가 사건은 이런 이스라엘 중 한 가정의 영적인 상태를 보여주는 대표적인 사건이지만 이런 영적인 상태는 이스라엘 한 가정에만 있었던 것이 아니었다. 열두 지파 중 한 지파인 단 지파도 미가가 했던 종교 형식인 하나님과 우상을 겸하여 섬겼으며, 이를 위해 미가의 우상들과 제사장을 훔쳐 북쪽의 단까지 가져가 그대로 자기 지파의 종교 형식으로 확고히 정착시켰다.

미가와 단 지파의 공통점을 설명한다.

미가와 단 지파의 사건을 통해서 사사시대 이스라엘의 가정과 지파의 영적인 상태가 어떠했는지 보여주고 있다.

미가와 단 지파의 사건은 사사시대의 어떤 상태를 보여주는지 설명한다.

2 사회적 상태

이스라엘에 왕이 없을 그 때에 에브라임 산지 구석에 거류하는 어떤 레위 사람이 유다 베들레헴에서 첩을 맞이하였더니 (삿19:1)

그는 처녀를 데려다가 아내를 삼을지니 과부나 이혼 당한 여자나 창녀 짓을 하는 더러운 여인을 취하지 말고 자기 백성 중에서 처녀를 취하여 아내를 삼아 그의 자손이 그의 백성 중에서 속되게 하지 말지니 나는 그를 거룩하게 하는 여호와임이니라 (레21:13,14,15)

그들이 마음을 즐겁게 할 때에 그 성읍의 불량배들이 그 집을 에워싸고 문을 두들기며 집 주인 노인에게 말하여 이르되 네 집에 들어온 사람을 끌어내라 우리가 그와 관계하리라 하니 (삿19:22)

··· 하나님께서는 제사장인 레위인들을 구별해서 세우셨으며, 그들에 대한 하나님의 기대치는 '성결'이었다. 그들은 성결을 이어갈 혈통이기 때문에 혼인에 대해서도 하나님께서는 철저히 명하셨다. 그런데 사사기 뒤에 등장하는 두 사건 중 두 번째 레위의 첩 사건에 등장하는 레위는 하나님의 법에 불순종하여 첩을 취하였다.

> 두 번째 사건에 등장하는 레위는 무슨 잘못을 범했는지 설명한다.

첫 번째 사건에서도 레위가 등장하고 여기에서도 레위가 등장한다. 두 사건에 등장하는 레위를 통해 백성들의 영적인 것들을 담당해야 할 사람들이 이와 같이 타락한 상태에 빠져 있었음을 보여주면서 레위가 이 정도인데 백성들은 어떠한 상태에 있었을지 예상할 수 있게 해준다.

> 두 사건에 등장하는 레위를 통해서 무엇을 알 수 있는지 설명한다.

두 번째 사건을 통해서 사사기 당시 사회적인 상태가 어떠했는지 알 수 있다. 레위가 친정에 간 첩을 데리러 유다 베들레헴에 갔다가 첩을 데리고 돌아가는 길에 베냐민 기브아의 한 노인의 집에서 지내게 된다. 그런데 그것을 알게 된 베냐민 지파의 비류들이 그 노인의 집을 에워싸고 문을 두드리며 노인의 집에 들어온 사람들을 우리가 그와 관계하리라고 하면서 나오게 하라고 협

> 두 번째 사건의 정황을 설명하고, 베냐민 비류들이 왜 레위 일행을 끌어내라고 했는지 설명한다.

박하였다. 여기서 '관계하겠다'는 것은 동성연애를 하겠다는 것이다.

베냐민 지파 비류들의 이런 행위는 사사기 초기에 있었던 일로, 이 사건을 통해 정복한 지 얼마 되지도 않았는데 가나안은 벌써 소돔과 고모라와 같이 죄악이 만연한 사회가 되어버렸음을 알 수 있다.

결국 레위는 자신의 첩을 그들에게 내어 주었고 비류들은 밤새도록 첩을 욕보이고 새벽 미명에 놓아 주어 첩이 노인의 집까지 와서 그 앞에 쓰러져 죽었다. 첩이 죽은 것을 확인한 레위는 첩의 시체를 열두 토막 내어 그것을 열두 지파에게 보냈다. 백성들의 선생으로 본이 되어야 할 종교 지도자가 시체를 열두 토막을 냈다는 것은 '성결'과는 판이한 분노와 잔혹함의 극치를 보여주는 행위였다.

이로써 백성들의 영적인 부분을 담당해야 할 레위가 하나님의 법을 어기고 첩을 취한 일, 베냐민 기브아에 소돔과 고모라와 같은 부패한 풍토가 사회적으로 행해지고 있었던 일, 레위가 첩의 시체를 열두 토막을 내어 각 지파에 보낸 일들을 통해 가나안 땅을 정복한 지 얼마 되지도

기브아

베냐민 기브아는 어떤 사회처럼 되어 버렸는지 설명한다.

레위 첩 사건에 나타난 잘못들을 설명한다.

레위 첩 사건을 통해 이스라엘의 사회적 상태에 대해서 설명한다.

않았는데 이스라엘 사회는 불순종과 부패와 잔인함 등의 죄악으로 가득해진 상태가 되어 있었음을 알 수 있다. 사사기 뒤에 등장하는 두 번째 사건을 통해 하나님의 거룩한 사상과 문화를 드러내야 할 사람들과 사회가 이렇게 깊은 죄악에 빠진 사회로 전락해 버렸음을 보여주고 있다.

3 정치적 상태

그런즉 이제 기브아 사람들 곧 그 불량배들을 우리에게 넘겨 주어서 우리가 그들을 죽여 이스라엘 중에서 악을 제거하여 버리게 하라 하나 베냐민 자손이 그들의 형제 이스라엘 자손의 말을 듣지 아니하고 도리어 성읍들로부터 기브아에 모이고 나가서 이스라엘 자손과 싸우고자 하니라 (삿20:13,14)

아론의 손자인 엘르아살의 아들 비느하스가 그 앞에 모시고 섰더라 이스라엘 자손들이 여쭈기를 우리가 다시 나아가 내 형제 베냐민 자손과 싸우리이까 말리이까 하니 여호와께서 이르시되 올라가라 내일은 내가 그를 네 손에 넘겨 주리라 하시는지라 (삿20:28)

! 왜 열한 지파와 베냐민 지파 간에 싸움이 벌어졌는지 설명한다.

••• 레위는 자기 첩의 시체를 열두 토막 내어 각 지파에게 보냈고, 이 사건을 계기로 열두 지파가 모이게 되었다. 이때 베냐민 지파에게 사건의 주동자인 기브아의 비류들을 심판하라고 하자 베냐민 지파가 이를 거부하면서 오히려 베냐민 지파가 열한 지파와 싸우고자 하여 결국 열한 지파와 베냐민 지파 간에 싸움이 벌어지게 되었다.

! 열두 지파 간 싸움이 언제 일어났는지 비느하스의 등장과 연관시켜 설명한다.

먼저 이 사건이 언제 발생했는지를 알아야 한다. 열두 지파의 대표들이 미스바에 모여 회의를 할 때 제사장 아론의 손자 엘르아살의 아들 '비느하스'가 등장한다. 비느하스는 민수기 25장에 등장했던 인물로, 이스라엘이 요단 동편을 차지한 후 싯딤에서 모압 여인들과 이스라엘 남자들이 음행하고 그들의

신들에게 절하므로 하나님께서 진노하셔서 2만4천 명이 염병으로 죽었을 때 비느하스가 이스라엘 남자와 함께 한 여인을 창으로 죽여 염병을 그치게 하였다. 이렇게 민수기 25장에 비느하스가 등장했었는데 지금 사사기의 두 사건 중 두 번째 사건에 아직도 살아 있어 등장하고 있는 것으로 보아 결국 베냐민과 열한 지파 간의 싸움은 사사기 후반의 사건이 아님을 알 수 있다. 즉 가나안 땅을 정복한지 얼마 안 된 시점에 일어난 사건이었던 것이다.

비록 하나님에 대한 인식의 부족으로 생긴 어리석은 전쟁이긴 했지만, 이 사건이 발생한 사사시대 초기에는 그래도 어떤 일이 생기면 모든 지파가 다 모이기도 하고 회의도 하며 지파 간에 그런대로 단합이 이루어지는 시기였다.

사사시대 초기 이스라엘의 정치적 상황을 설명한다.

그러나 사사시대 후반 삼손 때에는 각각 흩어져 산속 깊이 숨어 살았고 블레셋의 강한 압제 때문에 지파들은 모이지 않았으며 지파 간의 교류도 없었고 단합하지도 않고 살았다. 더구나 그냥 블레셋의 관할 안에서 편히 살기를 바라는 상태까지 가게 되었다. 베냐민과 열한 지파 간의 전쟁과 마지막 사사 삼손을 통해 사사기 초기와 후기의 이스라엘의 정치적 상황을 알 수 있다.

사사시대 말기 이스라엘의 정치적 상황을 설명한다.

결국 사사기 뒤에 등장하는 '미가와 단 지파', '레위와 베냐민 지파' 두 사건은 가나안 땅을 정복한 후 이스라엘 백성들이 영적, 사회적, 정치적으로 어떤 상태에 있었는지를 보여주는 대표적인 사건이다.

사사기 뒤에 등장하는 두 사건은 무엇을 보여 주는 사건인지 설명한다.

미스바

Q

사사시대에 왕이 없었는가? 기준이 없었는가?

사사시대는 무엇 때문에 우상숭배와 죄악된 풍조 그리고 지파 간의 분열에 빠지게 되었으며, 무엇 때문에 왕이 없는 것처럼 살았고, 무엇 때문에 기준이 없는 것처럼 살았는지, 또한 사사시대가 하나님께서 원하시는 국가상이었는지에 대해서 알아본다.

1 그 때에 이스라엘에 왕이 없으므로……

세계가 다 내게 속하였나니 너희가 내 말을 잘 듣고 내 언약을 지키면 너희는 모든 민족 중에서 내 소유가 되겠고 너희가 내게 대하여 제사장 나라가 되며 거룩한 백성이 되리라 너는 이 말을 이스라엘 자손에게 전할지니라 (출19:5,6)

그 때에 이스라엘에 왕이 없으므로 사람이 각기 자기의 소견에 옳은 대로 행하였더라 (삿21:25)

이스라엘은 영적, 사회적, 정치적으로 어떤 상태였는지 설명한다.

··· 이스라엘은 **영적**으로는 하나님과 우상을 겸하여 섬기는 상태였고, **사회적**으로는 정복 초기부터 죄악된 풍조가 가득한 상태였으며, **정치적**으로는 지파 간에 전쟁으로 한 지파가 멸절될 위기에 처할 정도였고 나중에는 하나님

시내산의 일출

백성으로서의 단합도 없이 블레셋의 관할 안에서 살기를 바라는 상태였다.

영적, 사회적, 정치적으로 이스라엘 백성들이 이런 상태가 된 이유를 사사기의 사가는 그 때에 이스라엘에 왕이 없으므로 사람마다 자기의 소견에 옳은 대로 행하였더라고 쓰고 있다. 즉 사사시대에 이스라엘에 왕이 없었기 때문에 이렇게 되었고, 각자의 생각이 기준이 되어 살았기 때문에 이렇게 되었다고 말하고 있다.

사사기에서는 이스라엘이 무엇 때문에 이렇게 되었다고 말하고 있는지 설명한다.

먼저 진짜 이스라엘에 왕이 없었는가? 하나님께서 왜 이스라엘을 선택하셨고, 왜 약속의 땅을 주셨는가? 제사장 나라로 만드시기 위해서 그들을 선택하셨고 약속의 땅을 주신 것이다. 제사장 나라는 누구만 섬기며, 제사장 나라의 왕은 누구인가? 제사장 나라는 하나님만 섬기고 제사장 나라의 왕은 하나님이시다. 사사시대에 왕이 없는 것처럼 살았다는 것은 이스라엘을 선택하신 목적대로 제사장 나라의 역할을 하지 않았다는 것이다. 즉 제사장 나라의 역할을 하지 않았다는 것은 하나님을 섬기지도 않았다는 것이고 하나님이 왕이신지도 몰랐다는 것이다. 결국 이스라엘은 제사장 나라인지도 하나님을 섬겨야 하는지도 하나님이 왕인지도 몰랐기 때문에 영적, 사회적, 정치적으로 이와 같은 상태로 살았던 것이다.

이스라엘에 왕이 없었는지 설명한다. 결국 이스라엘은 어떻게 살았는지 설명한다.

2 …… 사람마다 자기의 소견에 옳은 대로 행하였더라

모세가 온 이스라엘을 불러 그들에게 이르되 이스라엘아 오늘 내가 너희의 귀에 말하는 규례와 법도를 듣고 그것을 배우며 지켜 행하라 (신5 : 1)

그 때에 이스라엘에 왕이 없으므로 사람이 각기 자기의 소견에 옳은 대로 행하였더라 (삿21 : 25)

• • • 사사기 사가는 먼저 사사시대에는 이스라엘에 왕이 없었기 때문에, 그래서 각자의 생각이 기준이 되어 살았기 때문에 이와 같은 엉망진창의 상태가 되었다고 말하고 있다. 그렇다면 정말로 사사시대는 이스라엘에 기준이 없었는가? 이스라엘 백성들은 해야 할 것과 하지 말아야 할 것에 대한 기준이 없었는가? 그래서 각자의 생각이 기준이 될 수밖에 없었는가? 하나님께서는 모세를 통해 이스라엘 백성들이 하나님께 나아가는 법, 하나님의 백성답게 사는 법에 대한 분명하고 자세한 기준을 주셨다.

결국 이스라엘이 각자의 생각이 기준이 되어 살게 된 원인과 결과를 설명한다.

그런데 그들은 각자의 생각이 기준이 되어 살았다고 말하고 있다. 이것은 자기들에게 기준이 있는지도 몰랐으며 자기들의 기준이 무엇인지도 몰랐다는 것이다. 즉 하나님의 말씀, 율례, 법도를 몰랐다는 것이다. 그래서 각자 자

기 생각이 기준이 되어 각자의 생각이 올바른 것인 줄 알고 살았던 것이다. 결국 하나님이 주신 법과 기준대로 살지 않았음을 알 수 있다. 그 결과 이스라엘은 정복 초기부터 영적으로, 사회적으로, 정치적으로 이와 같이 암흑과도 같은 무서운 상태가 되어 버렸다.

제사장 나라의 사명도 주셨고, 조직도 질서정연하게 이상적으로 정비해 주셨고, 법과 제도도 주셨고, 그것을 모두 다 배울 수 있는 시스템까지 만드셔서 하나님만 왕으로 섬기는 제사장 나라를 세울 수 있도록 모든 것을 세팅하시고 이제 비로소 신정국가를 시작하는 시점인데 **하나님께서 손을 떼셨겠는가?**

하나님께서 신정국가를 만드시기 위해 하신 일들을 설명한다.

이스라엘은 비로소 제사장 나라인 신정국가를 시작하는 시점에서 자기들의 왕은 하나님이심을 알고 하나님만 섬겼어야 했다. 이스라엘은 비로소 제사장 나라인 신정국가를 시작하는 시점에서 하나님의 말씀, 율법, 규례를 그들의 소견(기준)으로 삼았어야 했다. 그러면 영적으로, 사회적으로, 정치적으로 모든 민족 가운데 하나님의 보물이며 제사장 나라이고 거룩한 백성이 되었을 것이다.

왜 하나님을 왕으로 섬기고 말씀을 소견으로 삼았어야 했는지를 설명한다.

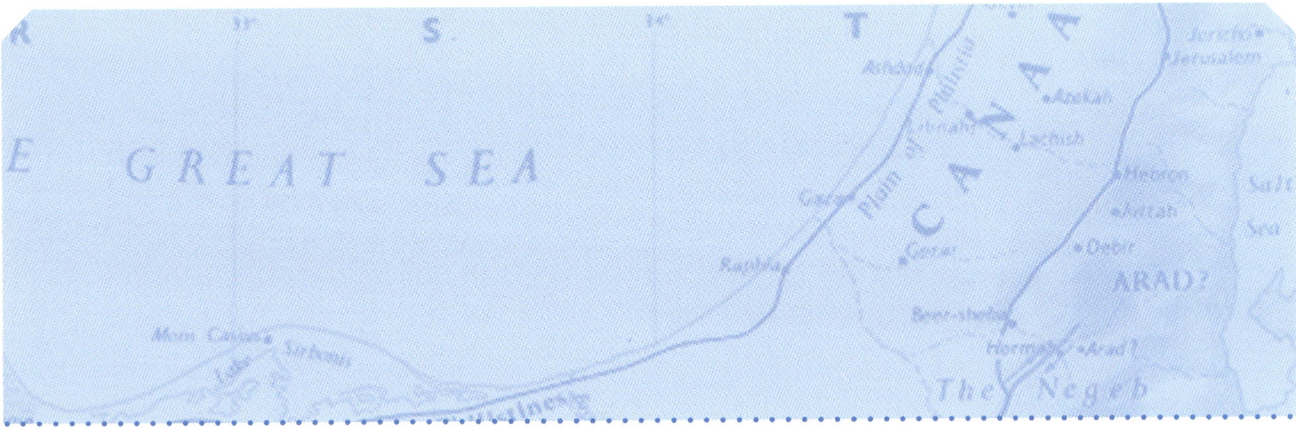

룻기

룻기는 사사시대 한 가정에 있었던 일에 대한 말씀이다.
이 부분에서는 '이스라엘 여인 나오미의 신앙과 이방 여인 룻의 신앙',
'소망의 책인 룻기'에 대해서 공부한다.

Q 모압 여인 룻은 왜 이스라엘에 가려고 했는가?

베들레헴은 어떤 곳이고 엘리멜렉의 가정은 왜 모압 땅으로 이주했으며, 결국 그들은 어떻게 되었고, 나오미는 무슨 결심을 했으며, 룻은 왜 나오미를 따라 가나안 땅으로 이스라엘 백성에게로 들어오려고 했는지에 대해서 알아본다.

1 모압으로 이사

사사들이 치리하던 때에 그 땅에 흉년이 드니라 유다 베들레헴에 한 사람이 그의 아내와 두 아들을 데리고 모압 지방에 가서 거류하였는데 (룻1:1)

그 사람의 이름은 엘리멜렉이요 그의 아내의 이름은 나오미요 그의 두 아들의 이름은 말론과 기룐이니 유다 베들레헴 에브랏 사람들이더라 그들이 모압 지방에 들어가서 거기 살더니 (룻1:2)

너희는 스스로 삼가라 두렵건대 마음에 미혹하여 돌이켜 다른 신들을 섬기며 그것에게 절하므로 여호와께서 너희에게 진노하사 하늘을 닫아 비를 내리지 아니하여 땅이 소산을 내지 않게 하시므로 너희가 여호와께서 주신 아름다운 땅에서 속히 멸망할까 하노라 (신11:16,17)

룻기는 엘리멜렉 가정의 이야기임을 설명한다. 이 당시 이스라엘은 흉년이었음을 설명한다.

••• '룻기'는 사사시대에 베들레헴에 살았던 엘리멜렉 가정에 대한 이야기이다. 베들레헴은 '떡집'이라는 뜻으로 그곳은 농사짓기 좋은 토양을 가진 땅이기 때문에 이스라엘 지역 중 곡식이 풍성한 곳이었다. 그런데 그런 베들레헴이 엘리멜렉 당시 흉년이 들었던 것이다. 베들레헴과 같은 곳에 흉년이 들었다는 것은 이스라엘의 다른 지역은 더 심각한 가뭄에 처해있는 상태였음을 짐작할 수 있다.

룻기의 배경은 사사시대 말기로 추정되고 있다. 그때는 이스라엘 백성들의 우상숭배가 극심했던 때였다. 하나님께서는 이미 모세를 통해 이스라엘이 다른 신들을 섬기면 가뭄이 들게 될 것이라고 경고하셨다. 이렇듯 약속의 땅에 가뭄이 들었다는 것은 하나님 앞에서 불순종하여 살았고 결국 하나님의 징계가 백성들에게 임했다는 뜻이다. 즉 엘리멜렉 때 이스라엘 백성들은 하나님 앞에서 징계를 받고 있었다.

가뭄이 들게 된 이유를 설명한다.

그런데 엘리멜렉은 하나님께서 내리시는 이 재앙을 통해 회개하고 돌이켜 하나님의 은혜를 구해야 했었는데 오히려 재앙을 피하기 위해 아내 나오미와 두 아들들과 함께 약속의 땅을 떠나 요단 동편에 있는 이방 땅인 모압으로 이주하였다.

엘리멜렉 가족의 이주에 있어서 잘못된 점을 설명한다

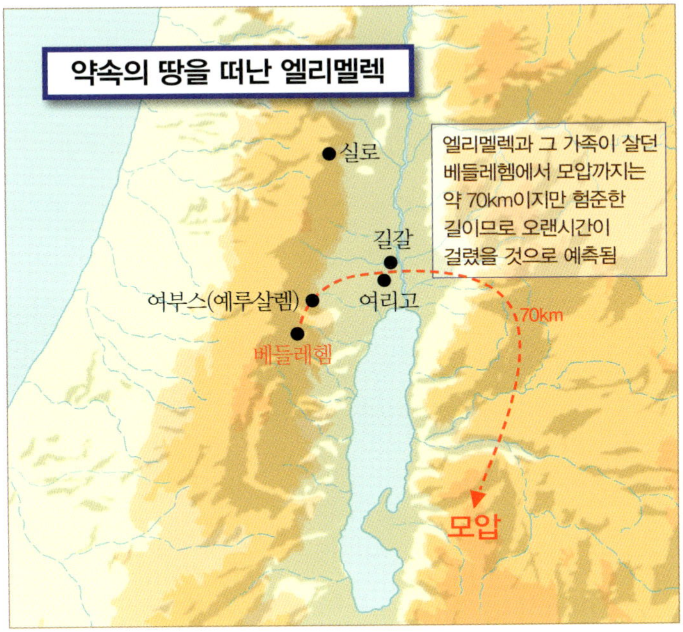

2 나오미의 회개

그 여인이 모압 지방에서 여호와께서 자기 백성을 돌보시사 그들에게 양식을 주셨다 함을 듣고 이에 두 며느리와 함께 일어나 모압 지방에서 돌아오려 하여 (룻1:6)

엘리멜렉 가정의 두 가지 잘못으로 인한 하나님의 징계를 통해 나오미는 자신을 돌아보았음을 설명한다.

··· 엘리멜렉 가정이 약속의 땅을 떠나 모압 땅으로 이주한 후 두 아들들은 그곳의 이방여인들과 결혼을 했다. 결국 엘리멜렉 가정은 두 가지의 큰 잘못을 범하였다. 하나는 하나님의 징계를 피해 약속의 땅을 떠난 것이고, 다른 하나는 모압 여인과 아들들을 결혼시킨 것이다. 엘리멜렉의 가정에 마침내 하나님의 징계가 임하여 엘리멜렉과 두 아들들이 죽게 되었다. 즉 엘리멜렉 가정의 대가 끊겨 몰락하게 된 것이다. 이제 엘리멜렉의 부인 나오미와 두 며느리만 남게 되자, 나오미는 자기 가정에 임한 하나님의 징계를 통해 자신을 돌아보게 되었다.

모든 것을 다 잃은 나오미는 무엇 때문에 이스라엘로 돌아가기로 결심한 것인지 설명한다.

하나님께서 이스라엘 백성들에게 은혜를 베푸셨다는 것을 알고 아무 소망이 없게 된 나오미는 다시 약속의 땅으로 돌아가기로 결심하였다. 이스라엘을 나올 때의 상황과는 너무나 다르게 모든 것을 잃어버린 나오미는 이스라엘로 돌아가면 동족에게 수모를 당할 수도 있었고, 또 그곳에 돌아가도 아무런 소망이 없는 것은 마찬가지였다. 하지만 그녀는 오직 약속의 땅, 자기의 동족, 하나님께로 돌아가고 싶은 마음뿐이었다. 이제는 그녀에게 하나님만이 진정한 소망이었던 것이다.

3 어머니의 하나님

나오미가 또 이르되 보라 네 동서는 그의 백성과 그의 신들에게로 돌아가나니 너도 너의 동서를 따라 돌아가라 하니 (룻1:15)

룻이 이르되 내게 어머니를 떠나며 어머니를 따르지 말고 돌아가라 강권하지 마옵소서 어머니께서 가시는 곳에 나도 가고 어머니께서 머무시는 곳에서 나도 머물겠나이다 어머니의 백성이 나의 백성이 되고 어머니의 하나님이 나의 하나님이 되시리니 어머니께서 죽으시는 곳에서 나도 죽어 거기 묻힐 것이라 만일 내가 죽는 일 외에 어머니를 떠나면 여호와께서 내게 벌을 내리시고 더 내리시기를 원하나이다 하는지라 (룻1:16,17)

••• 모든 것을 감수하고 이스라엘로 돌아가기를 결심한 나오미는 모압 여인인 두 며느리들에게 너희 동족, 너희 신에게로 돌아가라 권면했다. 며느리 중 오르바는 그녀의 동족, 그녀의 신에게로 돌아갔다. 그러나 룻은 나오미의 권면에 자기의 동족이 아닌 어머니의 동족, 자기의 신이 아닌 어머니의 하나님에게로 가겠다고 다짐했다.

> 나오미는 두 며느리에게 무엇을 권면했는지 설명하고, 룻은 무엇을 다짐했는지 설명한다.

룻은 나오미와 같이 살면서 나오미와 함께 하시는 하나님을 느꼈으며 나오미의 신앙을 통해 진정한 신이 누구인지를 알게 되었기 때문에 하나님을 섬기는 어머니와 함께 하겠다고 결심하였을 것이다. 비록 모든 것을 잃어버린 나오미를 따라 가면 구걸하며 살아갈 수밖에 없는 힘겨운 상황이 닥치고, 이스라엘 백성들에게 이방인이라고 멸시받을 수도 있었지만 룻은 어머니의 백성이 나의 백성이 되고 어머니의 하나님이 나의 하나님이 되시리니라고 고백하며 나오미를 따를 것을 결심하였다.

> 룻이 어떻게 이런 결심을 할 수 있었는지 설명한다.

룻의 고백은 하나님을 향한 신앙고백이었다. 룻은 오직 나오미가 섬기는 하나님의 백성이 되고 싶다는 열망으로 아무 보장도 없는 낯선 곳으로 시어머니를 따라 이스라엘 백성 안으로 약속의 땅으로 하나님 안으로 들어 갈 결심을 하였다. 룻은 나오미처럼 오직 하나님만을 소망하며 자기의 땅을 떠나 자기의 친척과 자기의 신을 버리고 요단강을 건너 약속의 땅으로 들어갔다.

> 룻이 한 고백을 통해 무엇을 소망했는지 설명한다.

룻기는 '누구'를 가리키고 있는가?

하나님께서는 왜 이방여인과 결혼하지 말라고 하셨는지, 보아스는 룻의 무엇을 보고 결혼하게 되었는지 알아보고, 룻과 보아스를 통해 누가 등장하는지를 살펴보고, 어떤 사람들을 통해 예수님이 등장하시게 되는지 알아본다. 룻기는 어떤 내용의 책인지에 대해서 알아본다.

1 이방여인과 결혼

보아스가 그에게 대답하여 이르되 네 남편이 죽은 후로 네가 시어머니에게 행한 모든 것과 네 부모와 고국을 떠나 전에 알지 못하던 백성에게로 온 일이 내게 분명히 알려졌느니라 (룻2:11)

이에 보아스가 룻을 맞이하여 아내로 삼고 그에게 들어갔더니 여호와께서 그에게 임신하게 하시므로 그가 아들을 낳은지라 (룻4:13)

살몬은 라합에게서 보아스를 낳고 보아스는 룻에게서 오벳을 낳고 오벳은 이새를 낳고 (마1:5)

하나님께서 이방여인과의 결혼을 금한 이유를 설명한다.

보아스는 이방여인인 룻의 무엇을 보고 결혼을 하게 되었는지 설명한다.

• • • 하나님께서는 모세를 통해 이방여인과 혼인하지 말라고 명령하셨다. 그 이유는 이방여인을 통해 그들이 섬기는 이방신을 섬기게 되어 하나님을 떠나게 될 것을 걱정하셨기 때문이다.

룻이 모압에서 나오미의 아들과 결혼할 때는 모압 신을 섬기고 있었을 것이다. 그러나 나오미를 따라 이스라엘로 들어 올 때에는 네 남편이 죽은 후로 네가 시어머니에게 행한 모든 것과 네 부모와 고국을 떠나 전에 알지 못하던 백성에게로 온 일이라며 보아스가 말하고 있는 것처럼 룻은 하나님을 향한 신앙 때문에 이스라엘로 들어왔다. 보아스는 하나님을 향한 룻의 깊은 신앙을 보고 그녀와 결혼하였다.

보아스의 어머니인 가나안 여인 기생 라합도 여리고성에 정탐하러 온 사람들에게 자신을 하나님의 심판에서 건져 줄 것을 약속받고 그들을 숨겨주었다. 즉 라합은 그 동안 하나님께서 행하신 일들을 듣고 하나님을 믿고 두려워했다. 그리고 앞으로 여리고성에 하나님께서 행하실 일들을 믿었고 하나님의 백성들을 목숨을 걸고 숨겨준 여인이었다. 결국 그녀도 하나님의 백성이 되어 살몬과 결혼하여 보아스를 낳았다. 하나님께서 이방여인과의 혼인을 금하신 것은 이방신을 섬기게 될 것을 염려하셨기 때문이지 무조건 이방여인을 금하신 것은 아니었다. 즉 라합이나 룻처럼 자기 민족 신을 버리고 오직 하나님을 섬기기 위하여 모든 위험과 어려움을 감수하고 이스라엘 안으로 들어온 신앙의 여인들은 하나님께서 당신의 백성으로 받아주셨다.

보아스의 아내 룻과 그의 어머니 라합에 대해서 설명한다.

이렇게 비록 심판받을 족속의 가나안과 모압의 이방여인들이었지만 본토 친척 아비집과 자기의 민족 신을 떠나 오직 하나님만을 섬기겠다는 마음 하나만으로 하나님 백성 안으로 들어 온 여인들을 통해 다윗이 나오게 되고 이런 위대한 신앙의 여인들을 통해 '예수님'이 오시게 되었다.

예수님은 어떤 사람들을 통해서 오셨는지 설명한다.

2 소망의 계보

이에 보아스가 룻을 맞이하여 아내로 삼고 그에게 들어갔더니 여호와께서 그에게 임신하게 하시므로 그가 아들을 낳은지라 (룻4:13)

베레스의 계보는 이러하니라 베레스는 헤스론을 낳고 헤스론은 람을 낳았고 람은 암미나답을 낳았고 암미나답은 나손을 낳았고 나손은 살몬을 낳았고 살본은 보아스를 낳았고 보아스는 오벳을 낳았고 오벳은 이새를 낳고 이새는 다윗을 낳았더라 (룻4:18~22)

룻기는 왜 소망의 책인지 설명한다.

••• 룻기는 유다의 아들 베레스의 계보를 소개하며 끝을 맺는다. 베레스의 계보를 통해 룻의 남편 보아스가 등장하고 그가 오벳을 낳았고 오벳이 이새를 낳았고 이새는 다윗을 낳았다. 결국 사사시대의 엘리멜렉 가정에 대한 이야기로 시작한 룻기는 다윗의 등장을 말하며 끝을 맺고 있다.

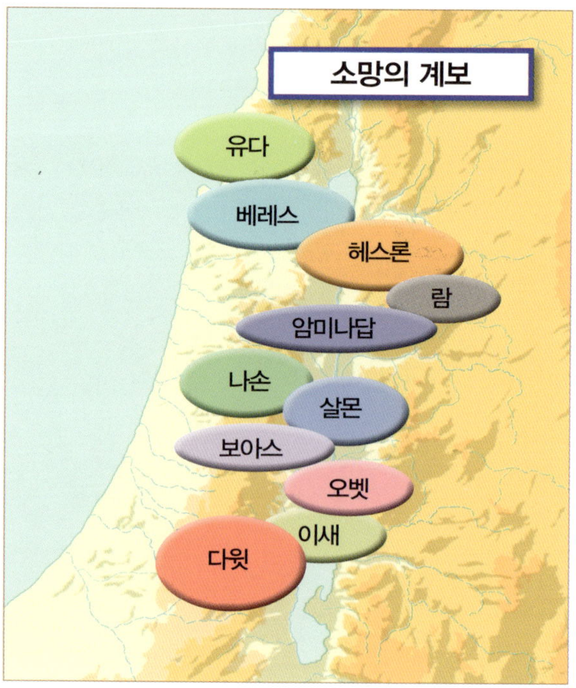

룻기는 하나님 앞에 범죄함으로써 몰락한 상태에 있던 이스라엘에게 그럴지라도 은혜를 베푸시어 그들을 건져 내시기 위해 친히 다윗을 준비하시고 다윗을 통해 이스라엘을 회복시키실 것을 암시해줌으로써 하나님의 신실하심을 보여주고 있다.

이렇게 룻기는 하나님께서 가장 기뻐하셨던 왕이고 이스라엘 왕의 전형이며 가장 위대한 왕인 다윗을 가리키며 암울했던 사사시대 말기의 상황 속에서 **진정한 소망과 희망의 시대가** 올 것을 가리키고 있는 '소망의 책'이다.

룻기의 끝, 유다의 아들 베레스의 계보는 누구를 향하고 있는지 설명한다.

룻기의 끝, 다윗의 등장은 무엇을 암시하고 있는지 설명한다.

사무엘 상 · 하는 '이스라엘의 왕이 되기 전 다윗'과 '이스라엘의 왕이 된 다윗'으로 크게 두 부분으로 나뉜다.
사무엘상 1장부터 사무엘하 4장까지는 다윗이 왕이 되기 전에 있었던 역사이다.
사무엘하 5장부터 사무엘하 24장까지는 다윗이 왕이 되어서 있었던 역사이다.
다윗이 이스라엘의 왕이 되기 전에 있었던 일들과 다윗이 이스라엘의 왕이 되어서 있었던 일들에 대해서 공부한다.

사무엘상·하

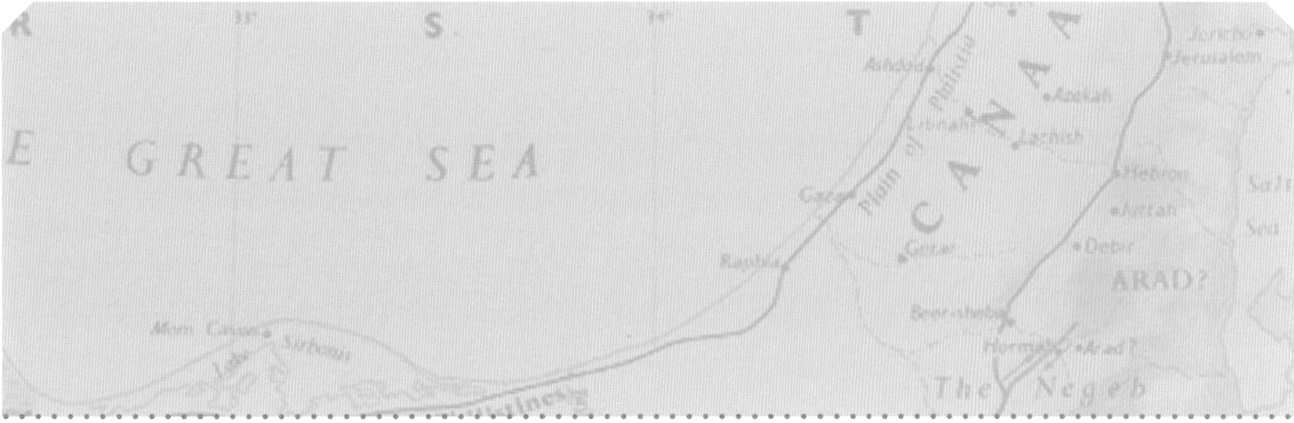

사무엘상1장~사무엘하4장

사무엘상 1장부터 사무엘하 4장까지는 다윗이 이스라엘의 왕이 되기 전에 있었던 역사이다.
이 부분에서는 '한나의 영적인 수준', '사무엘의 사역', '사울의 실패',
'골리앗과의 대전', '이스라엘 왕의 전형'에 대해서 공부한다.

Q 한나는 왜 사무엘의 평생을 하나님께 드렸는가?

삼손 다음에 등장하는 사사는 누구이며, 엘리 제사장 때 성막의 분위기는 어떠했는지, 한나는 하나님 앞에 무엇을 서원했고, 한나는 어떠한 마음으로 서원했는지에 대해서 알아본다.

1 성막의 분위기

그것으로 냄비에나 솥에나 큰 솥에나 가마에 찔러 넣어 갈고리에 걸려 나오는 것은 제사장이 자기 것으로 가지되 실로에서 그 곳에 온 모든 이스라엘 사람에게 이같이 할 뿐 아니라 (삼상2 : 14)

이 소년들의 죄가 여호와 앞에 심히 큼은 그들이 여호와의 제사를 멸시함이었더라 (삼상2 : 17)

엘리가 매우 늙었더니 그의 아들들이 온 이스라엘에게 행한 모든 일과 회막 문에서 수종 드는 여인들과 동침하였음을 듣고 (삼상2 : 22)

아이 사무엘이 엘리 앞에서 여호와를 섬길 때에는 여호와의 말씀이 희귀하여 이상이 흔히 보이지 않았더라 (삼상3 : 1)

사무엘상의 시작을 무엇과 연결해서 보아야 하는지 설명한다.

··· 사무엘상에 등장하는 엘리 대제사장은 삼손 다음에 등장한 사사이다. 엘리 대제사장 당시 이스라엘의 상황을 이해하기 위해서는 삼손 때의 상황과 연결해서 생각해야 한다. 삼손 때의 이스라엘 백성들은 하나님께 부르짖지도 않고 블레셋과 싸우려고 하지도 않았다. 이런 이스라엘의 상황이 엘리 사사 때로 이어졌다는 것을 염두에 두고 사사기 끝과 연결해서 사무엘상의 시작을 보아야 한다.

사사기에서 뒤의 두 사건은 이스라엘의 영적, 사회적, 정치적 상태를 보여주는 사건들이었다. 그런데 이제 더 나아가 이스라엘의 영적인 구심점인 성막의 상황을 보여주면서 사무엘상이 시작되고 있다. 특히 실로의 성막 상태를 이스라엘의 사사요, 대제사장인 엘리의 아들들을 통해 보여주고 있다. 엘리의 두 아들은 하나님께 드리는 제사를 형식적으로 생각해서 제사 드리는 제물을 가지고 사기를 치고, 제사 제도를 자기 마음대로 어기며, 성막에서 간음을 저질렀다.

또한 이스라엘의 영적인 책임을 담당하고 이끌어야 할 대제사장인 엘리는 자기의 아들들이 성막에서 이런 악한 행위들을 하는데도 이 일을 다른 사람을 통해 들을 때까지 모르고 있었다. 모든 사람들이 알 정도로 성막 안에서 행해지는 악행들에 대해 대제사장이 무지해 있었던 것을 보면 이스라엘의 중심인 성막이 어떠한 상태였는지 짐작할 수 있다.

사무엘상이 어떻게 시작하고 있으며, 누구를 통해 성막의 상태를 보여주고 있는지 설명한다.

엘리의 상태와 성막의 상태를 연결해서 설명한다.

2 한나의 서원

한나가 마음이 괴로워서 여호와께 기도하고 통곡하며 서원하여 이르되 만군의 여호와여 만일 주의 여종의 고통을 돌보시고 나를 기억하사 주의 여종을 잊지 아니하시고 주의 여종에게 아들을 주시면 내가 그의 평생에 그를 여호와께 드리고 삭도를 그의 머리에 대지 아니하겠나이다 (삼상1 : 10,11)

그러므로 나도 그를 여호와께 드리되 그의 평생을 여호와께 드리나이다 하고 그가 거기서 여호와께 경배하니라 (삼상1 : 28)

한나의 이야기로 사무엘상이 시작됨을 설명한다.

• • • 사무엘상은 '한 여인'의 이야기로 시작하고 있다. 삼손으로 끝을 맺은 사사기에 이어 한나의 이야기로 사무엘상이 시작되고 있는 것이다.

한나의 슬픔을 설명한다.

엘가나에게는 두 명의 아내가 있었다. 그중 엘가나의 사랑을 받았던 한나는 아이를 낳지 못해 깊은 슬픔에 빠져 있는 여인이었다. 한나는 엘가나와 함께 하나님의 말씀대로 1년에 세 번 실로의 성막에 나아와 하나님께 예배와 제사를 드리면서 자기의 슬픔을 하나님 앞에 간절히 기도드렸다.

왜 이스라엘 백성들에게 일 년에 세 번 성막(성전)에 나아와 제사를 드리도록 했는지 설명한다. 엘가나와 한나는 이 명령에 순종했음을 설명한다.

원래 하나님께서는 이스라엘 백성에게 1년에 세 번 하나님 앞에 모두 나아와 함께 제사를 드리도록 명령하셨다. 이 명령은 이스라엘 백성들의 결속과 하나님 앞에서의 정체성과 사명을 인식하도록 하기 위한 명령이었다. 그러나 대부분의 이스라엘 백성들은 이 명령을 지키지 않는 상황이었고 엘가나와 한나는 그런 상황 중에도 하나님께서 하신 명령을 지키고 있었다. 그렇게 예배와 제사를 드려야 하는 자리를 알고 하나님 앞에 나아온 한나는 간절히 기도하던 중 하나님께서 아들을 주시면 그의 평생을 하나님 앞에 드리겠다고 서원하였다.

한나는 어떤 마음으로 서원 기도를 드렸는지 설명한다.

먼저 한나가 하나님께 드린 서원 기도의 깊은 의미를 살펴보면, 한나는 단지 자기의 처지를 면하기 위해서 또는 자신의 부족함을 채우기 위해서 하나님께 간구한 것이 아니었다. 그녀는 하나님께서 아들을 주시면 평생을 구별된 사람으로 오직 하나님만 섬기는 사람으로서 레위인답게 충성된 종교적 직무를 감당하며 하나님 앞에 평생을 살도록 하겠다는 마음으로 서원하였다.

한나의 중심을 보신 하나님께서는 은혜를 베푸셔서 한나에게 아들을 주셨고 한나는 젖을 뗀 후 사무엘을 성막, 즉 하나님 앞으로 데리고 왔다. 그녀는 하나님께서 주셨으니 하나님께서 기르시고 하나님의 뜻대로 인도하실 것을 믿고 의지하는 마음으로 어린 사무엘을 엘리 대제사장에게로 데려갔다.

한나는 매년마다 에봇을 지어다 입히면서 어린 사무엘에게 이 모든 것, 즉 사무엘은 하나님과의 약속으로 태어났으며 오직 하나님만 섬기기 위해 태어난 존재임을 사무엘에게 들려주었을 것이다. 한나는 하나님을 향한 깊고 바른 신앙을 가지고 사무엘에게 올 때마다 가르쳤고, 이와 같은 어머니의 신앙이 사무엘에게 영적 자양분이 되어 하나님 앞에서 바른 하나님의 사람으로 자라게 되었다.

한나는 어떤 마음으로 사무엘을 성막으로 데리고 갔는지 설명한다.

한나는 무엇을 바라보며 사무엘을 드렸는지 설명한다.

3 한나의 영적인 수준

젖을 뗀 후에 그를 데리고 올라갈새 수소 세 마리와 밀가루 한 에바와 포도주 한 가죽부대를 가지고 실로 여호와의 집에 나아갔는데 아이가 어리더라 (삼상1 : 24)

여호와를 대적하는 자는 산산이 깨어질 것이라 하늘에서 우레로 그들을 치시리로다 여호와께서 땅 끝까지 심판을 내리시고 자기 왕에게 힘을 주시며 자기의 기름 부음을 받은 자의 뿔을 높이시리로다 하니라 (삼상2 : 10)

한나는 무엇을 바라보며 사무엘을 드렸는지 설명한다.

••• 당시 성막의 분위기는 암울한 상황이었다. 대제사장인 엘리는 영적으로 둔감했고 제사장인 엘리 아들들의 죄악된 행위를 모든 사람이 알고 있을 정도였으며, 무엇보다도 말씀이 없었던 상황이었다. 한나와 같은 영적인 깊이가 있는 여인이 이러한 성막의 분위기를 모를 리가 없었다. 하지만 한나는 성막의 암울한 분위기를 본 것이 아니라 성막에 임재해 계시는 하나님만을 바라보았고, 자기가 믿고 바라보는 하나님 앞에 사무엘을 드렸다.

실로의 폐허

하나님께서는 오직 하나님만을 바라보면서 하나님만을 섬기도록 아이를 드린 한나와 같은 여인을 통해 암울한 사사시대 속에서 이스라엘을 비춰 줄 사무엘과 같은 빛을 준비하셨고, 결국 이런 여인을 통해 하나님의 나라를 이어가셨다.

어떤 사람들을 통해 하나님의 나라를 이어가는지에 대해서 설명한다.

Q ‘여호와 앞에서 자란다’란 무엇을 말하는가?

엘리와 그 가문이 하나님께 왜 징계를 받게 되었고, 한나는 하나님께 무엇을 바랐으며, 엘리 아들들은 여호와 앞에서 어떤 결과를 얻었고, 사무엘은 여호와 앞에서 어떤 결과를 받았는지, 오늘날 여호와 앞이란 어디인지에 대해서 알아본다.

1 엘리의 태도

엘리가 매우 늙었더니 그의 아들들이 온 이스라엘에게 행한 모든 일과 회막 문에서 수종 드는 여인들과 동침하였음을 듣고 그들에게 이르되 너희가 어찌하여 이런 일을 하느냐 내가 너희의 악행을 이 모든 백성에게서 듣노라 (삼상2 : 22,23)

너희는 어찌하여 내가 내 처소에서 명령한 내 제물과 예물을 밟으며 네 아들들을 나보다 더 중히 여겨 내 백성 이스라엘이 드리는 가장 좋은 것으로 너희들을 살지게 하느냐 (삼상2 : 29)

그러므로 이스라엘의 하나님 나 여호와가 말하노라 내가 전에 네 집과 네 조상의 집이 내 앞에 영원히 행하리라 하였으나 이제 나 여호와가 말하노니 결단코 그렇게 하지 아니하리라 나를 존중히 여기는 자를 내가 존중히 여기고 나를 멸시하는 자를 내가 경멸하리라 (삼상2 : 30)

엘리의 직무 수행에 대해서 설명한다.

••• 엘리는 40년 동안 이스라엘의 사사와 대제사장으로 있었다. 그는 성막에서 일어나는 모든 일들을 관리하고 책임져야 할 사람인데도 자기 아들인 홉니와 비느하스가 성막에서 제물로 사기를 치고 여인과 간음을 저지르는 것조차 몰랐으며 결국 모든 백성이 알고 난 후에서야 듣고 알게 되었다. 이것으로 엘리가 성막에서 자신의 직분을 어떻게 감당하고 있었는지 예상할 수 있다.

하나님께서 엘리 아들들의 죄악으로 인해 '이다말'의 후손으로 내려오던 제사장 직분의 특권을 끊으시겠다는 무서운 심판의 말씀을 하셨다. 그런데도 엘리는 심판의 말씀을 듣고도 간절히 회개하기 보다는 그냥 체념했으며, 그의 아들들에게 엄격하게 꾸짖기 보다는 소극적으로 훈계하였다. 이와 같은 모습 속에서 대제사장으로서 제사장이 될 자식들을 그 동안 어떻게 가르쳤는지를 예측할 수 있다.

엘리에게 내리신 심판과 그의 반응에 대해서 설명한다.

엘리는 그의 아들들에게 하나님께서 주신 특권이 무엇이며 그 특권을 어떻게 감당해야 하는지에 대해 엄중히 가르쳐야 했고, 가르친 대로 행하지 않을 때는 단호하게 징계해야 했으며, 그 무엇보다 하나님께서 주신 것을 가장 소중히 여기도록 자식들을 가르쳤어야 했다.

엘리는 아들들에게 무엇을 했어야 하는지 설명한다.

그런데 하나님께서 말씀하셨듯이 엘리는 하나님보다 아들들을 더 중히 여긴 까닭에 자신들이 받은 특권이 무엇인지 모르고 그것을 하찮게 여기며 살았고 그것을 아들들에게 가르치지도 않았다. 결국 하나님께서 주신 특권을 이어갈 엘리의 아들들은 하나님께서 주신 축복의 특권을 무가치하게 여기는 악행을 범함으로써 하나님께서 주신 복된 특권을 잃어버리게 되는 큰 심판을 받게 되었다.

엘리 가족이 심판을 받게 된 원인을 설명한다.

하나님께서 엘리 가문에게 허락하신 제사장의 자리(직분)를 엘리 자신도 감당하고 자기의 자식들도 하나님 앞에 바르게 감당할 수 있도록 하기 위해서는 그 무엇보다도 하나님을 최우선으로 섬기며 순종해야만 했다. 하지만 엘리는 그렇게 하지 못 하였고, 따라서 복된 특권을 이어갈 수 없게 되었다. 엘리 가족의 심판을 통해 우리에게 주신 복된 특권을 이어가기 위해서 어떻게 해야 하는지 배울 수 있다.

하나님께서 주신 복된 자리를 이어가는 것에 대해서 설명한다.

2 한나의 태도

그러므로 나도 그를 여호와께 드리되 그의 평생을 여호와께 드리나이다 하고 그가 거기서 여호와께 경배하니라 (삼상1 : 28)

여호와께서 한나를 돌보시사 그로 하여금 임신하여 세 아들과 두 딸을 낳게 하셨고 아이 사무엘은 여호와 앞에서 자라니라 (삼상2 : 21)

• • • 한나는 사무엘의 평생을 하나님께 드렸다. 사무엘은 한나에게 있어 가장 소중한 존재였다. 그러므로 그녀가 사무엘을 드렸다는 것은 자기의 목숨과도 같은 가장 소중한 것을 하나님께 드렸다는 것이다. 다시 말해 한나는 자신의 전부를 드린 것이다.

한나는 어떤 마음으로 사무엘을 드렸는가? 사무엘은 하나님께서 주신 하나님의 자식이므로 하나님께서 아버지가 되셔서 하나님의 자녀로서 자라날 수 있도록 친히 기르시기를 바라는 간절한 마음으로 드렸다. 그러므로 하나님께서는 한나의 이와 같은 중심을 받으셨고 친히 사무엘을 기르셨다.

! 사무엘을 드린다는 것은 한나에게 무엇을 의미하는 것인지를 설명한다.

! 한나가 자신의 전부인 사무엘을 하나님께 드린 이유를 설명한다.

3 여호와 앞

이 소년들의 죄가 여호와 앞에 심히 큼은 그들이 여호와의 제사를 멸시함이었더라 (삼상2 : 17)

그들에게 이르되 너희가 어찌하여 이런 일을 하느냐 내가 너희의 악행을 이 모든 백성에게서 듣노라 (삼상2 : 23)

여호와께서 한나를 돌보시사 그로 하여금 임신하여 세 아들과 두 딸을 낳게 하셨고 아이 사무엘은 여호와 앞에서 자라니라 (삼상2 : 21)

아이 사무엘이 점점 자라매 여호와와 사람들에게 은총을 더욱 받더라 (삼상2 : 26)

··· 하나님보다 아들들을 중히 여겼던 '엘리의 태도'가 결국 두 아들들이 '여호와 앞'에서 악행을 범하는 결과를 가져왔다. 반면 자기의 가장 소중한 것을 하나님께 드린 '한나의 태도'는 사무엘을 '여호와 앞'에서 은총을 입으며 자라게 하는 결과를 가져왔다.

'엘리의 태도의 결과'와 '한나의 태도의 결과'를 비교 설명한다.

같은 사사시대 때 같은 성막에서 '엘리와 그의 아들들', '한나와 사무엘'은 각각 '여호와 앞'에서 자기의 소견대로 행하였지만 대조적인 태도를 보여주었고, 이에 따라 각각 판이한 결과를 맞게 되었다.

이 모든 것이 여호와 앞에서 일어난 일임을 설명한다.

오늘날 어떻게 하면 자녀들을 '여호와 앞'에서 자라게 할 수 있을까? 첫째, 우리는 엘리와 한나를 통해서 그 해법을 얻을 수 있다. 먼저 부모가 자녀보다 하나님을 우선으로 생각해야 한다. 그리고 가장 소중한 자녀를 하나님께서 길러주시기를 바라는 간절한 마음으로 하나님 앞에 드리는 태도를 가져야 한다.

여호와 앞에서 자라게 하기 위한 부모의 태도를 설명한다.

둘째, 태초에 말씀이 계시니라 이 말씀이 하나님과 함께 계셨으니 이 말씀은 곧 하나님이시니라(요1:1). 즉 말씀은 곧 하나님이시다. 그러므로 '하나님 앞'이란 곧 '말씀 앞'을 말한다. 하나님 앞에서 자란다는 것은 말씀 앞에서 자란다는 것을 의미한다. 그러므로 하나님께서 길러주실 것을 믿으며 나의 가장 소중한 자녀를 '말씀 앞', 즉 **말씀으로 길러야 하는 것**이다.

여호와 앞에서 자란다는 것이 무엇을 말하는 것인지 설명한다.

Q 사무엘의 열매는?

이스라엘을 오랜 시간 동안 괴롭혔던 블레셋은 어떤 나라이며, 사무엘은 이스라엘 백성들을 어떻게 이끌었는지 알아보고, 어떻게 블레셋으로부터 이스라엘이 건짐을 받을 수 있었는지에 대해서 알아본다.

1 블레셋

곧 애굽 앞 시홀 시내에서부터 가나안 사람에게 속한 북쪽 에그론 경계까지와 블레셋 사람의 다섯 통치자들의 땅 곧 가사 족속과 아스돗 족속과 아스글론 족속과 가드 족속과 에그론 족속과 또 남쪽 아위 족속의 땅과 (수13:3)

그 때에 이스라엘 온 땅에 철공이 없었으니 이는 블레셋 사람들이 말하기를 히브리 사람이 칼이나 창을 만들까 두렵다 하였음이라 (삼상13:19)

••• 당시 이스라엘은 블레셋의 속국이었다. 블레셋은 지중해 북쪽, 에게 해의 크레타 섬에 살던 사람들이었는데 이들이 배를 타고 팔레스타인 연안으로 와서 한 지역을 점령하였다. 필리스틴(Philistine)은 블레셋 사람들이라는 말이며 필리스티아(Philistia)는 블레셋 땅이라는 말이므로 지금의 팔레스타인이라는 말은 블레셋 사람들로부터 유래된 것이다. 이들은 사무엘 시대 때 헬라의 정치제도에 영향을 받아 '욥바'에서 도시국가를 시작하여 남쪽 '가사'라는 곳까지 비옥한 땅을 점령하여 살고 있는 상태였다. 이곳에서 '아스돗, 가드, 에글론, 아스글론, 가사' 다섯 개 도시국가를 건설하여 서로 동맹을 맺고 살면서 결속해서 동맹군을 이루어 이스라엘을 계속해서 침략하고 괴롭히고 있었다.

이스라엘의 오랜 적이었던 블레셋에 대해서 설명한다.

이들은 사사 삼갈 때부터 이스라엘을 침략했고 삼손 때에는 40년 동안 잔인하게 괴롭혔는데, 사무엘 시대에도 마찬가지였다. 블레셋은 이스라엘의 초대 왕인 사울을 죽였으며, 다윗 왕도 그들과 항상 싸웠으며, 나중에 다윗 왕에 의해 완전히 정복되었다.

블레셋의 침략에 대해서 설명한다.

2 선지자 사무엘

아이 사무엘이 엘리 앞에서 여호와를 섬길 때에는 여호와의 말씀이 희귀하여 이상이 흔히 보이지 않았더라 (삼상3:1)

여호와께서 임하여 서서 전과 같이 사무엘아 사무엘아 부르시는지라 사무엘이 이르되 말씀하옵소서 주의 종이 듣겠나이다 하니 (삼상3:10)

단에서부터 브엘세바까지의 온 이스라엘이 사무엘은 여호와의 선지자로 세우심을 입은 줄을 알았더라 여호와께서 실로에서 다시 나타나시되 여호와께서 실로에서 여호와의 말씀으로 사무엘에게 자기를 나타내시니라 (삼상3:20,21)

사무엘이 등장할 때는 말씀이 희귀한 시대였음을 설명한다.

사무엘의 말이 온 이스라엘에 전파되니라 (삼상4 : 1)

••• 사무엘은 야곱의 아들인 '레위'의 20대손이다. 그는 삼손, 엘리에 이어 이스라엘의 마지막 사사였다. 사무엘이 등장한 시대는 여호와의 말씀이 희귀하여 하나님의 나라 이스라엘에 말씀이 거의 없었던 무서운 시대였다. 즉 하나님의 백성인 이스라엘이 하나님의 말씀을 모르는 상태였다. 그 결과 자신들의 정체성과 사명을 모르게 되었고 그들의 옳고 그름을 판단하는 기준이 없게 되어 각자 자기의 생각이 기준이 되었고 자기가 살고 싶은 대로 하고 싶은 대로 주변 족속들처럼 살면서 그들이 섬기는 이방신들을 섬기며 살았다.

하나님께서 사무엘에게 말씀하신다는 것에 대해서 설명한다. 사무엘의 선지자 사역에 대해서 설명한다.

이런 무서운 시대에 하나님 앞에서 자라난 사무엘에게 드디어 하나님께서 말씀을 하셨다. 하나님께서 사무엘에게 말씀하신다는 것은 사무엘이 하나님의 말씀을 받고 전하는 선지자로서의 사역이 시작되었다는 것을 뜻한다. 그 후 사무엘은 10여 년 동안 온 이스라엘을 다니면서 오랜 시간 동안 하나님을 떠나 우상을 섬기며 깊은 어둠에 갇혀 있었던 이스라엘 백성들에게 비로소 하나님의 말씀을 가르쳤다.

3 회복의 자세

사무엘이 이스라엘 온 족속에게 말하여 이르되 만일 너희가 전심으로 여호와께 돌아오려거든 이방 신들과 아스다롯을 너희 중에서 제거하고 너희 마음을 여호와께로 향하여 그만을 섬기라 그리하면 너희를 블레셋 사람의 손에서 건져내시리라 이에 이스라엘 자손이 바알들과 아스다롯을 제거하고 여호와만 섬기니라(삼상7:3,4)

••• 하나님의 말씀을 몰랐던 이스라엘 백성들은 각자 자기 생각이 기준이었기 때문에 자기 생각대로 우상을 섬기고 그것들을 의지하며 살았다. 그런 백성들에게 사무엘은 하나님의 말씀을 오랜 시간 동안 가르쳤다. 항상 이스라엘을 괴롭혔던 블레셋이라는 대적으로부터 벗어나기 위해서는 사람의 능력과 힘 또는 우상숭배로 되는 것이 아니라 하나님만을 섬기고 의지할 때 하나님께서 친히 대적으로부터 건져 주시고 지켜주신다는 것을 가르쳤던 것이다.

! 사무엘은 말씀을 통해 백성들에게 무엇을 가르쳤는지 설명한다.

백성들은 사무엘의 가르침을 통해 블레셋의 압제로부터 벗어나는 법을 배웠다. 결국 사람이 하는 것도 우상이 하는 것도 아님을 깨닫고 그동안 믿고 의지했던 우상을 부수고 하나님께로 돌아와 하나님만을 섬기게 되었다. 하나님께서는 이런 이스라엘 백성들을 받아 주셨고 사무엘을 통해 말씀하신대로 블레셋으로부터 그들을 건져 주셨다. 사무엘은 깊은 어둠에 갇혀 있었던 백성들에게 하나님의 말씀을 가르쳐 줌으로써 그들을 참 빛이신 하나님께로 돌아올 수 있도록 인도해준 사람이었다. 이것이 **사무엘이 맺은 큰 열매**이다.

! 백성들이 사무엘의 가르침을 통해서 무엇을 깨닫게 되었는지 설명하고, 사무엘이 맺은 열매에 대해서 설명한다.

Q 이스라엘 백성들과 장로들은 왜 왕을 구했는가?

사무엘의 아들들을 통해 이스라엘 장로들은 무엇을 걱정하게 되었으며, 이스라엘 백성과 장로들이 무슨 이유로 왕을 구했고, 왜 사무엘과 하나님께서는 이들의 요구를 기뻐하지 않았는지에 대해서 알아본다.

1 사무엘의 두 아들

그의 아들들이 자기 아버지의 행위를 따르지 아니하고 이익을 따라 뇌물을 받고 판결을 굽게 하니라 (삼상8 : 3)

그에게 이르되 보소서 당신은 늙고 당신의 아들들은 당신의 행위를 따르지 아니하니 모든 나라와 같이 우리에게 왕을 세워 우리를 다스리게 하소서 한지라 (삼상 8 : 5)

사무엘의 두 아들들의 잘못에 대해서 설명한다.

• • • 사무엘이 나이가 많아 그의 아들들을 제사장과 사사로 삼아 이스라엘의 가장 남쪽에 있는 브엘세바에서 사무엘 대신 백성들을 재판하는 일을 맡겼

브엘세바

다. 그런데 사무엘의 아들들은 애석하게도 사무엘의 바른 신앙을 본받아 따르지 않았고 뇌물을 받고 불의한 재판을 하였다.

이것이 백성들에게 알려졌고, 사무엘처럼 블레셋으로부터 이스라엘을 지켜주고 이스라엘을 이끌 탁월한 지도자가 될 만한 인물이 없었기 때문에 백성들의 대표인 장로들은 사무엘 이후 이스라엘을 이끌 지도자에 대한 대책을 세우게 되었다.

사무엘의 두 아들들의 잘못으로 인해 대책을 세우게 되었음을 설명한다.

2 백성들이 인간왕을 원함

백성이 사무엘의 말 듣기를 거절하여 이르되 아니로소이다 우리도 우리 왕이 있어야 하리니 우리도 다른 나라들 같이 되어 우리의 왕이 우리를 다스리며 우리 앞에 나가서 우리의 싸움을 싸워야 할 것이니이다 하는지라 (삼상8:19,20)

••• 사무엘 다음으로 이스라엘을 이끌 지도자에 대해 고민하던 장로들이 내린 결론은 다른 나라들처럼 왕이 있어야 한다는 것이었다. 이들은 그동안 전

강한 나라를 만들기 위해 왕을 원했음을 설명한다.

쟁을 하면서 다른 나라들은 인간왕이 중심이 되어 힘을 하나로 모아 통일성 있게 움직이고 싸울 때도 왕이 선봉에 서서 지시하고 이끌며 싸우는 모습을 보았다. 그래서 이들은 이스라엘에도 그런 왕이 있으면 블레셋과 같은 외부의 침입에 맞서 싸울 수 있을 것이라는 결론을 내렸다. 그리고 왕을 중심으로 국력을 강하게 만들어 외부 세력의 침입에 대비하자는 뜻에서 인간 왕을 구하였다.

침략을 당하지 않기 위해 왕을 원했음을 설명한다.

이스라엘은 주변 국가들이 강한 이유를 왕이 있기 때문으로 생각하고 자기들도 그들과 같이 왕이 있으면 나라가 강해질 수 있다고 생각하였다. 주변 나라들의 침략을 막기 위해서는 인간 왕이 있어야 된다고 생각한 것이다. 그들은 이스라엘이 지금까지 약할 수밖에 없었던 이유를 인간 왕이 없기 때문으로 생각하였다.

3 사무엘의 거절

우리에게 왕을 주어 우리를 다스리게 하라 했을 때에 사무엘이 그것을 기뻐하지 아니하여 여호와께 기도하매 (삼상8 : 6)

여호와께서 사무엘에게 이르시되 백성이 네게 한 말을 다 들으라 이는 그들이 너를 버림이 아니요 나를 버려 자기들의 왕이 되지 못하게 함이니라 (삼상8 : 7)

네가 네 하나님 여호와의 말씀을 삼가 듣고 내가 오늘 네게 명령하는 그의 모든 명령을 지켜 행하면 네 하나님 여호와께서 너를 세계 모든 민족 위에 뛰어나게 하실 것이라 (신28 : 1)

여호와께서 너를 대적하기 위해 일어난 적군들을 네 앞에서 패하게 하시리라 그들이 한 길로 너를 치러 들어왔으나 네 앞에서 일곱 길로 도망하리라 (신28 : 7)

••• 사무엘은 그들의 요구를 좋아하지 않았다. 그 이유는, 첫째 하나님께서는 분명히 모세를 통해 하나님만 섬기며 하나님의 율례와 법도를 지켜 행하면 외부의 세력으로부터 막아주시겠다고 말씀하셨기 때문이다. 그러나 이스라엘은 다른 신을 섬겼고 하나님의 말씀에 불순종하여 나중에는 말씀의 기근으로 인해 말씀과는 무관한 삶을 살았다. 그 결과 늘 외부의 침입에 시달리고 살았던 것이다. 사무엘은 그런 이스라엘 백성에게 말씀을 오랜 시간 동안 가르치며 블레셋과 같은 강한 적으로부터 건짐 받는 방법을 가르쳐 주었다.

사무엘이 이스라엘 백성들이 왕을 구하는 것을 싫어했음을 설명한다. 또 이스라엘 백성들은 징계의 진짜 원인은 생각하지 않았음을 설명한다.

그것은 이스라엘이 섬기고 의지했던 이방신을 없애고 오직 하나님만 섬기며 의지하고 율례와 법도를 지켜 행하며 살 때 블레셋과 같은 강한 적으로부터 건짐 받을 수 있다는 것이었다. 즉 이스라엘의 안전과 보장은 사람의 힘과 능력으로 되는 것이 아님을 이미 말씀을 통해 가르쳐 주었고 블레셋을 통해 경험하게 해 주었는데도 이스라엘 백성들은 자기들의 잘못이 원인이었음을 깨닫지 못하고 여전히 하나님으로부터 답을 찾으려고 하지 않았으며 다시 세상 안에서 안전과 보장을 받을 수 있는 답을 찾으려 했다. 즉 근본적인 원인은 생각하지 않고 하나님의 법칙이 아닌 외형적인 세상의 법칙으로 문제를 해결하기 위해 왕을 구했고 그들이 어떤 의도로 왕을 구하는지 알았기 때문에 사무엘은 좋게 생각하지 않았던 것이다.

사무엘은 세상의 법칙으로 해결하려고 하는 그들의 자세를 좋아하지 않았음을 설명한다.

둘째, 이스라엘의 왕은 하나님이시고 이스라엘은 친히 하나님께서 통치하시는 나라이기 때문에 사무엘은 장로들이 인간 왕을 구하는 것을 싫어하였다. 주변의 다른 나라들은 왕 한 사람이 모든 통치권을 가지고 있는 전제국가 형태를 띠고 있었지만 이스라엘의 통치권은 하나님께 있었으며 이스라엘은 나라의 국법인 율법도 있었다. 다른 나라처럼 인간 왕이 다스리게 해 달라는 백성들의 요구는 하나님께서 통치하시는 것을 거부하는 것이었다. 그것은 하나님께서 왕인 나라를 폐하고 다른 나라처럼 인간이 왕인 나라로 바꾸자는 요구였던 것이다.

주변 나라와 이스라엘과의 차이점을 설명하고, 이스라엘의 요구는 하나님의 통치하심을 거부하는 요구였음을 설명한다.

하나님께서는 왜 백성들이 하나님을 버린 것이라고 했는지 설명한다.

그래서 하나님께서 너를 버림이 아니요 나를 버려 자기들의 왕이 되지 못하게 함이라고 말씀하신 것이다. 하나님께서는 인간 왕 요구 자체를 부인하시진 않으셨지만 이스라엘 백성들이 인간 왕을 요구하는 의도와 자세가 잘못되었음을 말씀하셨다.

4 이스라엘 왕에 대한 말씀

반드시 네 하나님 여호와께서 택하신 자를 네 위에 왕으로 세울 것이며 네 위에 왕을 세우려면 네 형제 중에서 한 사람을 할 것이요 네 형제 아닌 타국인을 네 위에 세우지 말 것이며 (신17:15)

여호와께서 사무엘에게 이르시되 그들의 말을 들어 왕을 세우라 하시니 사무엘이 이스라엘 사람들에게 이르되 너희는 각기 성읍으로 돌아가라 하니라 (삼상8:22)

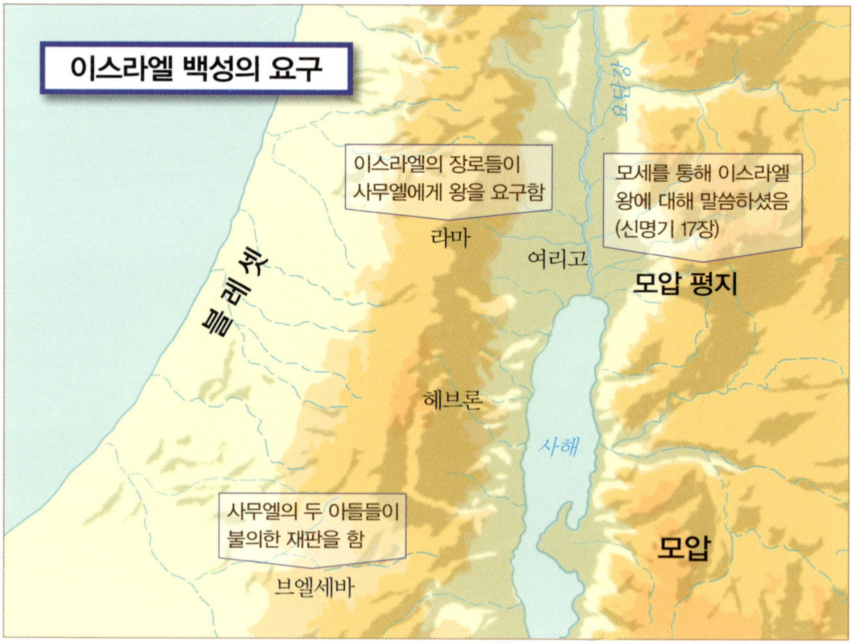

이에 사무엘이 기름병을 가져다가 사울의 머리에 붓고 입맞추며 이르되 여호와께서 네게 기름을 부으사 그의 기업의 지도자로 삼지 아니하셨느냐 (삼상10:1)

• • • 하나님께서는 모세를 통해 신명기에서 후일 이스라엘 백성들이 왕을 원할 때 반드시 지켜야 할 다섯 가지를 말씀해주셨다. 그 중 첫 번째가 이스라엘의 왕은 사람이 뽑아 세우는 것이 아니라 반드시 하나님께서 선택한 사람이어야 한다는 것이었다. 왜냐하면 이스라엘의 왕은 다른 나라의 왕과 같지 않기 때문이다. 이스라엘의 왕은 이 나라의 진정한 통치자가 하나님이심을 알고 자기는 백성 중에서 하나님께서 세우신 제일 높은 신하의 위치임을 알고 자기와 백성의 주인인 하나님의 명령에 순종하며 하나님만 섬기고 의지하고 살아야 하는 위치이기 때문에 이스라엘의 왕은 하나님께서 선택하셔야만 하는 것이다. 결국 하나님께서는 백성들의 요구를 받아들이셔서 친히 사울을 이스라엘의 초대왕으로 세우셨다.

! 이스라엘 왕은 하나님께서 선택하셔야 함과 그 이유를 설명한다.

Q 사울은 왜 실패한 왕이 되었는가?

사울은 하나님께서 세우신 왕인지 백성이 세운 왕인지, 하나님께서 사울에게 무슨 사명을 주셨으며, 사울 왕은 왜 하나님 말씀에 불순종했고, 무슨 이유로 다윗을 죽이려 했는지에 대해서 알아본다.

1 사울의 사명

내일 이맘 때에 내가 베냐민 땅에서 한 사람을 네게로 보내리니 너는 그에게 기름을 부어 내 백성 이스라엘의 지도자로 삼으라 그가 내 백성을 블레셋 사람들의 손에서 구원하리라 내 백성의 부르짖음이 내게 상달되었으므로 내가 그들을 돌보았노라 하셨더니 (삼상9 : 16)
사무엘이 사울을 볼 때에 여호와께서 그에게 이르시되 보라 이는 내가 네게 말한 사람이니 이가 내 백성을 다스리리라 하시니라 (삼상9 : 17)
사무엘이 백성을 미스바로 불러 여호와 앞에 모으고 (삼상10 : 17)
베냐민 지파를 그들의 가족별로 가까이 오게 하였더니 마드리의 가족이 뽑혔고 그 중에서 기스의 아들 사울이 뽑혔으나 그를 찾아도 찾지 못한지라 (삼상10 : 21)

하나님께서 친히 사울을 이스라엘의 초대왕으로 세우셨음을 설명한다.

디르사(사울의 첫 번째 도읍지)

• • • 사울은 백성의 요구로 하나님께서 허락하셔서 세워진 왕이었다. 이스라엘 백성들이 뽑은 것도 아니고 본인 스스로 왕이 된 것도 아니고 사무엘이 뽑은 것도 아니며 하나님께서 친히 뽑으신 왕이다. 사울은 베냐민 지파 기브아 출신으로 유력한 가문의 사람이었다. 하나님께서는 먼저 사무엘에게 사울이 이스라

엘의 초대왕이 될 것임을 가르쳐 주셨다. 그리고 사무엘을 통해 사울에게 기름을 부으신 후 모든 백성이 모인 자리에서 제비를 뽑게 하여 공식적으로 사울을 왕으로 세우셨다.

그 후 하나님께서 사울에게 이스라엘의 왕이 되어 해야 할 일을 주셨다. 먼저 블레셋으로부터 이스라엘 백성을 구원해 내야 하는 사명을 주셨다. 또 다른 사명은 사사시대부터 제멋대로 살고 있던 백성의 상태를 하나님께서 주신 법과 질서로 가르치고 다스려서 하나님께서 이스라엘에게 내리신 사명을 감당할 수 있는 나라로 만드는 것이었다.

하나님께서 사울에게 주신 두 가지 사명을 설명한다.

사울은 이스라엘의 왕으로서 하나님 앞에서 해야 할 일이 있었다. 그것은 하나님과 백성 사이에서 하나님의 신하로서 백성들이 하나님을 잘 섬길 수 있도록 인도하고 백성들이 하나님의 백성답게 살 수 있도록 이끌어 주는 일이었다. 그렇기 때문에 하나님께서는 사울을 왕으로 친히 세우시고 사명을 주셨던 것이다. 결국 이스라엘의 왕은 하나님의 백성들을 위해 존재하는 사람이었다. 그러므로 사울은 이스라엘의 왕으로서 하나님께서 주신 사명을 향해 나아가야 했다.

이스라엘 왕에게 사명을 주신다는 것은 무엇을 의미하는지 설명한다.

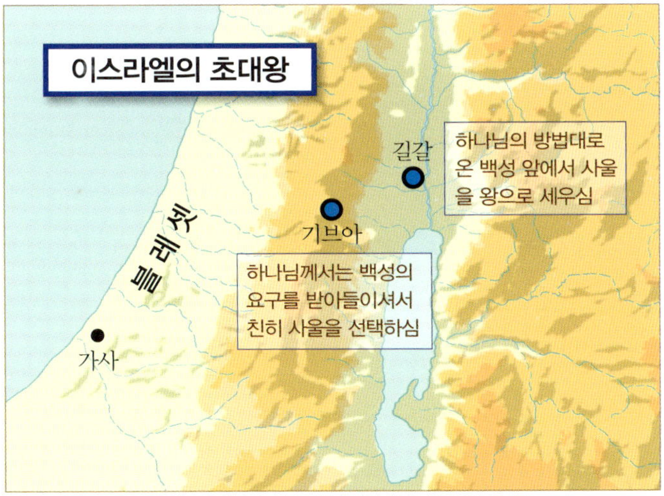

2 사울의 불순종

너는 나보다 앞서 길갈로 내려가라 내가 네게로 내려가서 번제와 화목제를 드리리니 내가 네게 가서 네가 행할 것을 가르칠 때까지 칠 일 동안 기다리라 (삼상 10 : 8)

사울이 이르되 번제와 화목제물을 이리로 가져오라 하여 번제를 드렸더니 번제 드리기를 마치자 사무엘이 온지라 사울이 나가 맞으며 문안하매 (삼상13 : 9,10)

사울과 백성이 아각과 그의 양과 소의 가장 좋은 것 또는 기름진 것과 어린 양과 모든 좋은 것을 남기고 진멸하기를 즐겨 아니하고 가치 없고 하찮은 것은 진멸하니라 (삼상15 : 9)

내가 사울을 왕으로 세운 것을 후회하노니 그가 돌이켜서 나를 따르지 아니하며 내 명령을 행하지 아니하였음이니라 하신지라 사무엘이 근심하여 온 밤을 여호와께 부르짖으니라 (삼상15 : 11)

또 여호와께서 왕을 길로 보내시며 이르시기를 가서 죄인 아말렉 사람을 진멸하되 다 없어지기까지 치라 하셨거늘 (삼상15 : 18)

다만 백성이 그 마땅히 멸할 것 중에서 가장 좋은 것으로 길갈에서 당신의 하나님 여호와께 제사하려고 양과 소를 끌어 왔나이다 하는지라 사무엘이 이르되 여호와께서 번제와 다른 제사를 그의 목소리를 청종하는 것을 좋아하심 같이 좋아하시겠나이까 순종이 제사보다 낫고 듣는 것이 숫양의 기름보다 나으니 (삼상 15 : 21,22)

여호와께서 사무엘에게 이르시되 내가 이미 사울을 버려 이스라엘 왕이 되지 못하게 하였거늘 네가 그를 위하여 언제까지 슬퍼하겠느냐 너는 뿔에 기름을 채워 가지고 가라 내가 너를 베들레헴 사람 이새에게로 보내리니 이는 내가 그의 아들 중에서 한 왕을 보았느니라 하시는지라 (삼상16 : 1)

곧 요나단이 그에게 이르기를 두려워하지 말라 내 아버지 사울의 손이 네게 미치지 못할 것이요 너는 이스라엘 왕이 되고 나는 네 다음이 될 것을 내 아버지 사울도 안다 하니라 (삼상23:17)

• • • 사울은 이스라엘 백성들의 요구를 수용하셔서 하나님께서 세우신 왕이다. 사울은 부끄러움을 잘 타고 겸손한 사람이었으며 한때는 여호와의 신이 충만한 사람이었다. 그러나 사울은 결국 하나님께 버림받은 왕이 되었다. 사울이 왕으로서 실패한 이유를 몇 가지로 살펴보면 다음과 같다.

> 사무엘이 사울에게 길갈에서 기다리라고 한 이유를 설명한다.

첫째, 사무엘은 사울에게 먼저 길갈에 가서 칠일 동안 자기를 기다리라고 했다. 왜냐하면 사무엘이 가서 하나님 앞에 예배를 드리고 나서 하나님께서 앞으로 이스라엘의 왕으로서 사울이 해야 할 일들을 말씀해 주실 것이므로 하나님의 말씀을 받을 때까지 기다리라는 것이었다. 그래서 사울을 먼저 길갈로 보냈다. 그런데 기다리던 중 블레셋에게 쫓기는 다급한 상황에 처하게 되자 사무엘을 기다리지 못하고 사울이 번제를 드렸던 것이다. 여기에서 사울이 번제를 드린 것 때문에 문제가 되는 것이 아니다. 하나님께서 사무엘을 통해 사울이 왕으로서 해야 할 일을 가르쳐 주실 때까지 기다리지 않은 것, 즉 블레셋을 쳐야 할지 말아야 할지 또 앞으로 왕으로서 어떻게 해야 할지에 대해서 하나님의 지시를 받고 움직였어야 하는데 하나님의 지시를 받을 때까지 기다리지 않고 자기 마음대로 행한 것이 문제였다.

> 사울이 무엇을 잘못했는지 설명한다.

이스라엘 왕은 하나님의 지시를 받아야 하는 신하의 위치에 있는 사람이다. 하나님께서는 이스라엘의 왕이 해야 할 일을 선지자를 통해 말씀하셨기 때문에 이스라엘의 왕은 하나님의 말씀을 전하는 선지자의 말을 들어야 했다. 그래서 다윗은 선지자 나단을 통해 하나님께 여쭈었고 나단을 통해 말씀하신 하나님의 명령에 순종했다. 이것이 이스라엘 왕의 독특한 점이다. 그런데 사울은 하나님의 지시를 전하는 선지자 사무엘을 기다리지도 않고 그를 통해 전하는 말씀도 들으려고 하지도 않고 상황이 위급하니깐 자기 마음대로 어떻게 해보려고 하였다. 이것이 사울이 왕으로서 범한 큰 잘못이었던 것이다.

> 하나님께서는 선지자를 통해 왕에게 말씀하셨음을 설명하고, 사울이 왕으로서 범한 큰 잘못을 설명한다.

아말렉과의 전쟁을 통해 사울이 왕으로서 범한 큰 잘못에 대해 설명한다.

둘째, 아말렉과의 싸움에서 하나님께서는 그동안 이스라엘을 괴롭혀 왔던 죄인 아말렉을 완전히 진멸하라고 명령하셨는데 사울은 완전히 진멸하지 않았다. 아말렉 왕 아각을 죽이라는 명령을 거역하고 생포했으며 아말렉 족속의 소유물 중 기름지고 좋아 보이는 것은 의도적으로 진멸하지 않았다. 그리고 백성들 때문에 하나님께 좋은 것들을 남겨 제사드리기 위해서였다고 핑계를 대었다. 사무엘은 사울에게 순종이 제사보다 낫다고 말하였는데, 이는 하나님께서는 제사보다 하나님의 명령에 순종하는 것을 더 원하신다는 뜻으로 하나님 앞에 외형적인 형식을 지키는 것보다 하나님의 지시를 최우선으로 삼는 자세를 원하신다는 것이다. 결국 사울은 아말렉을 진멸하라는 하나님의 명령을 제사나 그 어떠한 것보다 최우선으로 삼아 자신과 백성 모두가 순종할 수 있도록 이끌었어야 했다. 그러나 사울은 하나님의 명령을 소홀히 여겨 불순종하였고, 이것이 사울이 왕으로서 범한 큰 잘못이었다.

사울은 무엇 때문에 다윗을 죽이려고 했는지 설명한다.

셋째, 사울은 백성들의 마음이 다윗에게로 향하고 있다는 것을 알았다. 또한 요나단이 말한 것처럼 사울은 다윗이 이스라엘의 왕이 될 것을 예측하고 있었다. 사울은 다윗에게 자신의 왕권을 빼앗기지 않고 이방나라의 왕들처럼 요나단에게 세습을 하기 위해 또한 자신의 왕권신장을 위해 하나님께서 다윗을 택하셨다는 것을 알면서도 다윗을 죽이려고 오랜 시간 동안 쫓아다님으로써 하나님 앞에 잘못을 범하였다.

3 사울의 상태

사무엘이 사울에게 이르되 나는 왕과 함께 돌아가지 아니하리니 이는 왕이 여호와의 말씀을 버렸으므로 여호와께서 왕을 버려 이스라엘 왕이 되지 못하게 하셨음이니이다 (삼상15 : 26)

왕이 좌우의 시위자에게 이르되 돌이켜 가서 여호와의 제사장들을 죽이라 그들도 다윗과 합왕이 좌우의 호위병에게 이르되 돌아가서 여호와의 제사장들을 죽이라 그들도 다윗과 합력하였고 또 그들이 다윗이 도망한 것을 알고도 내게 알리지 아니하였음이니라 하나 왕의 신하들이 손을 들어 여호와의 제사장들 죽이기를 싫어한지라 왕이 도엑에게 이르되 너는 돌아가서 제사장들을 죽이라 하매 에돔 사람 도엑이 돌아가서 제사장들을 쳐서 그 날에 세마포 에봇 입은 자 팔십오 명을 죽였고 제사장들의 성읍 놉의 남녀와 아이들과 젖 먹는 자들과 소와 나귀와 양을 칼로 쳤더라 (삼상22 : 17~19)

••• 사울은 다윗 한 사람을 죽이기 위해서 마음대로 백성 중 에서 3,000명을 택하여 다윗을 쫓았으며, 다윗을 도와주었다는 이유로 제의를 집행하는 제사장들과 세마포 에봇을 입은 종교 지도자 85명을 죽였다. 사울은 자신의 불순종으로 하나님께서 자신을 버리셨음을 알면서도 왕권을 유지하기 위해 무서운 짓을 행하였다. 사울은 하나님이 누구신지, 이스라엘은 어떤 나라인지, 이스라엘 백성들은 어떤 존재인지, 이스라엘 왕은 어떤 위치에 있어야 하는지에 대해서 무관심했다. 그 결과 사울은 하나님 말씀에 불순종했고, 이스라엘 나라를 자기 마음대로 만들려 했으며, 이스라엘 백성들을 불공평과 불공의로 압제하여 세상 의 다른 나라처럼 자신의 왕조를 세우려 했다. 사울은 하나님께서 이스라엘의 왕이시며, 이스라엘은 하나님 나라의 신정국가이며, 이스라엘 백성은 하나님을 섬겨야 할 하나님의 백성들이며, 이스라엘의 왕은 하나님의 다스림을 받는 종이라는 사실을 철저히 무시했다. 그러므로 이스라엘의 초대 왕인 사울은 이스라엘의 실패한 왕이 될 수밖에 없었다.

! 사울은 다윗을 죽이기 위해 하나님의 백성들을 동원했고, 하나님의 구별된 사람들을 죽였는데, 무엇을 위해 이런 짓을 했는지 설명한다.

! 이스라엘의 초대왕인 사울은 왜 실패한 왕이 될 수밖에 없었는지 설명한다.

사울은 왜 비참한 최후를 맡게 되었는가?

여호와의 신에 충만했던 사울이 어떻게 해서 비참한 죽음을 맡게 되었으며, 사울을 죽음에 까지 이르게 한 죄는 무엇이었는지, 사울은 왜 신접한 여인을 찾아갔는지에 대해서 알아본다.

1 사울의 죽음

그가 무기를 든 자에게 이르되 네 칼을 빼어 그것으로 나를 찌르라 할례 받지 않은 자들이 와서 나를 찌르고 모욕할까 두려워하노라 하나 무기를 든 자가 심히 두려워하여 감히 행하지 아니하는지라 이에 사울이 자기의 칼을 뽑아서 그 위에 엎드러지매 무기를 든 자가 사울이 죽음을 보고 자기도 자기 칼 위에 엎드러져 그와 함께 죽으니라 사울과 그의 세 아들과 무기를 든 자와 그의 모든 사람이 다 그 날에 함께 죽었더라 (삼상31 : 4,5,6)

사울이 죽은 것은 여호와께 범죄하였기 때문이라 그가 여호와의 말씀을 지키지 아니하고 또 신접한 자에게 가르치기를 청하고 여호와께 묻지 아니하였으므로 여호와께서 그를 죽이시고 그 나라를 이새의 아들 다윗에게 넘겨 주셨더라 (대상10 : 13,14)

사울이 왕이 된 후부터 죽을 때까지 있었던 일들을 설명한다.

··· 사울이 하나님의 명령으로 사무엘에게 기름부음을 받을 때에는 여호와의 신에 충만한 감동을 받은 사람이었다. 그런데 하나님의 말씀을 소홀히 여기게 되면서 점점 세상 유혹에 빠져 들게 되었고 여호와 신의 이끄심이 아닌 자기 마음대로 하게 되었다. 아무리 여호와의 신에 감동을 받았다 할지라도 사울은 매일 매일의 삶 속에서 하나님께 나아가 하나님의 뜻을 헤아리고 깨달아 하나님께서 세우신 왕답게 하나님의 뜻대로 수행하려 노력하면서 날

마다 자신을 하나님 앞에서 살폈어야 했다. 또한 하나님의 뜻이 이스라엘 나라의 뜻이고 이스라엘 백성들의 뜻이 될 수 있도록 왕으로서의 역할을 했어야 했고, 나아가 하나님의 뜻이 사울의 소원이 되었어야 했다. 그래서 이스라엘 초대왕으로서 하나님 나라 신정국가의 좋은 전형을 세웠어야 했다. 그러나 사울은 이스라엘의 초대왕이 되어 블레셋과 몇 번의 전쟁을 치렀고, 그 후 아말렉과의 싸움에서 하나님 명령에 불순종함으로써 하나님께서는 사무엘을 통해 사울 대신 열다섯 살 정도 된 다윗에게 기름을 부으셨다. 그로부터 5년 정도의 시간이 흐른 후 다윗이 골리앗과 싸운 사건이 있었고, 그 사건 이후로 다윗을 질투하게 된 사울은 다윗을 죽이려고 그의 남은 통치 기간 동안 다윗을 쫓아다녔다. 마침내 길보아에서의 블레셋과의 큰 격전을 벌이다가 이스라엘이 크게 패하게 되었고 여기서 사울은 세 아들들과 함께 비참한 죽음을 맞게 되었다. 역대기 사가는 사울이 죽은 이유를 두 가지 때문이라고 말하고 있다.

길보아산. 사울이 전사한 지역

벧산. 사울 왕의 시신이 있던 곳

2 사울의 범죄

사울이 여호와께 묻자오되 여호와께서 꿈으로도, 우림으로도, 선지자로도 그에게 대답하지 아니하시므로 (삼상28 : 6)

사울이 그의 신하들에게 이르되 나를 위하여 신접한 여인을 찾으라 내가 그리로 가서 그에게 물으리라 하니 그의 신하들이 그에게 이르되 보소서 엔돌에 신접한 여인이 있나이다 사울이 다른 옷을 입어 변장하고 두 사람과 함께 갈새 그들이 밤에 그 여인에게 이르러서는 사울이 이르되 청하노니 나를 위하여 신접한 술법으로 내가 네게 말하는 사람을 불러 올리라 하니 (삼상28 : 7,8)

사울이 죽게 된 첫 번째 원인을 설명한다.

••• 역대기서 사가는 사울이 하나님 앞에 범죄했기 때문에 죽었다고 말한다. 사울을 죽음까지 이르게 한 범죄가 무엇인지 살펴보면, 첫째 사울은 하나님 말씀을 지키지 않았다. 이것은 이스라엘의 주인이신 하나님 명령을 종이 지키지 않았다는 것, 즉 사울은 종으로서 해야 할 일을 하지 않고 종의 신분이면서 주인의 것을 마음대로 하려고 한 큰 죄를 범하였다.

사울이 죽게 된 두 번째 원인을 설명한다.

사울을 죽음에 이르게 한 또 다른 범죄는 신접한 여인의 지시를 받으려 한 것이었다. 사울과 온 이스라엘은 길보아에서 진을 치고 있었고 블레셋은 수넴에 진을 치고 있는 상황에서 사울은 블레셋이 두려워 하나님께 어찌해야 하는지 여쭈었다. 그런데 하나님께서 무엇으로도 응답하시지 않으시자 사울은 다른 곳에서 대책을 간구하기 위해 엔돌의 신접한 여인을 찾아가 물어보았다. 사울은 처음부터 두 마음을 품고 하나님께 나아갔던 것이다. 이 점이 잘못된 것이다. 사울이 하나님께 여쭈었는데도 대답이 없으셨으면 하나님께서 왜 응답하지 않으시는지에 대해서 먼저 자기 자신을 돌아보고 반성하며 하나님께서 응답해 주실 때까지 겸비함으로써 엎으려 오직 한 마음으로 하나님만의 응답을 기다렸어야 했다. 이것이 이스라엘 왕의 자세였다. 그런데 사울은 그렇게 하지 않았고, 바로 이 점이 잘못되었다는 것이다.

사울은 하나님 대신 누구를 찾아갔는지 설명한다.

물론 사울은 먼저 하나님께 여쭤보기는 했지만 응답이 없으시니깐 자기 자신을 돌아보지도 반성하지도 않고 다른 데에서라도 대답을 들으려 했다. 그래서 엔돌의 신접한 여인인 귀신과 교통하는 여인을 찾아가 이스라엘의 전쟁을 어떻게 해야 하는지, 즉 앞으로 자신과 이스라엘이 어떻게 해야 하는지에 대한 해결책을 얻으려고 했다.

사울은 이스라엘의 왕이지만 그의 신분은 하나님의 명령을 수행해야 하는 종이고 신하의 신분이었다. 그런데 종인 사울은 주인인 하나님의 명령을 듣지 않고 다른 곳에서 지시를 받으면서 이스라엘과 하나님의 백성들을 이끌었다. 즉 하나님의 종이 주인이신 하나님의 가르침을 원한 것이 아니라 귀신과 신접한 여인의 가르침(술법)을 원했다는 것이다. 이와 같은 큰 범죄를 하나님 앞에서 저질렀기 때문에 이스라엘의 초대 왕인 사울은 비참한 죽음을 당하게 된 것이라고 역대기 사가는 말하고 있다.

사울을 죽음에까지 이르게 한 죄가 무엇인지 설명한다.

Q 하나님께서 친히 준비해 놓으신 왕은 누구인가?

이스라엘 왕은 어떤 역할을 감당해야 했고, 이스라엘 왕은 하나님 앞에 어떤 위치에 있는 존재이며, 하나님께서 친히 준비해 놓으신 왕은 누구인지에 대해서 알아본다.

1 이스라엘의 왕

네가 네 하나님 여호와께서 네게 주시는 땅에 이르러 그 땅을 차지하고 거주할 때에 만일 우리도 우리 주위의 모든 민족들 같이 우리 위에 왕을 세워야겠다는 생각이 나거든 (신17:14)

반드시 네 하나님 여호와께서 택하신 자를 네 위에 왕으로 세울 것이며 네 위에 왕을 세우려면 네 형제 중에서 한 사람을 할 것이요 네 형제 아닌 타국인을 네 위에 세우지 말 것이며 (신17:15)

여호와께서 집을 세우지 아니하시면 세우는 자의 수고가 헛되며 여호와께서 성을 지키지 아니하시면 파수꾼의 깨어 있음이 헛되도다 (시127:1)

이스라엘 통치권과 이스라엘 왕의 위치를 설명한다.

• • • 신정국가인 이스라엘에 왕을 세워야 한다면 이스라엘의 왕은 하나님께서 택한 자를 세워야 함을 모세를 통해 이미 신명기에서 말씀하셨다. 왜냐하면 이스라엘의 왕은 다른 나라의 왕과 다르기 때문이다. 즉 다른 나라의 왕은 전적으로 인간 왕에게 통치권이 있지만, 이스라엘의 왕은 이스라엘의 통치권과 주권이 하나님에게 있으므로 다른 나라의 왕들과 다르게 하나님의 명령을 수행하는 종의 위치에 있어야 하기 때문이다.

이스라엘 나라의 목표에 대해서 설명한다.

다른 나라들이 추구하는 목표와 이스라엘이 추구하는 국가의 목표도 명확히 다르다. 이스라엘은 분명한 목표와 사명이 있는 나라이다. 즉 이스라엘은 세상 가운데에 하나님을 드러낼 수 있는 오직 하나님만 섬기는 제사장 나라를 세워야 하는 위대한 사명을 부여받은 나라이기 때문에 이스라엘의 왕은 이와 같은 사명을 바로 알고 감당할 수 있는 사람이어야 하므로 하나님께서 세워야 하는 것이다.

이스라엘의 왕은 하나님께 받은 이 위대한 사명을 본인뿐 아니라 이스라엘 백성 전체가 감당할 수 있도록 앞에서 이끌어야 할 신하의 위치에 있는 사람이다. 또한 이 사명을 감당하기 위해 하나님의 말씀과 율법을 왕인 자신과 백성들이 배우고 지켜 행함으로써 순종하도록 총력을 기울여야 할 책임이 있는 사람이다. 결국 이스라엘 왕의 자리는 하나님의 다스림을 받는 **종의 자리**인 것이다. 이렇게 이스라엘의 왕은 자기의 자리와 역할을 명확히 아는 사람이어야 하기 때문에 하나님께서 친히 선택하셔야 했다.

이스라엘 왕의 역할과 자리를 설명한다.

2 하나님께서 친히 준비하신 왕

여호와께서 사무엘에게 이르시되 내가 이미 사울을 버려 이스라엘 왕이 되지 못하게 하였거늘 네가 그를 위하여 언제까지 슬퍼하겠느냐 너는 뿔에 기름을 채워 가지고 가라 내가 너를 베들레헴 사람 이새에게로 보내리니 이는 내가 그의 아들 중에서 한 왕을 보았느니라 하시는지라 (삼상16:1)

여호와께서 사무엘에게 이르시되 그의 용모와 키를 보지 말라 내가 이미 그를 버렸노라 내가 보는 것은 사람과 같지 아니하니 사람은 외모를 보거니와 나 여호와는 중심을 보느니라 하시더라 (삼상16:7)

사무엘이 기름 뿔병을 가져다가 그의 형제 중에서 그에게 부었더니 이 날 이후로 다윗이 여호와의 영에게 크게 감동되니라 사무엘이 떠나서 라마로 가니라 (삼상16:13)

다윗에게 기름 부으심에 대해서 설명한다.

••• 하나님께서는 사울이 불순종하자 사무엘에게 베들레헴에 가면 이새의 아들 가운데 기름부음 받을 자가 있으니 가라고 명하셨다. 사무엘은 하나님

께서 이스라엘의 왕으로 미리 뽑아 놓으신 '다윗'이라는 십오 세 정도의 소년에게 하나님의 명하심대로 기름을 부었다. 아마도 당시에는 다윗 자신과 가족들은 이 '기름 부음의 의미'를 몰랐을 것이다.

이스라엘의 왕은 하나님이 선택하셔야 한다고 말씀하셨다. 그렇다면 하나님께서는 아무런 요구도 없는 가운데에서 다윗의 무엇을 보시고 이스라엘의 왕으로 선택하셨는가? 하나님께서는 사람이 볼 수 없는 마음의 중심을 보시는 분이시다. 하나님께서는 다윗의 외모와 배경을 보신 것이 아니라 다윗의 중심을 보셨는데 그의 중심은 하나님의 원하심대로 당신의 백성들을 하나님의 방법대로 다스릴 자격이 갖춰져 있었다. 하나님께서는 이와 같이 다윗의 외모를 보신 것이 아니라 사람이 볼 수 없는 그의 중심을 보시고 이스라엘을 위하여 그에게 기름을 부으셨다.

하나님께서는 다윗의 무엇을 보셨는지 설명한다.

이스라엘의 초대왕인 사울은 백성들의 요구를 받아들이시고 하나님께서 뽑아 세우신 왕이었다. 그러나 다윗은 백성들의 요구로 세워진 왕이 아니라 하나님께서 스스로 준비하시고 세우신 왕이다. 다윗은 갑자기 등장한 인물이 아니다. 룻기 4장에서 보면 유다의 계보가 나오는데 이를 통해 다윗이 룻의 남편이었던 보아스의 자손인 것을 알 수 있다. 즉 룻기 4장에서 등장하는 유다의 계보는 다윗을 가리키고 있다. 이렇듯 다윗은 외세의 핍박과 죄악으로 가득했던 이스라엘을 건져 내시고 하나님 나라 신정국가인 이스라엘에 왕의 전형을 만드시기 위해 하나님께서 친히 준비해 놓으신 왕이었다.

다윗을 왕으로 준비하신 두 가지 이유를 설명한다.

Q

다윗은 골리앗과 무엇 때문에 싸웠는가?

어떤 계기로 골리앗을 보게 되었고, 다윗은 왜 골리앗과 싸울 무기로 물맷돌을 선택했으며, 왜 골리앗과 싸우고자 했는지 그리고 결국 다윗의 어떤 점이 골리앗과 블레셋을 물리칠 수 있었는지에 대해서 알아본다.

1 이스라엘 백성들의 상태

이스라엘 모든 사람이 그 사람을 보고 심히 두려워하여 그 앞에서 도망하며 (삼상17 : 24)

다윗이 곁에 서 있는 사람들에게 말하여 이르되 이 블레셋 사람을 죽여 이스라엘의 치욕을 제거하는 사람에게는 어떠한 대우를 하겠느냐 이 할례 받지 않은 블레셋 사람이 누구이기에 살아 계시는 하나님의 군대를 모욕하겠느냐 (삼상17 : 26)

다윗이 사울에게 말하되 그로 말미암아 사람이 낙담하지 말 것이라 주의 종이 가서 저 블레셋 사람과 싸우리이다 하니 (삼상17 : 32)

엘라 골짜기. 다윗과 골리앗의 전투 현장

••• 다윗은 아버지 이새의 심부름으로 블레셋과 이스라엘이 전쟁하기 위해 진을 치고 있는 엘라 골짜기에 왔다. 즉 다윗은 골리앗과 싸우기 위해 온 것이 아니라 아버지 때문에 우연히 와서 골리앗을 본 것이다.

다윗이 전쟁터에 우연히 온 것임을 설명한다.

골리앗은 블레셋의 가드 사람으로 신장이 294cm나 되고, 머리에는 철모를 쓰고 비늘 모양의 놋과 철 조각으로 된 71kg이나 되는 갑옷을 입고 있었으며, 무기로 지닌 창은 창날만 7kg이었고 그 앞에는 방패를 든 자가 서 있었다. 이 골리앗은 싸움을 북돋는 자로 블레셋 진 앞에서 40일 동안 이스라엘을 위협하며 멸시하고 있었다. 그러나 이때 사울과 이스라엘 병사들은 골리앗을 보고 겁을 먹어 무서워서 벌벌 떨며 숨어 있거나 도망하는 상태였다.

이스라엘 병사들은 골리앗을 두려워하고 있는 상태였음을 설명한다.

다윗은 살아계신 '하나님의 군대'인 이스라엘 병사들을 모욕하는 골리앗을 보며 의로운 분노가 치밀었다. 다윗은 벌벌 떨고 있는 이스라엘 병사들을 '하나님의 군대'로 보았고 장대한 골리앗보다 살아계신 **거대한 하나님**을 보았기 때문에 두려움 없이 자신만만하게 대적 앞으로 나아갔다.

다윗은 무엇을 보고서 골리앗 앞으로 나아갔는지 설명한다

2 평소의 자세

사무엘이 기름 뿔병을 가져다가 그의 형제 중에서 그에게 부었더니 이 날 이후로 다윗이 여호와의 영에게 크게 감동되니라 사무엘이 떠나서 라마로 가니라 (삼상 16:13)

다윗이 사울에게 말하되 주의 종이 아버지의 양을 지킬 때에 사자나 곰이 와서 양 떼에서 새끼를 물어가면 내가 따라가서 그것을 치고 그 입에서 새끼를 건져내었고 그것이 일어나 나를 해하고자 하면 내가 그 수염을 잡고 그것을 쳐죽였나이다 (삼상17:34,35)

다윗이 칼을 군복 위에 차고는 익숙하지 못하므로 시험적으로 걸어 보다가 사울에게 말하되 익숙하지 못하니 이것을 입고 가지 못하겠나이다 하고 곧 벗고 손에 막대기를 가지고 시내에서 매끄러운 돌 다섯을 골라서 자기 목자의 제구 곧 주머니에 넣고 손에 물매를 가지고 블레셋 사람에게로 나아가니라 (삼상17:39,40)

다윗은 양을 치던 소년이었음을 설명한다.

••• 다윗은 양을 치는 소년이었다. 사무엘이 다윗에게 기름을 부을 때도 양을 치다가 들어와서 받았고, 기름 부음을 받은 후에도 다윗은 여전히 그 일을 했을 것이다. 골리앗과의 싸움을 싸울 때 다윗의 나이가 대략 이십 세 정도였을 것으로 추정되므로 기름 부음을 받은 후 거의 5년 정도의 시간이 흘렀음을 알 수 있다. 다윗이 골리앗에게 나갈 때 가지고 나간 무기는 칼도 창도 아닌 물매 돌 다섯 개였다.

다윗의 평소 자세를 설명한다.

다윗은 평소 양을 지키면서 산과 들을 며칠씩 돌아다녔다. 다윗은 자신을 맹수에게로부터 지켜주시는 하나님을 의지했고, 하늘의 별과 달, 나무와 꽃들, 하나님께서 지으신 모든 것들을 보면서 하나님을 찬양하며 하나님께 깊이 나아갔으며, 더불어 그의 영성도 깊어져 갔을 것이다. 또한 산속은 언제나 맹수의 공격이 도사리고 있는 곳이므로 다윗은 늑대와 곰으로부터 자기의 목숨과 양들을 지키기 위해 평소에 물매 연습을 목숨 걸고 했을 것이고 그것으로 자기와 양들의 목숨을 지켜왔을 것이다.

결국 다윗은 평소 제일 자신 있게 쓰던 무기인 '물매 돌'을 가지고 나아갔다. 그리고 하나님께서는 **다윗의 평소 자세를 통해서** 이스라엘의 대적을 물리치게 하셨다.

다윗은 왜 물매 돌을 가지고 대적에게로 나아갔는지를 설명한다.

3 다윗의 신앙

주의 종이 사자와 곰도 쳤은즉 살아 계시는 하나님의 군대를 모욕한 이 할례 받지 않은 블레셋 사람이리이까 그가 그 짐승의 하나와 같이 되리이다 또 다윗이 이르되 여호와께서 나를 사자의 발톱과 곰의 발톱에서 건져내셨은즉 나를 이 블레셋 사람의 손에서도 건져내시리이다 사울이 다윗에게 이르되 가라 여호와께서 너와 함께 계시기를 원하노라 (삼상17 : 36,37)

다윗이 블레셋 사람에게 이르되 너는 칼과 창과 단창으로 내게 나아 오거니와 나는 만군의 여호와의 이름 곧 네가 모욕하는 이스라엘 군대의 하나님의 이름으로 네게 나아가노라 (삼상17 : 45)

오늘 여호와께서 너를 내 손에 넘기시리니 내가 너를 쳐서 네 목을 베고 블레셋 군대의 시체를 오늘 공중의 새와 땅의 들짐승에게 주어 온 땅으로 이스라엘에 하나님이 계신 줄 알게 하겠고 (삼상17 : 46)

또 여호와의 구원하심이 칼과 창에 있지 아니함을 이 무리에게 알게 하리라 전쟁은 여호와께 속한 것인즉 그가 너희를 우리 손에 넘기시리라 (삼상17 : 47)

• • • 다윗이 골리앗과 싸운 이유를 살펴보면 네 가지로 요약할 수 있다.

다윗은 하나님에 대한 확신을 갖고 나아갔음을 설명한다.

첫째, 자신을 평소 사자와 곰에게서 건져주셨던 하나님께서 골리앗이라는 맹수에게서도 동일하게 건져 주실 것을 확신하며 자신만만하게 나아갔다. 그동안 사자와 곰과 싸워서 살아남을 수 있었던 것은 자신의 힘 때문이 아니라 하나님 때문임을 알고 있었다. 그러므로 이스라엘의 대적 골리앗에게서도 자신의 힘과 능력이 아니라 하나님의 능력 때문에 이길 수 있다는 확신을 갖고 나아갈 수 있었던 것이다.

다윗은 하나님께서 이스라엘의 힘과 능력이심을 보여주기 위해 나아갔음을 설명한다.

둘째, 블레셋 사람들은 자신의 무기를 믿고 승리를 장담하며 이스라엘을 공격하고 멸시했다. 이스라엘 또한 블레셋의 무기와 힘을 보며 주눅이 들어서 감히 싸우지도 못하는 상황이었다. 그런 상황 가운데 다윗은 이스라엘이 전쟁에서 의지해야 하는 것은 오직 하나님이며, 하나님께서 이스라엘 군대의 힘이요 능력이라는 것을 블레셋과 이스라엘에게 보여주기 위해 나아갔다.

다윗은 하나님께서 이스라엘의 중심이심을 보여주기 위해 나아갔음을 설명한다.

셋째, 블레셋이 이스라엘에 하나님께서 계시다는 것도 모르고 그의 백성을 모욕하는 것을 다윗은 참을 수가 없었다. 그래서 다윗은 위대하시고 모든 것을 다스리시는 하나님께서 이스라엘의 중심이 되어 직접 통치하시고 계시다는 것을 블레셋에게 보여주기 위해서 골리앗과 싸우러 나아갔던 것이다.

넷째, 블레셋은 자기들의 무기와 군사적인 힘으로 이길 수 있다고 확신했지만 전쟁의 승패는 칼과 창 등의 무기나 사람의 힘과 능력으로 이기고 지는 것이 아니라 하나님께서 이기게도 지게도 하신다는 것을 다윗은 알았기 때문에 나아갔다. 즉 전쟁의 승패는 여호와께서 결정하신다는 것을 보여주기 위해서 나아갔던 것이다.

결론적으로 다윗은 이스라엘을 멸시하는 블레셋과 그들 앞에서 벌벌 떨고 있는 이스라엘 백성들에게 하나님이 어떤 분이신가를 보여주기 위해 싸운 것이다.

다윗은 단순히 힘과 용기만 있었던 것이 아니라 하나님을 향한 바르고 깊은 신앙을 가지고 있었다. 즉, 하나님이 누구시며, 이스라엘은 하나님 앞에 어떤 존재이고, 하나님이 이스라엘에게 있어 어떤 분이신지에 대한 명확한 신앙이 있었다. 다윗의 이러한 **확고하고 위대한 신앙**이 골리앗뿐만 아니라 이스라엘의 대적인 블레셋까지 물리칠 수 있게 하였다.

다윗은 전쟁의 승패가 하나님의 결정하심에 있음을 보여주기 위해 나아갔음을 설명한다.

다윗은 하나님의 하나님되심을 보여주기 위해 나아갔음을 설명한다.

다윗의 무엇이 골리앗과 블레셋을 물리칠 수 있었는지 설명한다.

Q 다윗의 자리는?

어떻게 다윗이 견고한 신앙을 가지게 되었으며, 왜 유다의 왕이 되는 데 있어 하나님의 결정하심만을 원했는지, 다윗은 어떠한 과정을 거쳐 이스라엘의 왕이 되었으며, 이스라엘의 왕이 되기까지 하나님 앞에 어떤 자세로 나아갔는지에 대해서 알아본다.

1 철저한 종

사무엘이 기름 뿔병을 가져다가 그의 형제 중에서 그에게 부었더니 이 날 이후로 다윗이 여호와의 영에게 크게 감동되니라 사무엘이 떠나서 라마로 가니라 (삼상 16 : 13)

사람이 무엇이기에 주께서 그를 생각하시며 인자가 무엇이기에 주께서 그를 돌보시나이까 (시8 : 4)

••• 골리앗과의 싸움으로 다윗의 신앙이 얼마나 위대한지 드러났다. 결국 다윗의 신앙으로 그 자신과 이스라엘을 블레셋이라는 대적으로부터 구할 수 있었다. 다윗의 신앙은 하루아침에 저절로 생긴 것이 아니다. 그가 기름 부음을 받고 난 후 골리앗과의 대전이 있기까지 약 5년이라는 시간이 흘렀다.

성경에는 기름 부음을 받은 후 다윗이 '여호와의 신'에 크게 감동됐다고 말하고 있다. 여호와의 신은 다윗을 말씀으로 이끌었고, 다윗은 하나님께서 행하신 일들을 통해서 하나님이 어떤 분이시고 이스라엘을 왜 택하셨으며 이스라엘은 무엇을 해야 하고 하나님 앞에 이스라엘은 어떤 존재이며 자신은 하나님과 이스라엘에게 어떤 존재인지 그리고 하나님께서 무엇을 원하시는지를 여호와의 신의 인도하심 가운데 말씀을 통해 더욱 더 깊이 깨닫게 되었던 것이다.

신앙은 말씀 없이 그냥 느낌으로 생기는 것이 아니다. 즉 하나님은 느낌으로 알 수 있는 분이 아니라 말씀을 통해서 알 수 있는 분이시라는 말이다. 다윗의 깊은 신앙은 말씀을 통해 하나님의 뜻을 깊이 깨닫게 되어 점점 하나님에 대한 지식이 견고하게 축척되어 가면서 형성되었다. 이것을 세상 가운데 드러낸 사건이 골리앗과의 싸움이었다.

골리앗과의 싸움에서 하나님은 이스라엘의 중심이시고 이스라엘의 힘과 능력이 되시며 이스라엘의 살아계신 통치자이심을 선포한 다윗의 말을 통해서 다윗이 하나님과 이스라엘과의 관계를 바로 인지하고 있었다는 것을 알 수 있다. 다윗은 이스라엘의 중심이시며 힘과 능력되시는 살아계신 왕이신 하나님을 철저히 의지하는 종이었음을 그가 선포한 말을 통해서 알 수 있다.

기름부음 받은 후 골리앗과의 대전까지 5년 동안 다윗의 영적 상태를 설명한다.

다윗은 성령의 인도하심 가운데 말씀을 통해 무엇을 깨달았는지를 설명한다.

골리앗과의 싸움은 하나님에 대한 지식의 깊이를 드러낸 사건임을 설명한다.

골리앗에게 선포한 말을 통해 하나님을 철저히 의지하는 종이었음을 설명한다.

2 유다의 왕

다윗이 시글락에 이르러 전리품을 그의 친구 유다 장로들에게 보내어 이르되 보라 여호와의 원수에게서 탈취한 것을 너희에게 선사하노라 하고 (삼상30:26)

사울과 그의 세 아들과 무기를 든 자와 그의 모든 사람이 다 그 날에 함께 죽었더라 (삼상31:6)

그 후에 다윗이 여호와께 여쭈어 아뢰되 내가 유다 한 성읍으로 올라가리이까 여호와께서 이르시되 올라가라 다윗이 아뢰되 어디로 가리이까 이르시되 헤브론으로 갈지니라 (삼하2:1)

다윗이 유다 족속으로부터 입지가 생기게 된 과정을 설명한다.

••• 다윗은 골리앗과의 싸움 이후로 이스라엘 백성 전체에게 알려지게 되었고, 그 후로 사울은 다윗을 시기하여 죽이려 하였다. 이때부터 다윗은 사울을

피해 10년 동안 도망다니게 되었으며, 이때 다윗과 뜻을 같이 하는 사람들이 생기게 되어 다윗은 수백 명을 이끌고 다니게 되었다. 그렇게 다니다가 시글락 족속들을 치고 생긴 노획물을 자기 족속인 유다 백성들과 장로들에게 다 보내주곤 했다. 이러게 함으로써 다윗은 점점 유다 족속에게서 입지가 생기게 되었다.

반면 이스라엘은 블레셋과의 전쟁에서 패전국이 되어 더욱 블레셋의 압제 아래에 놓이게 되었다. 이 전쟁으로 사울과 그의 아들들이 죽음으로써 이스라엘은 지도자가 없는 상태가 되었다. 다윗은 그동안 입지를 세워 왔던 유다 지파를 통해 왕으로 추대되었는데, 이때 자기를 추대하는 유다 족속의 왕이 되어야 하는지에 대해서 그는 국민의 결정을 따르거나 본인이 스스로 결정하지 않고 오직 하나님의 결정만을 간절히 원하였다. 왜냐하면 다윗은 이스라엘이 처한 상황을 내다보며 이스라엘에게 주신 사명을 감당하기 위해서 자신이 무엇을 해야 하는지 심사숙고 하고 있었기 때문에 이럴 때 자신이 유다의 왕이 되는 것이 하나님의 뜻인지 또 하나님이 이런 **비상한 때에 무엇을 원하시는지를 여쭈웠던 것**이다.

이스라엘의 상황을 설명하고, 유다의 왕이 되어야 하는 결정을 다윗은 어떠한 마음으로 여쭈었는지 설명한다.

결국 다윗은 하나님의 지시를 받고 열두 지파 중 한 지파인 유다의 왕이 되었다. 다윗은 먼저 자신을 지도자로 세워주신 곳에서 이스라엘에게 주신 사명을 하나님의 뜻대로 온 힘을 다해 세워 나갔다. 하나님께서는 다윗을 단번에 이스라엘 전체의 왕으로 세우시지 않으셨다. 다윗에게 기름을 부으신 후 하나님께서는 15년 동안을 성령의 인도하심으로 하나님과의 교제를 통해 하나님을 깊이 알게 하셨으며, 사울의 추격으로 죽음의 목전까지 가는 가장 처절한 고통을 당하게 하셨으며, 유다 지파의 왕으로 먼저 세우셔서 통치 훈련을 시키셨다. 이렇게 하나님께서는 이스라엘 열두 지파를 다스릴 왕으로 다윗을 다듬으셨다.

먼저 다윗을 유다의 왕으로 세우신 이유를 설명한다.

3 이스라엘의 왕

이에 이스라엘 모든 장로가 헤브론에 이르러 왕에게 나아오매 다윗 왕이 헤브론에서 여호와 앞에 그들과 언약을 맺으매 그들이 다윗에게 기름을 부어 이스라엘 왕으로 삼으니라 다윗이 나이가 삼십 세에 왕위에 올라 사십 년 동안 다스렸으되 헤브론에서 칠 년 육 개월 동안 유다를 다스렸고 예루살렘에서 삼십삼 년 동안 온 이스라엘과 유다를 다스렸더라 (삼하5 : 3~5)

이스라엘의 장로들이 다윗을 찾아 온 이유를 설명한다.

••• 다윗은 먼저 유다의 왕으로서 하나님의 뜻대로 유다를 견고히 세워나갔다. 사울의 아들 이스보셋이 죽고 난 후 이스라엘의 장로들은 이스라엘 민족은 하나님께서 세우신 목자인 다윗을 중심으로 하나로 통일되어야 함을 깨닫고 헤브론으로 다윗을 찾아왔고 이스라엘 장로들과 다윗은 서로 언약을 맺었다.

이스라엘의 장로들과 다윗과의 하나님 앞에서의 다짐을 설명한다.

다윗은 하나님 앞에서 유다를 하나님의 뜻대로 견고히 잘 다스렸던 것처럼 이스라엘 전체를 하나님께서 원하시는 견고한 나라로 세울 것이며 장로들도 왕을 잘 따르겠다고 하나님 앞에서 서로 다짐하였다. 이렇게 하나님의 방법대로 이스라엘은 통일왕국을 이루게 되었다.

다윗의 기름부음부터 이스라엘의 왕이 되기까지의 훈련 과정을 설명한다.

하나님께서는 룻기를 통해 이스라엘을 건져내실 자로 다윗을 보내주실 것을 암시하셨으며, 양을 치는 어린 다윗의 중심을 보시고 이스라엘의 왕으로 기름을 부으셨다. 그 후 하나님께서는 골리앗과의 싸움까지 5년, 사울 왕으로부터 도망자로 10년, 유다의 왕으로 7년, 이렇게 22년 동안을 하나님 나라 이스라엘의 왕으로 세우시기 위해 다윗을 훈련시키셨다.

이스라엘 왕으로서의 다윗은 무엇을 알고 있었는지 설명한다.

이스라엘을 세우시고 이스라엘에게 제사장 나라의 사명을 주신 하나님께서 이스라엘의 통치자이고 주권자이심을 다윗은 알았고, 이스라엘의 왕은 통치자가 내리신 사명을 백성들이 잘 감당할 수 있도록 앞에서 이끌어야 하는 신하이며 종의 위치임을 다윗은 알았다. 이스라엘의 국법은 하나님의 말씀, 율법임을 다윗은 알았고, 이스라엘의 왕과 백성은 하나님 말씀의 다스림 안에 거하는 거룩한 백성으로서 하나님께서 제정하신 이스라엘의 국법을 철저히 준수해야 하는 존재임을 다윗은 알았다.

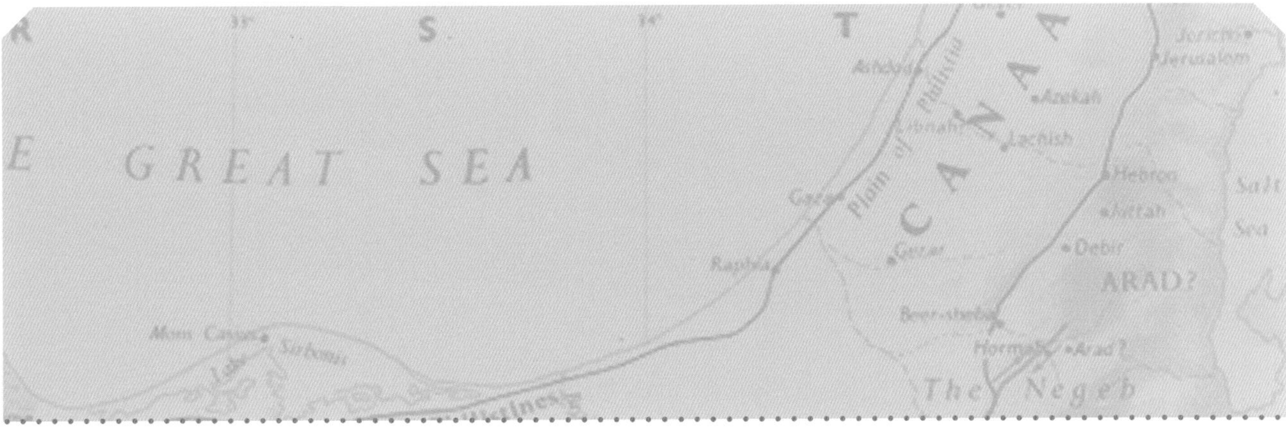

사무엘하 5~24장

사무엘하 5장부터 24장까지는 이스라엘의 왕이 된 다윗에 대한 말씀이다.
이 부분에서는 '다윗과의 언약', '말씀에 능한 자',
'약속의 땅을 완전히 정복한 다윗', '왜 다윗인가?'에 대해서 공부한다.

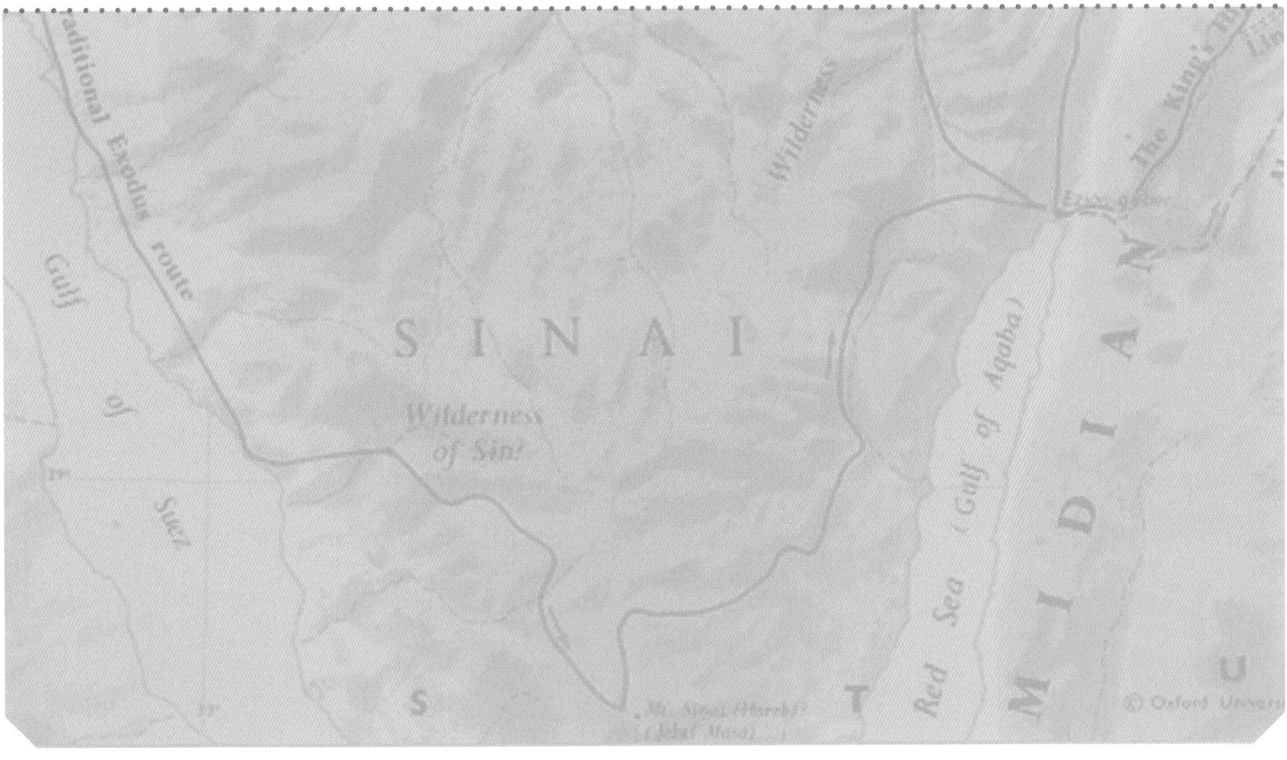

Q 하나님께서는 다윗에게 무엇을 약속하셨는가?

다윗은 왜 그토록 많은 전쟁을 하였고, 하나님께서는 다윗에게 무엇을 약속하셨는지 알아본다. 이스라엘 역사를 통해 다윗에게 하신 약속을 지켜 가시는 과정을 살펴보고 다윗과의 약속은 궁극적으로 누구를 향하고 있는지에 대해서 알아본다.

1 다윗의 간구

여호와께서 주위의 모든 원수를 무찌르사 왕으로 궁에 평안히 살게 하신 때에 (삼하 7 : 1)

왕이 선지자 나단에게 이르되 볼지어다 나는 백향목 궁에 살거늘 하나님의 궤는 휘장 가운데에 있도다 (삼하7 : 2)

여호와의 말씀이 내게 임하여 이르시되 너는 피를 심히 많이 흘렸고 크게 전쟁하였느니라 네가 내 앞에서 땅에 피를 많이 흘렸은즉 내 이름을 위하여 성전을 건축하지 못하리라 (대상22 : 8)

레바논 산지의 백향목

••• 다윗은 이스라엘의 왕이 된 후 많은 전쟁을 하였다. 그러나 다윗은 자신의 왕국을 만들기 위해 전쟁을 한 것이 아니었다. 그는 오직 하나님만을 섬기는 제사장 나라를 하나님의 의도하심대로 세우기 위해 목숨을 걸고 하나님의 싸움을 싸운 것이었다. 하나님께서는 그의 중심과 자세를 아시고 은혜를 베푸셨고 다윗은 사사시대 동안 이스라엘을 괴롭혔던 나라들을 정복했으며 하나님의 나라 이스라엘을 견고히 세워 나갔다.

다윗이 수많은 전쟁을 치른 이유를 설명한다.

마침내 하나님의 임재와 통치의 가시적 상징물인 법궤를 다윗 성으로 모셔온 다윗은 법궤가 거할 성전을 짓고 싶어 나단을 통해 하나님께 여쭙게 하였다. 그러나 하나님께서는 나단 선지자를 통해 다윗은 피를 너무 많이 흘렸기 때문에(전쟁을 많이 한 다윗에겐 적들이 많았기 때문에) 성전 건축을 하지 말라고 하셨다. 그러나 다윗의 중심과 의도를 아시는 하나님께서는 다윗에게 약속의 말씀을 주셨다.

다윗은 무엇을 간구했고 하나님께서는 무엇을 거절하셨는지 설명한다.

2 다윗과의 언약

여호와께서 주위의 모든 원수를 무찌르사 왕으로 궁에 평안히 살게 하신 때에 (삼가서 내 종 다윗에게 말하기를 여호와께서 이와 같이 말씀하시되 네가 나를 위하여 내가 살 집을 건축하겠느냐 (삼하7:5)

전에 내가 사사에게 명령하여 내 백성 이스라엘을 다스리던 때와 같지 아니하게 하고 너를 모든 원수에게서 벗어나 편히 쉬게 하리라 여호와가 또 네게 이르노니 여호와가 너를 위하여 집을 짓고 (삼하7:11)

네 집과 네 나라가 내 앞에서 영원히 보전되고 네 왕위가 영원히 견고하리라 하셨다 하라 (삼하7:16)

다윗을 위하여 집을 지어주시겠다는 의미를 설명한다.

하나님께서 다윗에게 하신 약속에 대해서 설명한다.

••• 하나님께서 다윗과 하신 언약의 내용은 다음과 같다. 하나님께서는 다윗이 하나님의 집을 짓는 것이 아니라 하나님께서 다윗을 위해 집을 지어주시겠다고 하셨다. 이 말씀은 하나님께서 다윗 왕조를 세워주시겠다는 말씀이다.

그리고 네 집과 네 나라가 내 앞에서 영원히 보전되고 네 왕위가 영원히 견고하리라고 하셨다. 즉 하나님께서 세우신 다윗의 왕조를 하나님 앞에서 영원히 견고하게 해주시겠다고 약속하셨다. 이는 하나님 나라는 다윗 왕조를 통해 영원히 견고하게 이어갈 것이라는 약속이다.

3 영원한 나라

온 회중이 하나님의 전에서 왕과 언약을 세우매 여호야다가 무리에게 이르되 여호와께서 다윗의 자손에게 대하여 말씀하신 대로 왕자가 즉위하여야 할지니 (대하23 : 3)

여호와께서 그의 종 다윗을 위하여 유다 멸하기를 즐겨하지 아니하셨으니 이는 그와 그의 자손에게 항상 등불을 주겠다고 말씀하셨음이더라 (왕하8 : 19)

이 여러 왕들의 시대에 하늘의 하나님이 한 나라를 세우시리니 이것은 영원히 망하지도 아니할 것이요 그 국권이 다른 백성에게로 돌아가지도 아니할 것이요 도리어 이 모든 나라를 쳐서 멸망시키고 영원히 설 것이라 손대지 아니한 돌이 산에서 나와서 쇠와 놋과 진흙과 은과 금을 부서뜨린 것을 왕께서 보신 것은 크신 하나님이 장래 일을 왕께 알게 하신 것이라 이 꿈은 참되고 이 해석은 확실하니이다 하니 (단2 : 45)

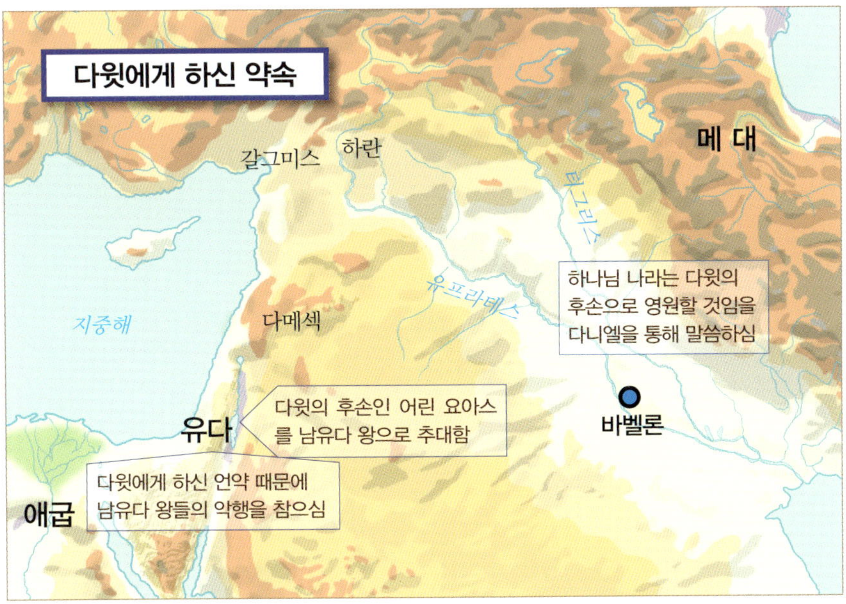

솔로몬 이후 나라가 분열됐을지라도 다윗과의 언약을 지켜 가시는 하나님을 설명한다.

느부갓네살의 꿈을 통해 다윗과의 언약을 이루어 가심에 대해서 설명한다.

••• 다윗의 아들 솔로몬 이후로 나라가 '북이스라엘'과 '남유다'로 분열하게 된다. 다윗의 왕조를 이어가는 남유다 역사에서 다윗의 자손이 끊길 위기에 처하게 되었을 때 대제사장 여호야다는 유일하게 살아남은 8살 난 요아스를 오직 한 가지 이유로 왕으로 추대한다. 그것은 다윗의 자손이라는 이유였다. 또한 남유다 왕들의 악행에도 불구하고 하나님께서는 다윗과 맺으신 언약 때문에 그들을 용서하시며 이어가셨다.

결국 북이스라엘은 B.C.721년 앗수르에게 망했고, 남유다는 B.C.586년 바벨론에게 망하면서 예루살렘 성전이 무너졌고 남유다 대부분 사람들이 바벨론으로 잡혀갔다. 이때 바벨론의 왕인 느부갓네살은 꿈을 꾸었는데 포로로 잡혀간 다니엘을 통해 그 꿈은 "손대지 않은 돌이 신상을 쳐서 부서뜨려 없어질 것이고 신상을 친 돌을 하나님께서 큰 나라로 세우실 것, 하나님이 세우시는 나라는 영원할 것"이라고 해석해 주셨다. 결국 느부갓네살의 꿈을 통해 대제국의 중심부에서 앞으로 하나님께서 하실 일들을 알려주신 것이다. 하나님께서는 영원히 망하지 않는 나라를 세우실 것이고 그 국권은 다른 백성에게로 돌아가지 않을 것이라는 말씀이다. 결국 다윗에게 하신 언약의 말씀을 명확하게 이루어 가시는 하나님의 신실하심을 다니엘서를 통해 볼 수 있다.

4 다윗의 자손

아브라함과 다윗의 자손 예수 그리스도의 계보라 (마1 : 1)

앞에서 가고 뒤에서 따르는 무리가 소리 높여 이르되 호산나 다윗의 자손이여 찬송하리로다 주의 이름으로 오시는 이여 가장 높은 곳에서 호산나 하더라 (마21 : 9)

••• 마태는 구약에 등장하는 많은 신앙의 위인들 중 아브라함과 다윗을 통해 예수님의 족보를 정리하면서 예수님의 생애를 시작하고 있다. 특히 예수님을 다윗의 자손으로 오셨다고 소개하고 있는데, 이것은 마태가 사무엘하 7장에서 하나님께서 다윗에게 하신 언약에 근거를 두고 한 말씀이다.

영원한 하나님의 나라는 다윗의 왕권을 통해 이어져 갈 것이고 그 영원한 하나님 나라의 진정한 왕은 바로 다윗의 자손으로 오신다는 것을 알고 있었던 마태는 예수님을 다윗의 자손으로 소개하였다. 또한 이 사실을 알고 있었던 당시 유대 일반 민중들은 예수님께서 예루살렘에 입성하실 때 호산나 다윗의 자손이여라며 예수님을 맞이했던 것이다. 결국 사무엘하 7장에서 하나님께서 다윗에게 하신 언약은 이스라엘 역사의 방향을 제시하는 말씀이며, 궁극적으로 영원한 하나님 나라의 진정한 왕이신 예수님을 가리키고 있었던 것이다.

! 마태는 예수님의 생애를 누구를 소개하면서 시작하고 있는지 설명한다.

! 마태와 당시 유대인들은 예수님을 왜 다윗의 자손이라고 말하고 있는지 설명한다. 결국 다윗과 하신 언약은 누구를 가리키고 있는 것인지 설명한다.

예수 탄생 교회

Q 말씀에 능한 자의 자세는?

다윗이 차지한 영토와 과정을 통해 결국 이스라엘을 어떤 나라로 회복시켰는지, 다윗이 어떠한 자세로 성전에 필요한 것들을 준비하였으며, 백성들에게 다윗이 끼친 영향은 어떠한지에 대해 알아본다.

1 전쟁 영웅

여호와의 말씀이 내게 임하여 이르시되 너는 피를 심히 많이 흘렸고 크게 전쟁하였느니라 네가 내 앞에서 땅에 피를 많이 흘렸은즉 내 이름을 위하여 성전을 건축하지 못하리라 (대상22 : 8)

하나님이 내게 이르시되 너는 전쟁을 많이 한 사람이라 피를 많이 흘렸으니 내 이름을 위하여 성전을 건축하지 못하리라 하셨느니라 (대상28 : 3)

다윗이 에돔에 수비대를 두되 온 에돔에 수비대를 두니 에돔 사람이 다 다윗의 종이 되니라 다윗이 어디로 가든지 여호와께서 이기게 하셨더라 (삼하8 : 14)

그 날에 여호와께서 아브람과 더불어 언약을 세워 이르시되 내가 이 땅을 애굽 강에서부터 그 큰 강 유브라데까지 네 자손에게 주노니 (창15 : 18)

곧 겐 족속과 그니스 족속과 갓몬 족속과 (창15 : 19)

헷 족속과 브리스 족속과 르바 족속과 (창15 : 20)

아모리 족속과 가나안 족속과 기르가스 족속과 여부스 족속의 땅이니라 하셨더라 (창15 : 21)

다윗이 많은 나라들을 정복했음을 설명한다.

··· 다윗은 주변의 많은 나라들과 철저한 정복전쟁을 벌인 이스라엘 역사상 가장 위대한 전쟁 영웅이다. 무엇보다도 다윗은 이스라엘의 오랜 숙적인 블레셋을 철저하게 정복하였다. 다윗은 모압과 아람과 에돔을 정복하고 그 위

에 군림하여 그들을 다윗의 종으로 만들었다. 그리고 이스라엘 주변 나라들을 속국으로 만들어 조공을 바치게 했다. 다윗은 이스라엘을 당시 지중해 연안 중 제국과 같은 위치로 만들었다.

그렇지만 다윗은 자신의 왕권 신장을 위해 싸운 것도 아니고 앗수르나 애굽과 같은 거대한 제국을 만들기 위해서 정복전쟁을 한 것도 아니었다. 그는 하나님 나라를 이 땅에 견고히 세우기 위해 하나님을 의지하고 승리를 확신하며 하나님의 싸움을 싸웠던 것이다.

그 결과 다윗 왕은 여호수아 때 완전히 차지하지 못하고 흐지부지 되어 버렸던 정복전쟁을 완전히 마무리 지은 왕이 되었다. 즉 다윗은 하나님께서 아브라함에게 약속하신 땅을 완전하게 차지한 위대한 왕이었다.

다윗이 어떤 마음으로 하나님의 싸움을 싸웠는지 설명한다.

여호수아의 정복전쟁을 마무리 지은 사람이 누구인지 설명한다.

2 이스라엘의 회복

만군의 하나님 여호와께서 함께 계시니 다윗이 점점 강성하여 가니라 (삼하 5:10)

다윗이 에돔에 수비대를 두되 온 에돔에 수비대를 두니 에돔 사람이 다 다윗의 종이 되니라 다윗이 어디로 가든지 여호와께서 이기게 하셨더라 (삼하8:14)

다윗은 어려운 상황에서 왕이 되어 이스라엘을 통치했음을 설명한다.

••• 사울이 왕으로 있을 때 이스라엘은 블레셋의 감시 때문에 무기 하나 제대로 가질 수 없는 상황이었고, 사울이 죽을 때 이스라엘은 패전국이 되어 블레셋의 압제 아래 블레셋의 종속국처럼 살고 있었다. 그런 어려운 상황 가운데 다윗은 이스라엘의 왕이 되었으며, 왕이 된 후 정복전쟁을 성공적으로 수행해 가면서 차차 나라가 강성해져 갔다. 또한 하나님의 말씀에 능했던 다윗은 하나님께서 제정하신 법대로 시행해 나가면서 이스라엘을 신정국가답게 정비하여 나라의 안정과 질서를 찾게 하였다.

3 하나님의 은혜

그러나 노아는 여호와께 은혜를 입었더라 (창6:8)

나와 내 백성이 무엇이기에 이처럼 즐거운 마음으로 드릴 힘이 있었나이까 모든 것이 주께로 말미암았사오니 우리가 주의 손에서 받은 것으로 주께 드렸을 뿐이니이다 (대상29:14)

우리 하나님 여호와여 우리가 주의 거룩한 이름을 위하여 성전을 건축하려고 미리 저축한 이 모든 물건이 다 주의 손에서 왔사오니 다 주의 것이니이다 (대상 29:16)

• • • 노아는 그 시대에 유일하게 하나님의 말씀을 준행한 사람으로서 주위의 멸시와 천대를 받으면서도 오랜 시간 동안 자신의 모든 것을 다해 방주를 지은 하나님의 사람이었다. 그런 노아에 대해서 하나님께서는 '은혜를 입은 자'라고 말씀하셨다.

다윗은 정복전쟁을 통해 얻은 수많은 노획물들을 하나님의 성전을 짓기 위해 준비하면서 "이 모든 것은 다 하나님께서 주신 것이니 하나님께 드리는 것이 당연합니다. 저는 한 일이 없습니다."라고 하나님 앞에 고백하였다. 자신의 목숨을 걸고 싸워 얻은 노획물을 드리면서 **이 모든 것들을 드릴 수 있게 해 주심이 하나님의 은혜**라고 말하였다.

다윗은 말씀을 통해 자기 민족과 자기에게 베푸신 은혜를 알고 있었고, 하나님 앞에 자기가 어떤 존재인지 철저히 알고 있었으며, 하나님께서 보잘 것 없는 목동이었던 자기를 이스라엘의 왕으로 세워주셔서 자기를 통해 신정국가를 견고히 세우셨음을 알고 있었다. 결국 다윗은 이 모든 것이 자기가 한 것이 아니라 하나님께서 자기를 통해서 이루셨음을 분명히 알고 있었다. 즉 이 모든 것이 하나님의 은혜로 이루어진 일임을 알고 있었던 것이다. 이것이 **말씀에 능한 자, 하나님을 바로 아는 자의 자세**이다.

! 노아가 왜 은혜를 입은 자인지 설명한다.

! 다윗은 무엇을 은혜라고 고백했는지 설명한다.

! 다윗이 알고 있는 것들을 설명한다. 말씀을 아는 자, 하나님을 아는 자의 자세를 설명한다.

Q 어떤 사람이 약속의 땅을 정복할 수 있는가?

여호수아의 어떠한 점이 가나안 정복전쟁을 감당하게 했고, 갈렙의 어떠한 자세가 아낙 자손 네피림을 물리칠 수 있게 했으며, 광야 2세대의 무엇이 하나님의 명령에 무조건 순종할 수 있게 했는지, 다윗은 어떻게 가나안 정복전쟁을 완전히 마무리 지을 수 있었는지에 대해서 알아본다.

1 견고한 중심

그 땅을 정탐한 자 중 눈의 아들 여호수아와 여분네의 아들 갈렙이 자기들의 옷을 찢고 (민14:6)

여분네의 아들 갈렙과 눈의 아들 여호수아 외에는 내가 맹세하여 너희에게 살게 하리라 한 땅에 결단코 들어가지 못하리라 (민14:30)

만일 여호와를 섬기는 것이 너희에게 좋지 않게 보이거든 너희 조상들이 강 저쪽에서 섬기던 신들이든지 또는 너희가 거주하는 땅에 있는 아모리 족속의 신들이든지 너희가 섬길 자를 오늘 택하라 오직 나와 내 집은 여호와를 섬기겠노라 하니 (수24:15)

! 여호수아는 어떤 사람이었는지 설명한다.

··· 여호수아는 광야 1세대로서 가나안 땅을 정탐한 후 하나님을 원망하는 같은 세대 사람들에게 오직 하나님만을 의지하라고 담대히 외쳤던 사람이며, 모세의 뒤를 이어 이스라엘의 지도자로 세움 받은 인물이다. 여호수아는 하나님께서 그토록 원하셨던 약속의 땅의 정복전쟁을 이스

라엘 백성들이 감당할 수 있도록 선두에 서서 담대히 이끌었으며, 오직 하나님만 의지하며 하나님께서 맡기신 사명을 끝까지 감당하였다.

여호수아는 출애굽 때부터 가나안 땅 정복전쟁을 끝낸 후 땅을 분배하고 죽을 때까지 오직 나와 내 집은 여호와만을 섬기겠노라 라는 하나님을 향해 흔들림 없는 중심을 갖고 있었기 때문에 이와 같은 큰 과업을 감당할 수 있었다. 이렇게 견고한 중심을 가진 여호수아와 같은 사람을 통해 하나님께서는 가나안 일곱 족속들을 심판하셨고 약속의 땅을 정복하게 하셨다.

하나님께서는 어떤 사람들을 통해 가나안 일곱 족속들을 몰아내셨는지 설명한다.

2 강한 집중력

다만 여호와를 거역하지는 말라 또 그 땅 백성을 두려워하지 말라 그들은 우리의 먹이라 그들의 보호자는 그들에게서 떠났고 여호와는 우리와 함께 하시느니라 그들을 두려워하지 말라 하나 (민14:9)

그러나 내 종 갈렙은 그 마음이 그들과 달라서 나를 온전히 따랐은즉 그가 갔던 땅으로 내가 그를 인도하여 들이리니 그의 자손이 그 땅을 차지하리라 (민14:24)

그 날에 여호와께서 말씀하신 이 산지를 지금 내게 주소서 당신도 그 날에 들으셨거니와 그 곳에는 아낙 사람이 있고 그 성읍들은 크고 견고할지라도 여호와께서 나와 함께 하시면 내가 여호와께서 말씀하신 대로 그들을 쫓아내리이다 하니 (수14:12)

··· 갈렙은 여호수아와 함께 한 광야 1세대로 가나안 땅을 정탐한 후 "하나님께서 함께 하시면 우리는 이길 수 있다."고 말하며 이스라엘 백성들에게 각성을 촉구했다. 또 그로부터 40년 후 여호수아를 찾아가서 "헤브론 산지가 정탐꾼 사건 때 보았던 아낙 자손이 있고 해발 1,300m나 되는 험준한 지역일지라도 하나님께서 함께 하시면 이길 수 있다."고 말하였다. 이처럼 40년 전

갈렙이 40년 동안 어떻게 살아 왔는지 설명한다.

과 동일하게 고백을 하는 갈렙을 통해 그가 40년 동안 오직 한 마음과 한 자세로 하나님께서 맡기신 사명에 집중하면서 살아왔음을 알 수 있다.

갈렙이 어떻게 약속의 땅을 정복할 수 있었는지 설명한다.

갈렙의 집중력은 하나님께서 명령하신대로 가나안 일곱 족속을 몰아내고 시내산에서 약속했던 제사장 나라를 세워야 하는 사명에 있었을 것이다. 늘 먹고 사는 문제에 걸려 넘어져 버린 광야 1세대와는 달리 40년 동안 한결같이 하나님의 뜻을 중심에 품고 하나님께서 바라시는 것을 소망했던 갈렙과 같은 사람을 통해 하나님께서는 아낙 자손 네피림을 몰아내게 하셨고 약속의 땅을 정복하게 하셨다.

3 철저한 신앙교육

너희의 자녀들은 너희 반역한 죄를 지고 너희의 시체가 광야에서 소멸되기까지 사십 년을 광야에서 방황하는 자가 되리라 (민14:33)

그 둘째 날에도 그 성을 한 번 돌고 진영으로 돌아오니라 엿새 동안을 이같이 행하니라 (수6:14)

백성이 대답하여 이르되 우리가 결단코 여호와를 버리고 다른 신들을 섬기기를 하지 아니하오리니 (수24:16)

이는 우리 하나님 여호와께서 친히 우리와 우리 조상들을 인도하여 애굽 땅 종 되었던 집에서 올라오게 하시고 우리 목전에서 그 큰 이적들을 행하시고 우리가 행한 모든 길과 우리가 지나온 모든 백성들 중에서 우리를 보호하셨음이며 (수24:17)

여호와께서 또 모든 백성들과 이 땅에 거주하던 아모리 족속을 우리 앞에서 쫓아

내셨음이라 그러므로 우리도 여호와를 섬기리니 그는 우리 하나님이심이니이다 하니라 (수24:18)

백성이 여호수아가 사는 날 동안과 여호수아 뒤에 생존한 장로들 곧 여호와께서 이스라엘을 위하여 행하신 모든 큰 일을 본 자들이 사는 날 동안에 여호와를 섬겼더라 (삿2:7)

••• 광야 2세대는 불순종으로 인해 쓰임 받지 못하고 광야에서 죽어가는 자신들의 부모들을 눈으로 보는 무서운 실물교육을 받았고, 40년 동안 광야에서 하나님의 말씀인 율법에 대한 철저한 신앙교육을 받았으며, 이를 통해 하나님께서 이스라엘을 구원하신 목적과 방향성을 명확하게 인식하며 자라난 세대였다. 그러한 철저한 신앙교육이 요단강을 건널 때에도, 여리고성을 돌 때에도, 어떠한 하나님의 명령에도 자기 부모들과는 다르게 무조건 순종할

광야 2세대의 무엇이 하나님의 명령에 무조건 순종할 수 있게 했는지 설명한다.

수 있는 기반이 되었던 것이다. 하나님께서는 이렇게 엄중한 신앙교육을 받은 광야 2세대를 통해 가나안 정복전쟁을 감당하게 하셨다.

4 위대한 신앙

또 여호와의 구원하심이 칼과 창에 있지 아니함을 이 무리에게 알게 하리라 전쟁은 여호와께 속한 것인즉 그가 너희를 우리 손에 넘기시리라 (삼상17 : 47)
내가 주를 의뢰하고 적군을 향해 달리며 내 하나님을 의지하고 담을 뛰어넘나이다 (시18 : 29)

··· 다윗은 전쟁의 이기고 지는 것이 사람이 가지고 있는 무기로 되는 것도 아니며 사람의 힘과 능력으로 되는 것도 아니라고 고백하였다. 전쟁의 승패의 결정권은 오직 하나님께 있음을 믿고 선포하며 나아갔다. 하나님께서 붙이신 싸움이기에 다윗은 승리를 확신하며 적진으로 뛰어들었고, 두려움 없이 적진의 담을 넘을 수 있었다. 결국 철저하게 하나님만 의지하는 위대한 신앙을 가진 다윗을 통해 하나님께서는 아브라함에게 약속하신 땅을 완전히 정복하게 하셨으며 가나안 정복전쟁을 비로소 완전하게 마무리 짓게 하셨다. 이와 같이 아브라함에게 하신 약속을 완전히 성취한 사람은 바로 다윗 왕이었다.

다윗은 어떠한 마음으로 적진으로 뛰어 들었는지 설명한다. 누가 가나안 정복전쟁을 완전히 마무리 지었는지 설명한다.

왜 다윗인가?

다윗은 왜 사울을 헤치지 않았는지, 왜 전쟁에 나가기 전 하나님께 여쭈었는지 살펴본다. 또한 밧세바 사건을 통해 알 수 있는 다윗의 태도와 다윗은 어떻게 이스라엘 백성들을 통치하였고 하나님 앞에 무엇을 간절히 소망했으며, 다윗의 시들을 통해 알 수 있는 것은 무엇인지, 왜 다윗을 긍정적으로 가르쳐야 하는지에 대해서 알아본다.

1 다윗의 태도

그리 한 후에 사울의 옷자락 벰으로 말미암아 다윗의 마음이 찔려 자기 사람들에게 이르되 내가 손을 들어 여호와의 기름 부음을 받은 내 주를 치는 것은 여호와께서 금하시는 것이니 그는 여호와의 기름 부음을 받은 자가 됨이니라 하고 (삼상24 : 5,6)

아브넬이 이스라엘 장로들에게 말하여 이르되 너희가 여러 번 다윗을 너희의 임금으로 세우기를 구하였으니 (삼하3 : 17)

이제 그대로 하라 여호와께서 이미 다윗에 대하여 말씀하시기를 내가 내 종 다윗의 손으로 내 백성 이스라엘을 구원하여 블레셋 사람의 손과 모든 대적의 손에서 벗어나게 하리라 하셨음이니라 하고 (삼하3 : 18)

엔게디(다윗이 사울을 피해 숨었던 곳)

••• 다윗이 골리앗과 싸운 후 사울은 다윗을 자기 곁에 두었다. 하지만 점점 다윗을 향한 시기와 질투와 불안한 마음에 사로잡혀 다윗을 표적으로 삼아 호시탐탐 죽이려 하였다. 그런 사울 왕을 피해 이유 없이 도망자 신세가 된 다윗은 사울의 추격을 피해 엔게디 동굴에 숨어있었다. 그런데 그곳에 사울이 혼자 들어왔고 다윗과 함께 한 사람들은 미친 듯이 다윗을 추격하는 사울을 죽일 수 있는 좋은 기회이니 죽이라고 추궁하였다. 그러나 다윗은 사울을 손대지 않았다. 왜냐하면 하나님께서 세우셨으면 그가 역할을 잘하든 못하든 옳든 그르든 모든 것의 판단은 하나님께서 하신다는 것과 하나님께서 세우신 사람은 사람이 폐할 수 없다는 것을 다윗은 알고 있었기 때문에 끝까지 사울을 존중하였다. 즉 다윗은 사울이 하나님께서 세우신 사람이라는 이유만으로 끝까지 인정하고 인내하며 존중했던 것이다. 다윗은 하나님께서 하신 일 앞에 자기의 모든 판단을 내려놓은 사람이었다.

하나님으로부터 기름부음도 받았고, 백성들이 다윗을 원하는 것을 알고 있

다윗은 사울을 죽일 기회가 있었음에도 왜 사울을 죽이지 않았는지 설명한다.

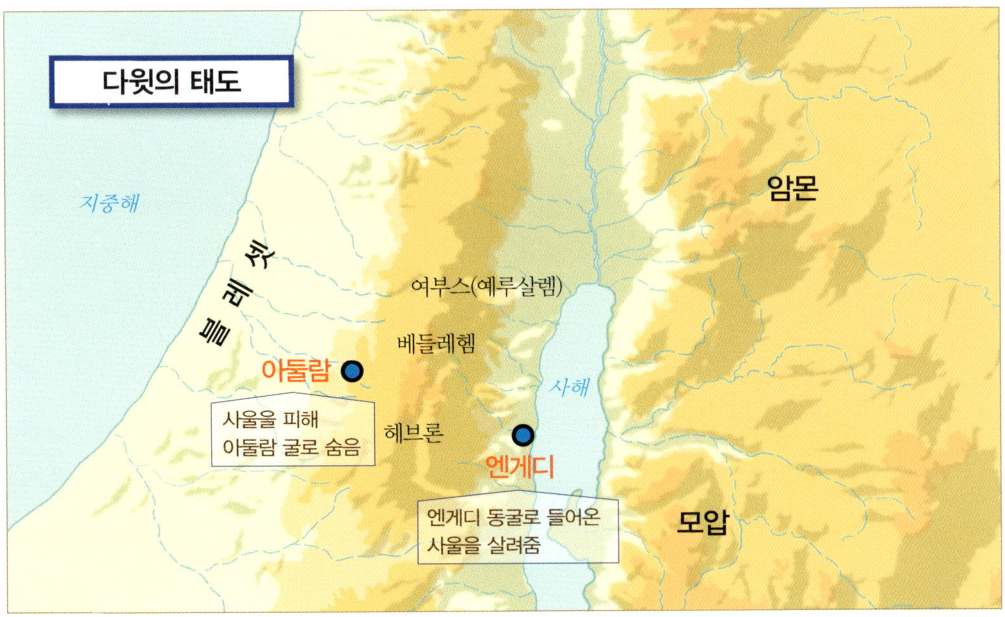

다윗은 왜 자신과 사람의 방법으로 왕이 되려고 하지 않았는지 설명한다.

었으며, 사울을 죽일 기회도 있었다. 또 사울이 죽고 난 후 자기의 능력과 힘으로 이스라엘을 통일할 수도 있었지만 다윗은 그렇게 하지 않았다. 왜냐하면 만약 하나님께서 자신을 이스라엘 왕으로 세우셨다면 하나님의 때에 하나님의 방법으로 하나님 나라답게 평화롭게 하나님께서 자신을 이스라엘 왕으로 세우실 것을 알고 있었기 때문에 다윗은 어떠한 환경과 상황에도 흔들리지 않고 하나님께서 하실 때까지 기다리고 있었던 것이다. 이렇게 다윗은 변함없이 하나님의 주권을 인정했던 사람이다.

2 다윗의 위치

블레셋 사람들이 이미 이르러 르바임 골짜기에 가득한지라 다윗이 여호와께 여쭈어 이르되 내가 블레셋 사람에게로 올라가리이까 여호와께서 그들을 내 손에 넘기시겠나이까 하니 여호와께서 다윗에게 말씀하시되 올라가라 내가 반드시 블레셋 사람을 네 손에 넘기리라 하신지라 (삼하5 : 18,19)

내가 주를 의뢰하고 적군을 향해 달리며 내 하나님을 의지하고 담을 뛰어넘나이다 (시18 : 29)

다윗은 왜 전쟁 전에 하나님께 나아갔는지 설명한다.

• • • 다윗은 하나님의 때에 하나님의 방법으로 이스라엘의 왕이 된 후 하나님 나라를 견고히 세우기 위해 하나님의 싸움을 싸웠다. 하지만 다윗은 모든 것을 먼저 하나님께 여쭙고 난 후 하나님의 지시에 따라 움직이고 시행해 나갔다. 다윗은 어제의 승리가 자신의 힘과 능력으로 된 것이 아니라 하나님께서 싸우셨기 때문에 승리할 수 있었다는 것을 알고 있었기에 오늘의 싸움이 비록 어제보다 적군의 수도 적고 이스라엘보다 약한 상대일지라도 하나님께 나아가 여쭙고 지시를 받고 난 후 결정하였던 것이다. 왜냐하면 이 싸움은 사람이 하는 싸움이 아니라 하나님께서 하시는 싸움임을 알았기 때문이며, 하

나님께서 이스라엘을 통치하시는 왕이시고 다윗을 통치하는 왕이심을 나타내기 위해서였기 때문이다.

또한 이스라엘은 '여호와의 군대'이고 그 통수권이 하나님께 있었기 때문에 다윗은 하나님께 나아가 지시를 받았던 것이다. 다윗은 전쟁의 승패는 하나님이 결정하신다는 것을 알고 있었다. 다윗은 군대의 힘을 의지한 것도 무기를 의지한 것도 자신의 전략과 경험을 의지한 것도 아닌 오직 하나님만을 의지하며 승리를 확신했기에 적진으로 뛰어 들어 매번 승리할 수 있었다. 그러므로 다윗은 자신의 위치가 하나님의 지시를 받고 움직여야 하는 자리임을 알았고, 하나님과 백성 사이에 어떤 위치에 있어야 하는지를 알았던 사람이다.

다윗은 무엇을 의지하며 적들과 싸웠는지, 다윗의 위치에 대해 설명한다.

다윗은 밧세바 사건을 통해 간음과 살인이라는 엄청난 죄를 범하였다. 하나님께서는 나단을 통해 다윗의 죄를 지적하셨고 자신의 죄를 깨달은 다윗은 오직 용서함을 구하며 즉시로 하나님께 엎드렸다. 다윗은 당시 온 백성들의 존경과 사랑을 한 몸에 받고 있는 상태였다. 그러나 엘리처럼 하나님께서 내린 재앙을 포기하지도, 사울처럼 죄를 은폐하기 위해 변명하고 합리화시키지도 않았다. 그는 백성들과 주위를 의식한 것이 아니라 오직 하나님만을 의식하고 살폈던 것이다. 그리고 하나님께서 용서해주실 때까지 가장 낮은 곳에서 처절하게 엎드렸다.

다윗이 죄를 지적받았을 때 어떠한 자세로 하나님 앞에 나아갔는지 설명한다.

다윗도 이와 같이 실수도 범하고 죄를 짓기도 하였다. 그러나 다윗은 하나님께서 용서해 주실 때까지 어떠한 처벌을 하신다 해도 받아들이며 끝까지 매달렸다. 왜냐하면 처벌을 무서워한 것이 아니라 하나님 안에 거할 수 없게 되는 것을 가장 두려워했기 때문이다. 이것이 다윗의 위대한 점이다. 다윗은 자신이 비록 온 백성에게 존경받는 위대한 왕이지만, 자신 역시 하나님의 말씀을 지켜야 하는 하나님의 백성의 한 사람이요, 주인의 말씀에 순종해야 하는 종이라는 자기의 위치를 분명히 알고 있었기 때문에 그 주인의 명령을 어겼으므로 철저하게 회개했던 것이다.

다윗이 왜 하나님께 끝까지 매달렸는지, 왜 철저하게 회개했는지 설명한다.

3 다윗의 통치

다윗 왕이 온 회중에게 이르되 내 아들 솔로몬이 유일하게 하나님께서 택하신 바 되었으나 아직 어리고 미숙하며 이 공사는 크도다 이 성전은 사람을 위한 것이 아니요 여호와 하나님을 위한 것이라 내가 이미 내 하나님의 성전을 위하여 힘을 다하여 준비하였나니 곧 기구를 만들 금과 은과 놋과 철과 나무와 또 마노와 가공할 검은 보석과 채석과 다른 모든 보석과 옥돌이 매우 많으며 (대상29：1, 2)

성전을 위하여 준비한 이 모든 것 외에도 내 마음이 내 하나님의 성전을 사모하므로 내가 사유한 금, 은으로 내 하나님의 성전을 위하여 드렸노니 (대상29：3)

이에 모든 가문의 지도자들과 이스라엘 모든 지파의 지도자들과 천부장과 백부장과 왕의 사무관이 다 즐거이 드리되 (대상29：6)

백성들은 자원하여 드렸으므로 기뻐하였으니 곧 그들이 성심으로 여호와께 자원하여 드렸으므로 다윗 왕도 심히 기뻐하니라 (대상29：9)

다윗이 온 회중에게 이르되 너희는 너희 하나님 여호와를 송축하라 하매 회중이 그의 조상들의 하나님 여호와를 송축하고 머리를 숙여 여호와와 왕에게 절하고 (대상29：20)

다윗이 온 이스라엘을 다스려 모든 백성에게 정의와 공의를 행할새 (대상18：14)

다윗은 이스라엘 나라와 백성에 대해서 무엇을 알고 있었는지 설명한다.

••• 다윗은 이스라엘 나라가 어떤 나라인지를 알았다. 이스라엘은 모든 것을 통치하시는 하나님이 만드신 나라이고, 그 분만 섬기는 나라이며, 이스라엘의 왕은 사람이 아니라 하나님이시며, 하나님의 영광스러움과 거룩함을 드러내야 할 나라임을 알았다.

다윗은 어떠한 상황 속에 있었는지 설명한다.

다윗은 이스라엘 백성들이 하나님 앞에서 어떤 존재인지도 알았다. 이스라엘 백성은 하나님 나라를 이룰 하나님의 백성이고 그들을 거룩한 백성으로 삼아 그들을 통해 이 땅에 '거룩'을 심어 땅과 만물을 회복시켜야 하는 존재임을 알았다. 또한 다윗은 하나님 말씀이 이스라엘 나라의 국법인 것을 알았다.

하나님을 섬기는 법, 하나님 백성답게 사는 법을 주셔서 이스라엘이 이 땅에 하나님 나라 신정국가를 하나님 말씀으로 세워가야 한다는 것을 알았다.

다윗은 자신이 하나님 앞에 어떤 존재이며 자신을 왜 이스라엘 왕으로 세우셨는지 알았다. 즉 왕으로서 이스라엘을 하나님만 섬기는 나라로 견고히 세워야 하는 존재임을 알았으며, 왕으로서 이스라엘 백성들이 하나님을 잘 섬기고 하나님이 주신 사명을 잘 감당할 수 있도록 앞에서 책임지고 이끌기 위해 세워진 존재임을 알았다. 또한 왕으로서 이스라엘 나라와 백성을 하나님께서 주신 이스라엘 국법대로 통치하며 법에 깃들여져 있는 깊은 사상대로 이스라엘 나라를 세워야 함을 알았다.

다윗은 자신에 대해서 무엇을 알고 있었는지 설명한다.

그러므로 다윗은 하나님께서 주신 법대로 나라를 정비하고 조직을 만들었다. 다윗은 하나님께서 주신 법이 이스라엘 백성에 기준임을 알고 각자가 그 기준대로 살아 갈 수 있도록 백성들에게 하나님의 법과 말씀을 가르쳤다. 다윗은 성전을 짓기 위해 많은 것들을 기쁨과 기대로 준비했다. 왕의 이런 모습에 감동한 백성들도 다윗과 같은 마음과 자세로 성전을 위해 기쁨으로 드렸다. 다윗은 전 생애 동안 오직 하나님만 섬겼던 사람이고 백성들이 하나님만 섬길 수 있도록 이끌었던 하나님 마음에 합한 왕이었다.

이스라엘, 백성, 자신을 알고 있었던 다윗은 어떻게 백성들을 통치했는지 설명한다.

사무엘의 아들들이 사무엘 대신 브엘세바에서 백성들을 재판할 때 불공평과 불공의로 재판을 했고(삼상8:3), 그래서 백성들은 사무엘에게 항의하였다. 사울 역시 자기 마음대로 백성들을 억압하고 군림했다. 그러나 다윗은 모든 이스라엘 백성들에게 하나님 나라의 통치 원리대로 공평과 공의로 바르게 통치했다. 이와 같이 통치할 수 있었던 것은 그 자신이 하나님 앞에서 한 사람의 신앙인으로서 하나님의 공과 의로 다스림을 받고 있었기 때문에 자기가 받은 다스림대로 하나님을 따라 하나님 백성을 다스릴 수 있었던 것이다. 다윗은 이스라엘 왕이신 하나님께서 이스라엘 백성들을 친히 통치하시기를 염원했고 그 역시 하나님 통치를 받는 종의 자리를 떠나지 않았던 왕이었다.

다윗은 어떻게 공과 의로 백성들을 통치할 수 있었는지 설명한다.

4 다윗의 소망

그러므로 다윗이 그 곳을 떠나 아둘람 굴로 도망하매 그의 형제와 아버지의 온 집이 듣고 그리로 내려가서 그에게 이르렀고 (삼상22:1)

그가 하늘에서 보내사 나를 삼키려는 자의 비방에서 나를 구원하실지라 (셀라) 하나님이 그의 인자와 진리를 보내시리로다 (시57:3)

주여 내가 만민 중에서 주께 감사하오며 뭇 나라 중에서 주를 찬송하리이다 (시57:9)

하나님이여 주는 하늘 위에 높이 들리시며 주의 영광이 온 세계 위에 높아지기를 원하나이다 (시57:11)

시편 57편의 배경에 대해서 설명한다.

··· 다윗은 미친 듯이 자기를 죽이려고 하는 사울을 피해 굴로 황무지로 이방 땅으로 산으로 험준한 곳으로 도망다녔다. 다윗은 사울의 추격을 피해야 하는 자기의 처지에 대한 생각뿐만 아니라 자기를 따라 다니는 깊은 어두움의 세력에 대한 무거운 마음을 시로 표현했다. 그중 시편 57편은 사울을 피해 아둘람 굴 속에 숨어 있을 때 지은 그의 시이다.

다윗은 어떠한 상황 속에 있었는지 설명한다.

다윗은 자기를 죽이려고 뒤쫓는 어두움의 세력의 눌림 속에서, 즉 자신의 목숨이 위태한 상황 속에서 원수에 대한 자기의 심정을 하나님 앞에 토로했다. 하지만 그런 죽음의 그림자에 쫓겨 다니는 상황 속에서 다윗이 최종적으로 하나님께 소원했던 것은 바로 **하나님의 영광**이었다. 이때는 다윗이 아직 왕이 되기 전으로서 초라한 도망자의 신세였고 이스라엘 나라 자체도 블레셋과 주변 나라들에게 호시탐탐 공격을 당하는 힘겨운 상황이었다. 하지만 그 모든 상황을 뛰어넘어 그가 간절히 하나님 앞에 간구했던 것은 **하나님의 하나님 되심이 온 세계 위에 높아지는 것**이었다.

다윗이 하나님께 무엇을 간절히 구했는지 설명한다.

이 구절은 시편 57편 중 5절과 11절에서 두 번이나 반복되고 있다. 다윗은 가장 힘든 상황에서 가장 낮은 상황에서 자기를 위해 간구한 것이 아니라 온 세계와 온 열방 가운데 영광을 받으셔야 하는 하나님의 합당한 영광을 간구했다. 이것이 다윗의 중심이고 이것이 다윗의 평생 변함없는 염원이었던 것이다.

아둘람 굴

5 다윗의 왕

내가 주의 법을 어찌 그리 사랑하는지요 내가 그것을 종일 작은 소리로 읊조리나이다 (시119:97)

주의 계명들이 항상 나와 함께 하므로 그것들이 나를 원수보다 지혜롭게 하나이다 (시119:98)

주의 말씀의 맛이 내게 어찌 그리 단지요 내 입에 꿀보다 더 다니이다 (시119:103)

아사가 그의 조상 다윗 같이 여호와 보시기에 정직하게 행하여(왕상15:11)

르말랴의 아들 베가 제십칠년에 유다의 왕 요담의 아들 아하스가 왕이 되니 아하스가 왕이 될 때에 나이가 이십 세라 예루살렘에서 십육 년간 다스렸으나 그의 조상 다윗과 같지 아니하여 그의 하나님 여호와께서 보시기에 정직히 행하지 아니하고(왕하16:1,2)

또그의 종 다윗을 택하시되 양의 우리에서 취하시며 젖 양을 지키는 중에서 그들을 이끌어 내사 그의 백성인 야곱, 그의 소유인 이스라엘을 기르게 하셨더니(시78:70,71)

여호와의 말씀이니라 보라 때가 이르리니 내가 다윗에게 한 의로운 가지를 일으킬 것이라 그가 왕이 되어 지혜롭게 다스리며 세상에서 정의와 공의를 행할 것이며 그의 날에 유다는 구원을 받겠고 이스라엘은 평안히 살 것이며 그의 이름은 여호와 우리의 공의라 일컬음을 받으리라(렘23 : 5,6)

내 종 다윗이 그들의 왕이 되리니 그들 모두에게 한 목자가 있을 것이라 그들이 내 규례를 준수하고 내 율례를 지켜 행하며 내가 내 종 야곱에게 준 땅 곧 그의 조상들이 거주하던 땅에 그들이 거주하되 그들과 그들의 자자 손손이 영원히 거기에 거주할 것이요 내 종 다윗이 영원히 그들의 왕이 되리라 내가 그들과 화평의 언약을 세워서 영원한 언약이 되게 하고 또 그들을 견고하고 번성하게 하며 내 성소를 그 가운데에 세워서 영원히 이르게 하리니 (겔37 : 24~26)

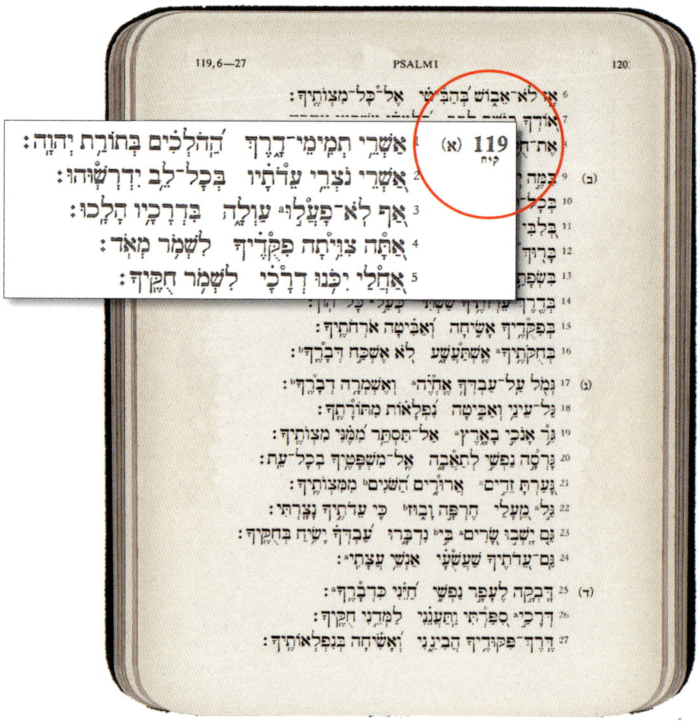

• • • 시편 119편은 시편 중 가장 긴 시이다. 모두 176절로 되어 있는데 한 절 한 절마다 '말씀'과 연관된 단어가 들어 있다. 시편 119편은 다윗이 하나님 말씀에 대해 어떤 자세와 중심을 가지고 있었는지를 잘 보여주는 대표적인 시이다. 119편 뿐만 아니라 시편에 기록되어 있는 그의 시들을 통해 율법의 깊은 법 정신, 즉 말씀 속에 깃들여져 있는 하나님의 의도하심을 바르고 깊게 깨닫고 있는 사람이었음을 알 수 있다.

다윗은 이스라엘 역사상 가장 위대한 왕이었다. 하지만 다윗에게 있어서 왕은 하나님뿐이었다. '세상의 많고 적음, 세상의 높고 낮음' 그 어떠한 것도 하나님을 왕으로 섬기는 자리에서 그를 떠나게 할 수 없었다.

하나님은 당신을 향한 이와 같은 다윗의 중심을 아셨고 그를 기뻐하셨다. 그래서 암흑과도 같았던 사사시대 속에서 다윗을 준비하셨고 다윗을 통해 이스라엘 통일 왕국과 아브라함에게 약속하셨던 땅을 완전하게 정복케 하셨으며 이스라엘 왕의 전형으로 세우셔서 남유다 왕들을 평가하는 기준으로 삼으셨다. 이스라엘 멸망의 아픔과 하나님 나라에 대한 막연함 속에서 선지자들을 통해 하나님 나라와 그 나라의 진정한 왕을 증거케 하셨는데, 하나님께서는 다른 누구도 아닌 다윗이라는 인물을 통해 진정한 왕을 소개하시면서 하나님 나라가 무엇이며 예수 그리스도는 어떤 분이신지 바라보고 소망하게 하셨다. 다시 말해 하나님께서는 이스라엘 왕의 전형인 다윗이라는 렌즈를 통해 하나님 나라의 진정한 왕을 보게 하셨다. 그러므로 다윗은 예수 그리스도의 모형이다. 그렇기 때문에 하나님께서 기뻐하시고 높이신 다윗이라는 인물을 청소년들에게 긍정적으로 가르치는 것은 매우 중요하다.

! 다윗의 시들을 통해 무엇을 알 수 있는지 설명한다.

! 다윗에게 하나님은 어떤 분이셨는지 설명한다.

! 하나님께서는 다윗을 통해 무엇을 소망하게 하셨는지 설명한다. 왜 다윗에 대해 긍정적으로 공부해야 하는지 설명한다.

열왕기상 · 하는 크게 '솔로몬의 통치', '북이스라엘의 멸망', '남유다의 멸망'의 세 부분으로 나뉜다.
열왕기상 1장부터 열왕기상 11장까지는 솔로몬 통치에 대한 말씀이다.
열왕기상 12장부터 열왕기하 17장까지는 북이스라엘의 멸망에 대한 말씀이다.
열왕기하 18장부터 열왕기하 25장까지는 남유다의 멸망에 대한 말씀이다.
솔로몬의 이스라엘 통치, 북이스라엘의 멸망 이유, 남유다의 멸망 이유에 대해서 공부한다.

열왕기상·하

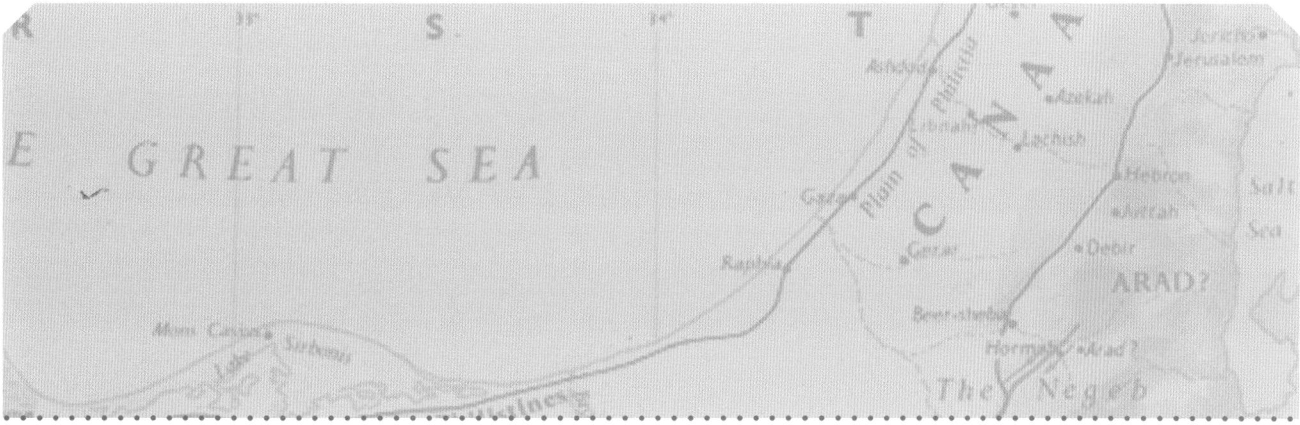

열왕기상 1~11장

열왕기상 1장부터 11장까지는 솔로몬의 통치에 대한 말씀이다.
이 부분에서는 '다윗 왕의 당부', '진정한 지혜',
'이스라엘의 분열'에 대해서 공부한다.

다윗은 솔로몬에게 왕권을 물려주면서 무엇을 당부하고 있는가?

이스라엘 역사상 가장 위대한 왕이었던 다윗은 어떤 마음으로 솔로몬에게 왕위를 물려주었으며, 이스라엘 왕으로서 솔로몬에게 무엇을 당부했는지에 대해서 알아본다.

1 대장부

다윗이 헤브론에서 올라온 후에 예루살렘에서 처첩들을 더 두었으므로 아들과 딸들이 또 다윗에게서 나니 예루살렘에서 그에게서 난 자들의 이름은 삼무아와 소밥과 나단과 솔로몬과 (삼하5 : 13,14)

왕이 그들에게 이르되 너희는 너희 주의 신하들을 데리고 내 아들 솔로몬을 내 노새에 태우고 기혼으로 인도하여 내려가고 거기서 제사장 사독과 선지자 나단

다윗왕의 가묘

은 그에게 기름을 부어 이스라엘 왕으로 삼고 너희는 뿔나팔을 불며 솔로몬 왕은 만세수를 하옵소서 하고 (왕상1 : 33,34)

다윗이 죽을 날이 임박하매 그의 아들 솔로몬에게 명령하여 이르되 (왕상2 : 1)

내가 이제 세상 모든 사람이 가는 길로 가게 되었노니 너는 힘써 대장부가 되고 (왕상2 : 2)

• • • 다윗은 평생을 하나님께서 통치하시는 하나님 나라 이스라엘을 견고히 세우기 위해 온 힘을 다해 하나님의 싸움을 싸운 이스라엘 역사상 가장 위대한 왕이었다. 솔로몬은 다윗과 밧세바 사이에서 낳은 다윗의 열 번째 아들로 아버지와 어머니의 총애를 받으며 많은 것을 누리며 아무 부족함 없이 자란 사람이었다. 많은 아들들 중 솔로몬을 왕으로 지목한 다윗은 그에게 왕권을 물려줄 때가 되었음을 알고 이스라엘의 왕위를 물려주며 솔로몬에게 '당부의 말'을 하였다.

> 전쟁을 많이 한 다윗과 어려움 없이 자란 솔로몬을 설명한다.

다윗은 이스라엘이 어떤 나라이며 이스라엘의 왕은 어떤 존재인지 바로 아는 사람이었다. 이스라엘은 다른 민족의 나라들처럼 다른 나라들과 교역하며 경제적으로 부를 쌓아가고 정치적으로 동맹을 맺어 서로가 협력하여 땅을 넓히고 국력을 강화하는 것을 지향하는 나라가 아니며, 오직 하나님만 섬기고 하나님이 주신 사명을 이루어 가기 위해서 존재하는 독특한 특성을 가진 나라이며, 이스라엘의 왕은 이러한 나라의 백성들이 하나님을 잘 섬기고 하나님께서 주신 사명을 잘 감당할 수 있도록 지도하고 이끄는 역할을 해야 한다는 것을 다윗은 잘 알고 있었다. 그래서 그는 자기가 알고 있는 대로 평생을 통해 끝까지 지켜 행하였다.

> 이스라엘의 독특한 특성에 대해 설명하고, 다윗은 그 특성을 잘 알고 있었음을 설명한다.

그런 다윗이 마지막으로 솔로몬에게 이스라엘의 왕권을 물려주면서 당부한 말은 바로 힘써 대장부가 되라는 것이었다. 이 말은 늘 이스라엘을 침략하려고 하는 많은 열방의 나라들 가운데에서 하나님의 어떠하심을 드러내야 할 나라인 이스라엘을 견고히 세우고 하나님의 사명을 감당해야 할 백성들을 잘

> 다윗이 솔로몬에게 왜 힘써 대장부가 되라고 부탁했는지 설명한다. '대장부'란 다윗이 어떤 의미에서 한 말인지 설명한다.

이끌기 위해서 이스라엘의 왕은 자기의 감정, 자기의 생각, 자기의 행동, 자기의 모든 것에서 **강인해야 하고 담대해야 한다**는 뜻이었다.

2 하나님의 율례와 법도를 지켜라!

네 하나님 여호와의 명령을 지켜 그 길로 행하여 그 법률과 계명과 율례와 증거를 모세의 율법에 기록된 대로 지키라 그리하면 네가 무엇을 하든지 어디로 가든지 형통할지라 (왕상2 : 3)

여호와께서 내 일에 대하여 말씀하시기를 만일 네 자손들이 그들의 길을 삼가 마음을 다하고 성품을 다하여 진실히 내 앞에서 행하면 이스라엘 왕위에 오를 사람이 네게서 끊어지지 아니하리라 하신 말씀을 확실히 이루게 하시리라 (왕상2 : 4)

왕이 먼저 말씀을 철저히 지켜야 한다는 것을 설명한다.

• • • 다윗이 솔로몬에게 이스라엘의 왕권을 물려주면서 말한 두 번째 당부는 오직 하나님만 섬기며 하나님의 말씀과 율례 그리고 법도를 지켜 행하라는 것이었다. 이 당부에 대해서 좀 더 자세히 살펴보면, 첫째 하나님의 나라 이스라엘을 견고히 세우고 이스라엘 백성들이 사명을 잘 감당할 수 있도록 왕으로서의 역할을 하려면 이스라엘 왕이 먼저 언제나 하나님의 말씀과 율례 그리고 법도를 철저히 지켜 행해야 한다는 것이다.

이스라엘 나라와 이스라엘 왕이 형통하기 위한 방법을 설명한다.

둘째, 이스라엘 나라와 이스라엘 왕의 형통은 다른 나라처럼 군대의 힘이나 경제적인 부로 되는 것이 아니라 하나님 말씀에 철저히 순종함으로써 오는 결과임을 알고, 다른 곳에서 방법을 찾으려하지 말고 오직 모세의 율법에 기록한대로 힘써 지켜 행함으로써 하나님의 말씀 안에서 형통할 수 있는 법을 찾으라는 것이다.

하나님께서 하신 언약에 임하는 종의 태도를 설명한다.

셋째, 하나님께서 약속하신 이스라엘의 왕권에 대해서 당부하고 있다. 사무엘하 7장에서 하나님께서는 다윗에게 이스라엘의 왕권이 다윗의 후손으로 영원히 이어질 것을 약속하셨다. 다윗은 하나님께서 하신 언약에 대한 태도와 자세를 솔로몬에게 당부하였다. 즉 하나님께서 하신 영광의 언약 앞에 오직 하나님의 뜻이 이루어지기를 바라는 간절한 마음과 진실된 자세로 하나님만 섬겨야 한다는 것이다. 이것이 하나님께서 하신 언약 앞에 임하는 종의 자세임을 이스라엘의 왕이 될 솔로몬에게 당부하였다.

Q 무엇이 '진정한 지혜'인가?

솔로몬은 하나님께 무엇을 간구했고, 하나님께서는 왜 솔로몬의 간구를 기뻐하셨으며, 하나님께서 주신 지혜로 솔로몬은 무엇을 했는지 알아본다. 결국 진정한 지혜의 결과는 무엇인지에 대해서 알아본다.

1 이스라엘의 왕이 된 솔로몬

솔로몬이 그의 아버지 다윗의 왕위에 앉으니 그의 나라가 심히 견고하니라 (왕상2:12)
다윗이 온 회중에게 이르되 너희는 너희 하나님 여호와를 송축하라 하매 회중이 그의 조상들의 하나님 여호와를 송축하고 머리를 숙여 여호와와 왕에게 절하고 이튿날 여호와께 제사를 드리고 또 여호와께 번제를 드리니 수송아지가 천 마리요 숫양이 천 마리요 어린 양이 천 마리요 또 그 전제라 온 이스라엘을 위하여 풍성한 제물을 드리고 이 날에 무리가 크게 기뻐하여 여호와 앞에서 먹으며 마셨더라 무리가 다윗의 아들 솔로몬을 다시 왕으로 삼아 기름을 부어 여호와께 돌려 주권자가 되게 하고 사독에게도 기름을 부어 제사장이 되게 하니라 (대상 29:20~22)
솔로몬이 유브라데 강에서부터 블레셋 땅과 애굽 지경까지의 모든 왕을 다스렸으며 (대하9:26)

··· 다윗은 끝까지 하나님만을 섬기는 자리에 있었던 왕으로서 통치 기간 동안 자기의 모든 것을 바쳐 하나님의 나라 이스라엘을 견고히 세웠고, 솔로몬에게 견고한 이스라엘을 그대로 물려주었다.

역대하 9장에서 말하고 있는 유프라테스 강에서부터 블레셋 땅과 애굽 지경까지 관할했던 땅은 위대한 정복자인 다윗이 정복한 땅이었고 솔로몬은 그

> ! 다윗은 하나님 나라 이스라엘을 견고히 세워 솔로몬에게 물려주었음을 설명한다.

> ! 다윗이 정복한 땅을 솔로몬에게 물려주었음을 설명한다.

땅을 그대로 물려받았다.

다윗은 솔로몬에게 이와 같은 외적인 큰 영토만 물려준 것이 아니라 내적인 것도 함께 물려주었다. 다윗은 하나님께서 세우신 제도를 잘 정비하고 온 백성들을 잘 가르쳤기 때문에 이스라엘 백성들은 하나님의 백성으로서 자부심을 가지고 하나님을 기쁨으로 섬기고 있는 상태였다. 다윗은 하나님 앞에서 평생을 통해 이룬 외적인 것과 내적인 것 모두를 솔로몬에게 그대로 물려주었다.

솔로몬이 왕위를 물려받을 때 백성의 상태를 설명하고, 다윗이 이룬 것을 솔로몬이 물려받았음을 설명한다.

2 솔로몬의 간구

기브온에서 밤에 여호와께서 솔로몬의 꿈에 나타나시니라 하나님이 이르시되 내가 네게 무엇을 줄꼬 너는 구하라 (왕상3：5)

누가 주의 이 많은 백성을 재판할 수 있사오리이까 듣는 마음을 종에게 주사 주의 백성을 재판하여 선악을 분별하게 하옵소서 (왕상3：9)

내가 네 말대로 하여 네게 지혜롭고 총명한 마음을 주노니 네 앞에도 너와 같은

기브온 산악지대

자가 없었거니와 네 뒤에도 너와 같은 자가 일어남이 없으리라 (왕상3 : 12)

내가 또 네가 구하지 아니한 부귀와 영광도 네게 주노니 네 평생에 왕들 중에 너와 같은 자가 없을 것이라 (왕상3 : 13)

솔로몬이 왜 지혜를 구했으며, 하나님께서는 왜 구하지 않은 것까지 주셨는지 설명한다. 하나님께서 기뻐하시는 기도에 대해서 설명한다.

··· 솔로몬은 왕이 된 후 기브온에서 하나님의 나라 이스라엘을 위해 하나님 앞에 간절히 기도했다. 솔로몬은 하나님의 백성들을 공과 의로 재판하고 다스릴 수 있도록 하나님께 지혜를 간구했고, 하나님께서는 솔로몬의 간구를 매우 기뻐하셔서 솔로몬이 구한 지혜뿐만 아니라 구하지 않은 부와 영광까지 주셨다. 하나님께서는 하나님의 백성을 하나님의 뜻대로 다스리기를 소원하는 솔로몬의 중심을 기뻐하셨고 그 무엇도 아닌 **가장 우선적으로 하나님의 백성을 위해 간구**하는 솔로몬의 자세를 기뻐하셨다. 이를 통해 하나님이 진정 기뻐하시는 기도가 무엇인지를 알 수 있다.

3 솔로몬이 물려받은 이스라엘, 물려준 이스라엘

솔로몬이 그의 아버지 다윗의 왕위에 앉으니 그의 나라가 심히 견고하니라 (왕상 2:12)

여호와께서 솔로몬에게 말씀하시되 네게 이러한 일이 있었고 또 네가 내 언약과 내가 네게 명령한 법도를 지키지 아니하였으니 내가 반드시 이 나라를 네게서 빼앗아 네 신하에게 주리라 (왕상11:11)

오직 내가 이 나라를 다 빼앗지 아니하고 내 종 다윗과 내가 택한 예루살렘을 위하여 한 지파를 네 아들에게 주리라 하셨더라 (왕상11:13)

••• 다윗이 이스라엘 왕으로 등극할 때 이스라엘은 사울이 죽고 난 후 패전국으로 나라는 분열된 상태였으며, 블레셋의 압제는 더욱 극심한 상태였다. 다윗은 비록 죄도 범한 적이 있었고 약점도 있었던 사람이었지만 그는 변함없이 하나님 율례와 법도 안에 거하며 오직 하나님만을 섬기며 살았고 하나님의 지시에 따라 움직였던 '하나님 마음에 합한' 사람이었다. 그 결과 패전국으로 초라했던 이스라엘은 이젠 누구도 침범할 수 없는 견고한 신정국가 이스라엘이 되었으며 이를 솔로몬에게 물려주었다.

어려운 이스라엘의 상황에서 나라를 견고히 세운 다윗을 설명하고, 솔로몬에게 견고한 나라를 물려주었음을 설명한다.

솔로몬은 이스라엘 왕으로 등극하면서 다윗에게 하나님의 견고한 나라를 물려받았고 또한 하나님께 모든 민족이 부러워할 정도의 지혜와 부와 명성을 받았다. 그러나 솔로몬은 다윗과는 다르게 끝까지 하나님을 바르게 섬기지 못했고 하나님의 율례와 법도에 불순종하여 이방 신들을 섬김으로써 이스라엘을 둘로 분열되게 만들었다. 이렇게 다윗에게 물려받은 하나님만 섬기던 견고한 이스라엘을 솔로몬이 이방신을 섬김으로써 분열된 나라로 만들었고, 분열된 나라를 그의 아들에게 물려주게 되었다.

물려받을 때는 견고했던 나라가 왜 둘로 분열하게 되었는지 설명한다.

4 다윗의 지혜와 솔로몬의 지혜

네 하나님 여호와의 명령을 지켜 그 길로 행하여 그 법률과 계명과 율례와 증거를 모세의 율법에 기록된 대로 지키라 그리하면 네가 무엇을 하든지 어디로 가든지 형통할지라 (왕상2 : 3)

솔로몬이 마음을 돌려 이스라엘의 하나님 여호와를 떠나므로 여호와께서 그에게 진노하시니라 여호와께서 일찍이 두 번이나 그에게 나타나시고 이 일에 대하여 명령하사 다른 신을 따르지 말라 하셨으나 그가 여호와의 명령을 지키지 않았으므로 여호와께서 솔로몬에게 말씀하시되 네게 이러한 일이 있었고 또 네가 내 언약과 내가 네게 명령한 법도를 지키지 아니하였으니 내가 반드시 이 나라를 네게서 빼앗아 네 신하에게 주리라 (왕상11 : 9 ~ 11)

여호와를 경외하는 것이 지식의 근본이거늘 미련한 자는 지혜와 훈계를 멸시하느니라 (잠1 : 7)

여호와를 경외함이 지혜의 근본이라 그의 계명을 지키는 자는 다 훌륭한 지각을 가진 자이니 여호와를 찬양함이 영원히 계속되리로다 (시111 : 10)

다윗의 지혜의 근원과 결과에 대해서 설명한다.

••• 우리는 다윗과 솔로몬을 통해 진정한 지혜가 무엇인지를 다시 생각해보아야 한다. 다윗은 하나님 말씀을 깊이 공부하면서 말씀의 본의를 깨달아 백성들을 말씀의 본의대로 지혜롭게 다스려서 이스라엘 역사상 가장 견고한 나라를 세웠다. 다윗의 지혜의 근원은 '말씀'이었고 다윗의 지혜의 결과는 말씀에 순종함으로써 회복된 이스라엘을 솔로몬에게 물려준 것이었다.

솔로몬의 지혜의 근원과 결과에 대해서 설명한다.

솔로몬은 하나님의 백성들을 공과 의로 다스리기 위해 하나님께 지혜를 구했고, 하나님께서는 **하나님의 백성들을 위해서** 솔로몬에게 지혜를 주셨다. 하지만 시간이 지남에 따라 솔로몬은 절대군주처럼 백성들에게 강제 노역을 시키는 등 강압적인 통치를 하였으며, 자신의 왕권 신장에 치중하여 신정 국가답게 이스라엘을 통치하지 못했고, 나아가 다른 신을 섬기지 말라는 하나님의 말씀에 불순종하였다. 결국 솔로몬의 지혜의 근원은 하나님이셨지만 솔로몬의 지혜의 결과는 말씀에 불순종함으로써 둘로 갈라진 이스라엘을 그의 아들 르호보암에게 물려주게 되었다.

결국 다윗과 솔로몬 각각의 인생 전체를 비교해 보았을 때, 하나님께 지혜를 받았다 할지라도 하나님의 의도하심대로 행하지 않고 말씀에 불순종하면 지혜는 발휘되지 못한다는 것을 솔로몬의 생애를 통해 알 수 있다. 그러나 하나님의 말씀과 율례 그리고 법도를 배워 하나님의 의도하심대로 지켜 행하면 진정한 지혜가 발휘된다는 것을 다윗의 생애를 통해 알 수 있다. 따라서 '진정한 지혜'는 다윗처럼 변함없이 하나님의 말씀과 율례 그리고 법도를 배워서 지켜 행하는 것, 끝까지 말씀의 다스림 안에 거하는 것이다.

다윗과 솔로몬을 비교하여 진정한 지혜가 무엇인지를 설명한다.

Q 솔로몬 이후 이스라엘이 왜 둘로 분열됐는가?

하나님께 지혜와 부와 영광을 받은 솔로몬은 이스라엘 나라를 어떻게 통치했는지, 솔로몬의 배교가 이스라엘 나라에게 어떤 영향을 미쳤으며, 솔로몬의 아들 르호보암은 이스라엘 나라가 둘로 분열되는 데 어떤 영향을 미쳤는지에 대해서 알아본다.

1 솔로몬의 통치

넷째 해 시브월에 여호와의 성전 기초를 쌓았고 열한째 해 불월 곧 여덟째 달에 그 설계와 식양대로 성전 건축이 다 끝났으니 솔로몬이 칠 년 동안 성전을 건축하였더라 (왕상6 : 37,38)

솔로몬이 자기의 왕궁을 십삼 년 동안 건축하여 그 전부를 준공하니라 (왕상7 : 1)

솔로몬 왕이 역군을 일으킨 까닭은 이러하니 여호와의 성전과 자기 왕궁과 밀로와 예루살렘 성과 하솔과 므깃도와 게셀을 건축하려 하였음이라 (왕상9 : 15)

히람왕 (두로의 왕으로 다윗에게 우호적이었고 솔로몬이 성전을 건축할 때 도와주었음)

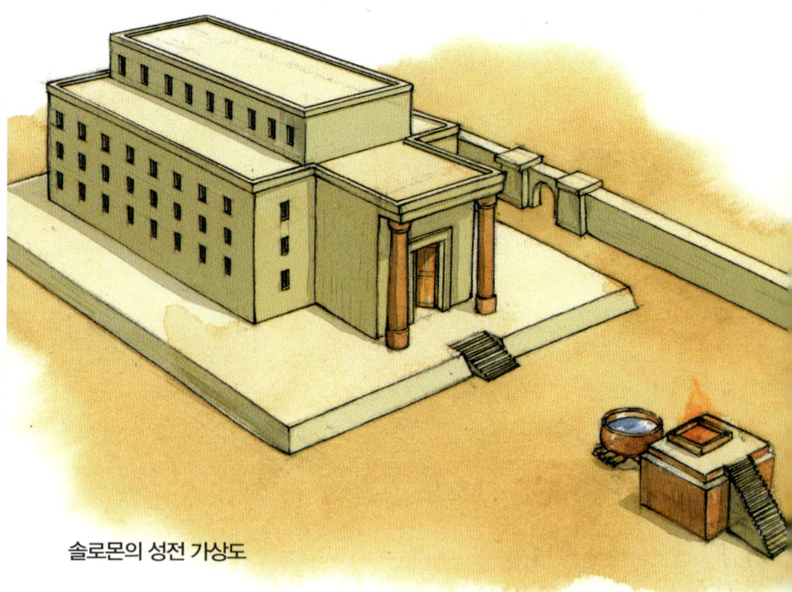

솔로몬의 성전 가상도

••• 다윗 왕과 함께 성전을 지을 재료들을 감사함으로써 준비해 온 이스라엘 백성들은 솔로몬이 왕으로 등극한지 4년 만에 드디어 성전을 짓게 되었다. 그들은 7년 동안 각자의 삶을 뒤로하고 기쁨으로 성전을 지었으며 그토록 고대했던 성전을 완성하게 되었다. 그러나 그 후 솔로몬은 자기 왕궁을 짓고 각지에 요새를 세우기 위해 또 백성들에게 노동을 강요했다. 결국 백성들에게 강제 부역으로 13년 동안 솔로몬 왕궁을 짓게 하였고, 그 후에도 수년간 밀로, 하솔, 므깃도, 게셀에 요새를 짓게 하였다. 강력한 통치자인 솔로몬에게 대항할 수는 없었지만 점차 많은 이스라엘 백성들은 솔로몬에게 큰 불만을 품게 되었다.

백성들이 성전을 지을 때의 마음을 설명하고, 백성들이 솔로몬에게 왜 불만을 품게 되었는지 설명한다.

하나님께서는 솔로몬에게 하나님의 백성들을 공과 의로 다스릴 수 있도록 지혜를 주셨고, 하나님의 영광과 찬란함을 모든 열방에 드러낼 수 있도록 구하지도 않은 부와 영광도 함께 주셨다. 그러나 솔로몬은 하나님께서 주신 부와 영광과 지혜를 하나님의 의도하심과는 달리 솔로몬 왕국의 부를 축척하고 솔로몬 왕국의 강화를 위해 사용했고 나아가 자신의 막강한 왕권으로 하나님 백성들의 노동력을 강제로 사용하였다.

하나님의 의도하심에 대해서 설명하고, 솔로몬은 하나님께서 주신 것들을 무엇을 위해 사용했는지 설명한다.

2 솔로몬이 뿌린 씨

솔로몬의 나이가 많을 때에 그의 여인들이 그의 마음을 돌려 다른 신들을 따르게 하였으므로 왕의 마음이 그의 아버지 다윗의 마음과 같지 아니하여 그의 하나님 여호와 앞에 온전하지 못하였으니 (왕상11:4)

무리가 사람을 보내 그를 불렀더라 여로보암과 이스라엘의 온 회중이 와서 르호보암에게 말하여 이르되 왕의 아버지가 우리의 멍에를 무겁게 하였으나 왕은 이제 왕의 아버지가 우리에게 시킨 고역과 메운 무거운 멍에를 가볍게 하소서 그리

하시면 우리가 왕을 섬기겠나이다 (왕상12 : 3,4)

그는 병마를 많이 두지 말 것이요 병마를 많이 얻으려고 그 백성을 애굽으로 돌아가게 하지 말 것이니 이는 여호와께서 너희에게 이르시기를 너희가 이 후에는 그 길로 다시 돌아가지 말 것이라 하셨음이며 그에게 아내를 많이 두어 그의 마음이 미혹되게 하지 말 것이며 자기를 위하여 은금을 많이 쌓지 말 것이니라 그가 왕위에 오르거든 이 율법서의 등사본을 레위 사람 제사장 앞에서 책에 기록하여 평생에 자기 옆에 두고 읽어 그의 하나님 여호와 경외하기를 배우며 이 율법의 모든 말과 이 규례를 지켜 행할 것이라 (신17 : 16~19)

솔로몬이 통치 기간 동안 했던 일들을 설명한다.

••• 솔로몬은 왕이 된지 4년 만에 성전을 7년 동안 지었고, 솔로몬 왕궁을 13년 동안 건축했으며, 여러 지역에 요새들도 지었다. 그는 통치 기간 38년에서 40년 동안 건축을 하는 데 약 24년을 보냈다. 그 후 솔로몬이 무엇을 했다는 특별한 기록이 없는 상태에서 그는 많은 이방여인들과 혼인을 했고 말년에 이방여인들로 인해 아세라와 바알 등의 이방우상을 숭배하게 되었다.

하나님께서는 그런 솔로몬에게 반복해서 경고하셨지만 솔로몬은 듣지 않았다. 결국 하나님께서는 이스라엘을 분열시키실 것이라고 솔로몬에게 말씀하셨다.

하나님께서는 모세를 통해 이스라엘 왕이 세 가지 하지 말아야 할 것과 한 가지 해야 할 것을 말씀하셨다. 그런데 솔로몬은 이스라엘의 왕이 되어 세 가지 하지 말아야 할 것을 모두 했으며, 한 가지 반드시 해야 할 것인 율법서를 평생 옆에 두고 읽고 배우며 지켜 행하라는 명령은 하지 않았다. 결국 솔로몬은 신명기 17장에서 이스라엘 왕에게 하신 네 가지 명령을 모두 어긴 것이다.

솔로몬이 무엇을 불순종했는지 신명기 17장 말씀과 연결해서 설명한다.

이렇게 솔로몬은 하나님께서 하나님의 백성을 위해서 주신 지혜와 부와 영광을 자기의 왕권 강화와 자기의 영광을 위해서 사용하였고, 신정 국가를 이룰 하나님 백성들의 노동력을 강제로 착취함으로써 백성들 마음 가운데 원망과 불만을 심었으며, 말년에 하나님의 말씀에 불순종하여 아세라, 바알 등 이방 우상들을 섬기는 배교의 씨를 심었다.

솔로몬이 심은 씨에 대해서 설명한다.

3 르호보암이 거둔 열매

내 아버지께서 너희에게 무거운 멍에를 메게 하였으나 이제 나는 너희의 멍에를 더욱 무겁게 할지라 내 아버지는 채찍으로 너희를 징계하였으나 나는 전갈 채찍으로 너희를 징계하리라 하소서 (왕상12:11)

온 이스라엘이 여로보암이 돌아왔다 함을 듣고 사람을 보내 그를 공회로 청하여 온 이스라엘의 왕으로 삼았으니 유다 지파 외에는 다윗의 집을 따르는 자가 없으니라 (왕상12:20)

••• 솔로몬이 통치하는 동안 고된 노역과 힘겨운 세금을 바쳐온 백성들은 솔로몬이 죽은 후 그의 아들 르호보암을 찾아가서 앞으로 어떻게 이스라엘

이스라엘 백성들은 왜 르호보암을 찾아갔는지 설명한다.

백성들을 통치할 것인지에 대해 담판을 짓고자 하였다.

르호보암이 왜 이런 대답을 했는지 설명한다.

르호보암은 아버지 솔로몬 왕이 백성들 위에 강력하게 군림하는 모습을 보고 자란 사람이었다. 르호보암은 백성들이 무슨 생각을 가지고 찾아 왔는지, 백성들이 무엇을 원하는지, 상황이 어떻게 돌아가는지도 모르는 우매한 사람이었기 때문에 백성들의 질문에 대해 아버지보다 더욱 더 강력한 통치를 하겠다고 하는 어리석은 대답을 하였다.

이스라엘이 둘로 분열된 과정을 설명한다. 르호보암이 거둔 열매에 대해서 설명한다.

르호보암의 대답을 듣고 이스라엘 열두 지파 중 열 지파와 베냐민 일부가 르호보암에게서 떨어져 나와 솔로몬의 신하였던 여로보암을 자기들의 왕으로 삼았고, 유다 지파와 베냐민 일부만 르호보암을 왕으로 삼으면서 결국 하나님의 나라 이스라엘은 북이스라엘과 남유다 둘로 분열하게 되었다. 솔로몬

은 하나님께서 주신 것으로 자기의 영광을 추구하였으며, 하나님의 백성들에게 강제 노역을 시켰고, 하나님을 떠나 배교함으로써 '잘못된 씨'를 심었다. 르호보암은 자신의 우매함과 어리석음으로 인해 **분열의 열매**를 거두게 되었으며, 아버지 솔로몬이 왕으로 등극할 때와는 다르게 한 지파만의 왕이 되는 **초라한 열매**를 거두게 되었다.

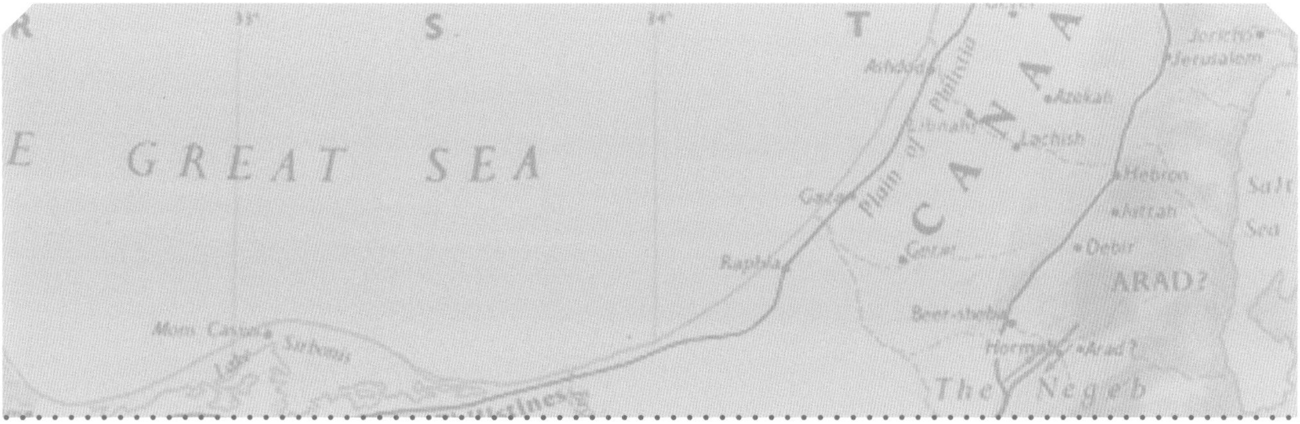

열왕기상12장~열왕기하17장

열왕기상 12장부터 열왕기하 17장까지는 북이스라엘의 멸망에 대한 말씀이다. 이 부분에서는 '여로보암의 죄', '엘리야가 싸운 이유', '아달랴의 정책', '이때 활동했던 선지자들', '북이스라엘의 멸망 원인'에 대해서 공부한다.

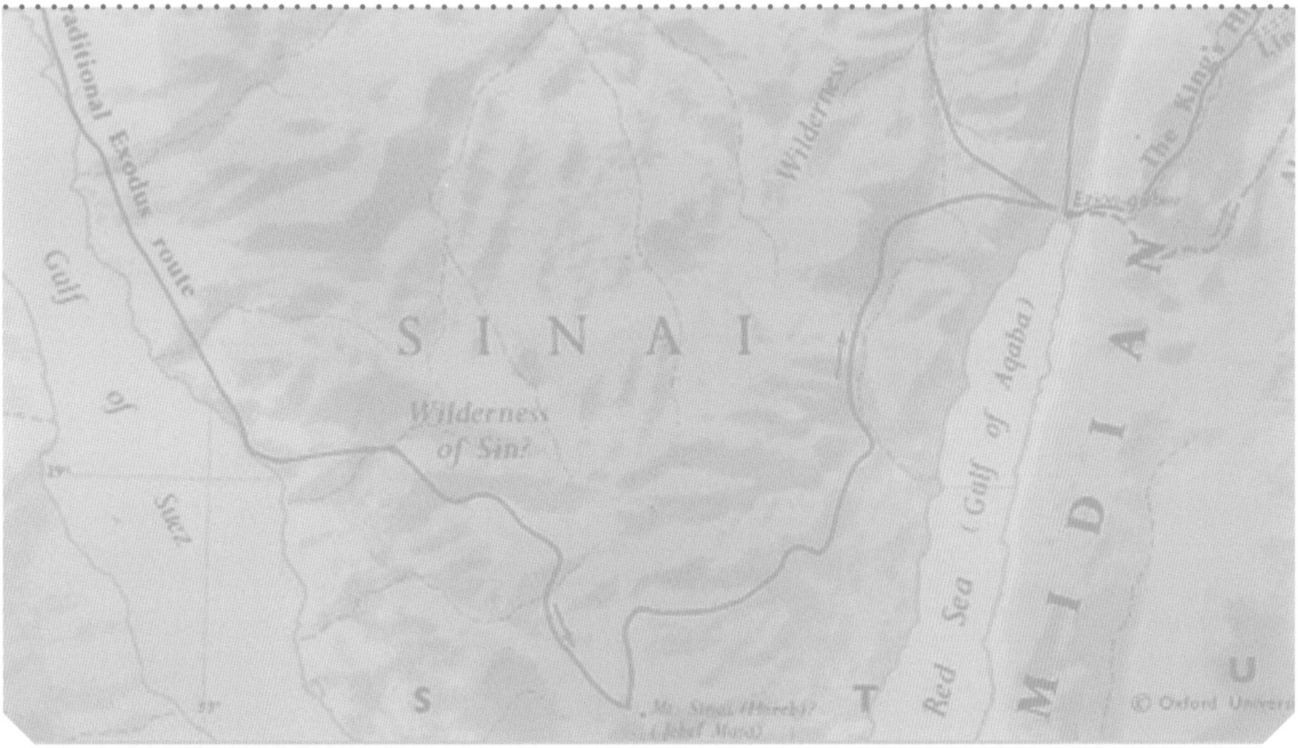

북이스라엘을 범죄하게 만든 '여로보암의 죄'는?

북이스라엘은 누가 통치하게 되었으며, 여로보암이 북이스라엘의 왕이 된 후 무엇에 대해서 근심하게 되었고, 여로보암이 왕이 되자마자 무슨 정책을 폈쳤으며, 결국 여로보암이 펼친 정책은 북이스라엘에게 어떤 영향을 미치게 되었는지에 대해서 알아본다.

1 여로보암의 걱정

만일 이 백성이 예루살렘에 있는 여호와의 성전에 제사를 드리고자 하여 올라가면 이 백성의 마음이 유다 왕 된 그들의 주 르호보암에게로 돌아가서 나를 죽이고 유다의 왕 르호보암에게로 돌아가리로다 하고 (왕상12 : 27)

네 이전 사람들보다도 더 악을 행하고 가서 너를 위하여 다른 신을 만들며 우상을 부어 만들어 나를 노엽게 하고 나를 네 등 뒤에 버렸도다 (왕상14:9)

• • • 여로보암은 에브라임 지파의 스레다 지방의 사람으로 가난한 집 출신이었다. 그는 솔로몬을 열심히 섬기던 신하였고 매우 유능하고 충성스러운 사람이었지만 나중에는 솔로몬에게 불만을 품은 사람들과 힘을 합하여 반란을 일으키려 하다가 도망을 간 인물이었다. 또한 여로보암은 평소에 하나님을 잘 섬기는 사람은 아니었다.

여로보암은 어떤 사람인지 설명한다.

여로보암은 이스라엘의 열 지파 백성들과 함께 솔로몬이 죽고 나자 르호보암을 상대로 반란을 일으켜서 나라를 반으로 분열되게 한 중심인물이다. 그 후 열 지파 백성들은 여로보암을 북이스라엘의 왕으로 세웠다. 그러나 여로보암은 왕이 되고나서 큰 걱정이 생겼다. 북이스라엘 백성들이 남유다에 있는 예루살렘의 성전으로 제사를 드리러 갔다가 유다 왕 르호보암을 섬기게

북이스라엘의 왕이 된 여로보암이 걱정한 것은 무엇인지 설명한다.

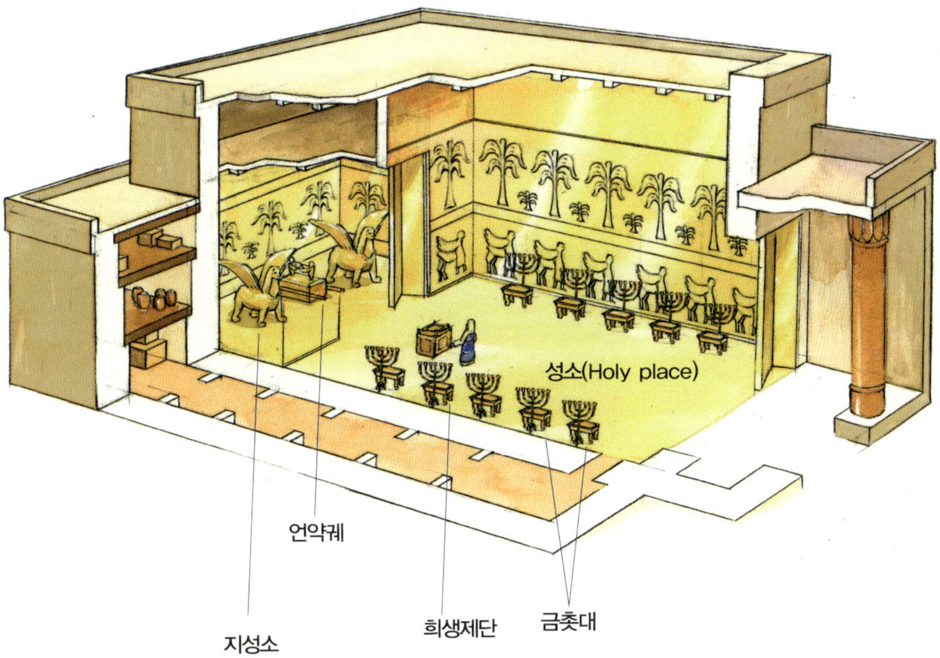

될지도 모른다는 걱정이었다. 마침내 여로보암은 북이스라엘 백성들이 예루살렘 성전에 가지 못하도록 하기 위해 백성들의 마음을 잡을 수 있는 여러 가지 정책을 만들게 되었다.

2 여로보암의 종교정책

이에 계획하고 두 금송아지를 만들고 무리에게 말하기를 너희가 다시는 예루살렘에 올라갈 것이 없도다 이스라엘아 이는 너희를 애굽 땅에서 인도하여 올린 너희의 신들이라 하고 하나는 벧엘에 두고 하나는 단에 둔지라 (왕상12:28,29)

그가 또 산당들을 짓고 레위 자손 아닌 보통 백성으로 제사장을 삼고 (왕상12:31)

여덟째 달 곧 그 달 열다섯째 날로 절기를 정하여 유다의 절기와 비슷하게 하고 제단에 올라가되 벧엘에서 그와 같이 행하여 그가 만든 송아지에게 제사를 드렸으며 그가 지은 산당의 제사장을 벧엘에서 세웠더라 (왕상12:32)

여로보암의 종교정책 중 첫 번째 정책을 설명한다.

··· 여로보암은 예루살렘에 가지 못하도록 북이스라엘 백성의 마음을 잡을

벧엘의 유적

단 지파 성문 앞의 폐허

수 있는 몇 가지의 종교정책을 만들었다. 첫째, 열왕기상 12장28,29절의 말씀처럼 여로보암은 '두 개의 금송아지'를 만들어서 그것이 이스라엘을 여기까지 인도한 하나님이라면서 섬기게 했는데 두 개의 금송아지 중 하나는 남쪽 국경인 벧엘에, 하나는 북쪽 국경인 단에 두어 섬기게 하였다. 이때부터 이스라엘 백성은 단까지 가서 금송아지를 섬겼다.

출애굽 당시 출애굽기 32장4절에서 시내산에서 하나님을 애굽의 신으로 섬기려고 했던 이스라엘에 하나님께서는 크게 진노하시면서 그들을 치신 사건이 나온다. 그런데 여로보암은 이것을 이용해서 이스라엘 안에 잠재되어 있는 애굽적 죄악의 종교 관념을 들춰내어 하나님을 금수와 버러지 형상으로 만들어 북이스라엘 백성들로 하여금 공식적으로 섬기게 했던 것이다. 결국 여로보암은 옛날에 하나님의 진노를 일으켰던 짓을 이젠 공식화된 종교제도로 만들어 행하게 하였다.

여로보암이 만든 금송아지와 시내산에서의 금송아지 사건을 연결해서 설명한다.

두 번째 종교정책으로 무엇을 만들었는지 설명한다.

둘째, 산당을 지어서 백성들이 가서 제사를 드릴 수 있도록 했고, 그곳에 금송아지 상을 두어 그 앞에서 예배드리게 했으며, 구별된 레위 사람이 아닌 일반 사람 중에서 자원한 사람을 선택해서 제사장으로 세워 금송아지 상의 제사를 주관하게 했다. 이것은 하나님께서 지시하신 제사장 제도를 모두 없애버린 것이었다.

세 번째 종교정책으로 무엇을 만들었는지 설명한다.

셋째, 하나님께서는 이스라엘 백성들이 일 년 중에 유월절, 오순절, 초막절 이렇게 세 번을 예루살렘 성전에 모두 와서 함께 하나님 앞에 제사를 드리도록 명하셨다. 그런데 여로보암은 그 중 초막절 절기와 비슷한 날짜에 자기 마음대로 절기를 만들어 북이스라엘 백성들을 산당으로 모두 모이게 하고 이방의 제사처럼 화려한 축제를 벌이며 제사를 지내게 했다. 즉 하나님께서 정하신 절기를 없애버렸다.

'여로보암의 죄'에 대해서 설명한다.

여로보암이 왕이 되어 최초로 편 이 정책은 북이스라엘 백성들의 공식적인 종교정책이 되었다. 이제 백성들은 북이스라엘 나라가 시작되는 시점부터 공식적으로 하나님 앞에 죄를 범하였다. 이것이 성경이 말하는 **여로보암의 죄**이다.

3 북이스라엘 왕들의 평가 기준

여호와께서 여로보암의 죄로 말미암아 이스라엘을 버리시리니 이는 그도 범죄하고 이스라엘 로 범죄하게 하였음이니라 하니라 (왕상14 : 16)

바아사가 여호와 보시기에 악을 행하되 여로보암의 길로 행하며 그가 이스라엘에게 범하게 한 그 죄 중에 행하였더라 (왕상15 : 34)

오므리가 여호와 보시기에 악을 행하되 그 전의 모든 사람보다 더욱 악하게 행하여 느밧의 아들 여로보암의 모든 길로 행하며 그가 이스라엘에게 죄를 범하게 한

그 죄 중에 행하여 그들의 헛된 것들로 이스라엘의 하나님 여호와를 노하시게 하였더라 (왕상16:25,26)

••• 여로보암이 만든 이러한 정책들은 앞으로 북이스라엘 왕들과 백성들의 공식적인 종교정책이 되었고, 이것이 앞으로 북이스라엘 왕들의 평가 기준이 되었다. 북이스라엘은 하나님 앞에 올바른 말씀의 기준을 세우며 시작한 나라가 아닌 하나님을 반역하는 기준을 세우며 시작한 나라였다. 북이스라엘은 200년 동안 열아홉 명의 왕 모두가 여로보암의 뒤를 따라 이 종교정책을 행하였으므로 이 종교정책은 북이스라엘 백성 전체를 공식적으로 하나님 앞에 범죄케 하여 죄의 구렁텅이에 빠뜨리는 정책이었다. 이렇게 여로보암은 **북이스라엘의 전형**을 만든 사람이었다. 이것이 **여로보암의 죄**이다.

무엇이 북이스라엘 왕들의 기준이 되었는지 설명하고, 여로보암이 만든 종교정책은 결국 어떤 결과를 가져오게 했는지 설명한다.

엘리야 선지자가 갈멜산 싸움을 싸운 이유는?

아합 왕 때 두로와 시돈의 바알과 아세라와 같은 우상이 어떤 경로로 북이스라엘에 들어오게 되었고, 아합과 이세벨은 북이스라엘을 어떤 상태로 만들어 놓았으며, 하나님께서는 왜 북이스라엘에 3년 6개월 동안 기근이 들도록 하셨는지, 엘리야는 무엇 때문에 갈멜산 싸움을 싸웠는지에 대해서 알아본다.

1 아합

오므리의 아들 아합이 그의 이전의 모든 사람보다 여호와 보시기에 악을 더욱 행하여 느밧의 아들 여로보암의 죄를 따라 행하는 것을 오히려 가볍게 여기며 시돈 사람의 왕 엣바알의 딸 이세벨을 아내로 삼고 가서 바알을 섬겨 예배하고 (왕상 16:30,31)

예로부터 아합과 같이 그 자신을 팔아 여호와 앞에서 악을 행한 자가 없음은 그를 그의 아내 이세벨이 충동하였음이라 그가 여호와께서 이스라엘 자손 앞에서 쫓아내신 아모리 사람의 모든 행함 같이 우상에게 복종하여 심히 가증하게 행하였더라 (왕상21:25,26)

! 왜 아합 왕을 여로보암보다 더 악한 왕으로 평가하고 있는지 설명한다.

··· 북이스라엘 여로보암 왕 이후 제2대 나답 왕, 제3대 바아사 왕, 제4대 엘라 왕, 제5대 시므리 왕, 제6대 오므리 왕을 거쳐 북이스라엘의 제7대 왕은 아합이었다. 아합 왕은 북이스라엘을 22년 동안 통치했는데 열왕기 사가는 아합을 여로보암보다 더욱 악한 왕으로 평가하고 있다. 아합이 여로보암보다 더 악한 이유는 바알을 섬기는 이방여인인 '이세벨'을 아내로 삼아 북이스라엘 백성들에게 바알을 섬기도록 했기 때문이다.

! 여로보암과 아합으로 인해 북이스라엘 백성들이 어떤 상태에 있었는지를 설명한다.

북이스라엘 백성들은 그동안 여로보암이 만든 금송아지를 섬기고 신당에서 제사를 드리는 죄악을 범하였는데, 이제 아합 왕은 이세벨을 통해 더욱 자

극적이고 저급한 바알을 신으로 받아들여 이방종교의 더 큰 죄악 속으로 북이스라엘의 모든 백성들을 몰고 갔다.

결국 아합은 이세벨이라는 아내의 부추김과 그의 마음속에 있었던 죄악의 씨가 합하여져 북이스라엘 전체를 더 깊은 죄의 수렁으로 몰아넣었다.

아합이 백성들을 범죄하게 만든 원인을 설명한다.

페니키아 두로의 중앙로

2 이세벨

이세벨이 여호와의 선지자들을 멸할 때에 오바댜가 선지자 백 명을 가지고 오십 명씩 굴에 숨기고 떡과 물을 먹였더라 (왕상18:4)

그런즉 사람을 보내 온 이스라엘과 이세벨의 상에서 먹는 바알의 선지자 사백오십 명과 아세라의 선지자 사백 명을 갈멜 산으로 모아 내게로 나아오게 하소서 (왕상18:19)

이세벨이 사신을 엘리야에게 보내어 이르되 내가 내일 이맘때에는 반드시 네 생명을 저 사람들 중 한 사람의 생명과 같게 하리라 그렇게 하지 아니하면 신들이 내게 벌 위에 벌을 내림이 마땅하니라 한지라 (왕상19:2)

어떻게 이세벨이 북이스라엘의 왕궁에 들어왔는지 설명한다.

••• 두로와 시돈의 왕인 엣바알 왕은 아세라를 섬기는 남자 제사장이었다. 아합의 아버지인 오므리 왕은 외교정책으로 두로와 시돈의 왕 엣바알의 딸인 이세벨과 자신의 아들 아합을 정략 결혼시켰다. 결혼을 계기로 이세벨이 북이스라엘의 왕비로 들어오게 되었다.

이세벨이 북이스라엘 백성들에게 한 일을 설명한다.

이세벨은 독실한 바알과 아세라의 숭배자였기 때문에 북이스라엘의 왕궁에 들어와 북이스라엘의 왕인 아합을 조정하여 바알과 아세라를 북이스라엘의 공식적인 국가종교로 만들어 백성들이 바알을 자기들의 신으로 숭배하게 만들었다.

이세벨이 하나님과 백성들을 단절시키고자 한 일을 설명한다.

나아가 이세벨은 하나님과 북이스라엘 백성들을 완전히 단절시키고자 여호와의 선지자를 죽이려고 찾아다녔던 사악한 여인이었다. 갈멜산 기적 후 이세벨이 거느린 바알 선지자 450명을 죽었다는 소리를 듣고 이세벨은 하나님의 큰 종 엘리야까지 죽이려 하였다.

바알 신앙의 본산지. 두로 바알백(Baal beck)

3 큰 종 엘리야

길르앗에 우거하는 자 중에 디셉 사람 엘리야가 아합에게 말하되 내가 섬기는 이스라엘의 하나님 여호와께서 살아 계심을 두고 맹세하노니 내 말이 없으면 수 년

동안 비도 이슬도 있지 아니하리라 하니라 (왕상17 : 1)

엘리야는 우리와 성정이 같은 사람이로되 그가 비가 오지 않기를 간절히 기도한 즉 삼 년 육 개월 동안 땅에 비가 오지 아니하고 (약5 : 17)

엘리야가 모든 백성에게 가까이 나아가 이르되 너희가 어느 때까지 둘 사이에서 머뭇머뭇 하려느냐 여호와가 만일 하나님이면 그를 따르고 바알이 만일 하나님이면 그를 따를지니라 하니 백성이 말 한마디도 대답하지 아니하는지라 (왕상 18 : 21)

••• 이세벨이 하나님의 선지자들을 죽이려고 했기 때문에 선지자들은 이세벨을 피해 도망다니며 숨어 살 수밖에 없었고, 그 결과 백성들에게 하나님의 말씀을 가르칠 수 없게 되었다. 그러므로 아합 시대에는 더욱 북이스라엘 백성들 속에 하나님의 말씀이 사라지게 되었다.

북이스라엘 백성들은 왜 하나님의 말씀을 들을 수 없었는지 설명한다.

아합 당시 북이스라엘은 하나님의 말씀도 없었고 하나님께서 모세를 통해 주신 종교 제도도 없었으므로 결국 하나님이 누구신지를 모르는 상태가 되었다. 따라서 백성들은 금송아지와 바알과 여호와 사이에서 누가 여호와인지 모르고 머뭇머뭇 거리며 방황하고 있었던 것이다.

북이스라엘 백성들은 왜 머뭇거렸는지 설명한다.

하나님께서는 이런 상태에 있었던 북이스라엘 백성들에게 은혜를 베푸셔서 그들을 건져내시기 위해 엘리야와 같은 대선지자를 보내셨다.

엘리야를 보내신 이유를 설명한다.

하나님께서는 엘리야의 선포를 통해 북이스라엘을 3년6개월 동안 무서운 가뭄으로 땅이 갈라지게 하셨고, 식물들을 메말라 죽게 하였으며, 여러 질병으로 굉장히 힘든 상황들을 겪게 하셨다. 3년6개월이라는 기간은 북이스라엘의 죄악에 대해 각성과 회개를 촉구하는 징계의

북이스라엘에 3년6개월 동안 가뭄이 든 원인을 설명한다.

엘리야의 고향 추정지

기간이었다. 하나님께서는 흑암 속에 갇혀 있었던 북이스라엘에게 하나님의 크신 진노를 보여주시기 위해 하나님과 같은 마음과 같은 생각을 갖고 하나님의 뜻을 명확하게 드러낼 수 있는 큰 종 엘리야가 필요하셨다.

4 갈멜산의 기적

엘리야가 모든 백성에게 가까이 나아가 이르되 너희가 어느 때까지 둘 사이에서 머뭇머뭇 하려느냐 여호와가 만일 하나님이면 그를 따르고 바알이 만일 하나님이면 그를 따를지니라 하니 백성이 말 한마디도 대답하지 아니하는지라 엘리야가 백성에게 이르되 여호와의 선지자는 나만 홀로 남았으나 바알의 선지자는 사백오십 명이로다 (왕상18:21, 22)

저녁 소제 드릴 때에 이르러 선지자 엘리야가 나아가서 말하되 아브라함과 이삭과 이스라엘의 하나님 여호와여 주께서 이스라엘 중에서 하나님이신 것과 내가 주의 종인 것과 내가 주의 말씀대로 이 모든 일을 행하는 것을 오늘 알게 하옵소서 (왕상18:36)

여호와여 내게 응답하옵소서 내게 응답하옵소서 이 백성에게 주 여호와는 하나님이신 것과 주는 그들의 마음을 되돌이키심을 알게 하옵소서 하매 (왕상18:37)

백성들의 영적인 상태를 설명한다.

• • • 북이스라엘 백성들은 여로보암이 시행한 종교정책으로 인해 70년 동안 금송아지를 자기들의 신으로 섬기고 있었고, 이제 아합과 이세벨을 통해 바알과 아세라까지 자기들의 신으로 받아들여 뒤죽박죽 된 잘못된

여호와 신 개념을 가지고 있는 상태였다.

엘리야는 갈멜산에 북이스라엘 백성들을 모아 놓고 하나님께서 친히 베푸시는 기적을 통해 먼저 북이스라엘 백성들의 잘못된 여호와 신 개념을 바로 잡아주려고 했다. 하나님께서는 갈멜산 사건을 통해 하나님을 바로 알지 못하므로 이방신처럼 하나님을 섬긴 북이스라엘 백성 모두가 회개하기를 바라셨다.

갈멜산의 기적을 베푸신 이유를 설명한다.

이 사건을 통해 아합 왕과 열 지파를 대표하는 사람들과 백성의 지도자들과 많은 백성들이 와서 이방 신들의 허상을 보았고, 엘리야가 기도한 후 하나님께서 친히 큰 불을 내려 응답하신 기적을 보았다. 이로써 백성들은 여호와만이 하나님이심을 모두 고백하고 바알의 선지자 450명을 잡아 엘리야로 하여금 그들을 기손 시내에서 모두 처형하도록 넘겨주었다. 대선지자인 엘리야는 사악한 세력이 북이스라엘을 누르고 있는 상황 속에서 북이스라엘 전체를 상대로 **이스라엘의 하나님은 오직 여호와시다**라는 하나님의 하나님되심을 담대히 선포하였다.

갈멜산의 기적을 통한 백성들의 변화를 설명한다. 왜 엘리야가 대선지자인지 설명한다.

기손강 계곡 길르앗 지역

갈멜산 정상의 엘리야 선지자의 석상

아합과 이세벨의 딸인 아달랴가 남유다의 왕비로 들어와서 무슨 일을 하였는가?

북이스라엘을 죄악으로 빠지게 했던 바알과 아세라가 어떤 경로로 남유다에 들어가게 되었고, 남유다 여호람 왕의 부인 아달랴는 남유다에서 어떤 정책을 펼쳤으며, 남유다 백성들은 어린 요아스를 왜 남유다 왕으로 세웠는지, 남유다의 이런 상황 속에서 어떤 선지자를 통해 말씀을 선포하게 하셨는지에 대해서 알아본다.

1 아합이 뿌린 씨

여호사밧이 부귀와 영광을 크게 떨쳤고 아합 가문과 혼인함으로 인척 관계를 맺었더라 (대하18 : 1)

여호람이 왕이 될 때에 나이가 삼십이 세라 예루살렘에서 팔 년 동안 통치하니라 그가 이스라엘 왕들의 길을 가서 아합의 집과 같이 하였으니 이는 아합의 딸이 그의 아내가 되었음이라 그가 여호와 보시기에 악을 행하였으나 (왕하8 : 17,18)

••• 오므리 왕의 외교정책으로 두로와 시돈의 왕인 엣바알의 딸 이세벨과 오므리 왕의 아들 아합은 결혼하게 되었고, 이로 인해 바알과 아세라 이방신이 북이스라엘 전체를 악의 소굴로 몰아넣었다. 이때 남유다 제3대 아사 왕의 아들인 제4대 왕 여호사밧도 아버지처럼 하나님을 잘 섬긴 왕으로서 나라를 잘 돌보아서 부와 영광을 가득하게 만들었지만, 북이스라엘과 화친하기를 원해서 결국 북이스라엘 아합 왕과 이세벨의 딸인 아달랴를 자기의 아들 여호람과 정략결혼을 시켰다.

남유다 여호사밧 왕이 한 일을 설명한다.

여호사밧은 하나님을 잘 섬기긴 했지만 남유다 백성들의 리더로서 북이스라엘의 영적인 상태를 점검하지 않고 결정을 내림으로써 북이스라엘의 바알과 아세라를 섬기는 **아합의 죄의 씨**가 다윗의 혈통으로 왕권을 이어가는 남유다에까지 들어오게 되는 계기를 만들게 되었다.

남유다 여호사밧 왕이 내린 결정으로 인해 어떤 일이 생기게 되었는지 설명한다.

2 아달랴라는 열매

그가 이스라엘 왕들의 길로 행하여 아합의 집과 같이 하였으니 이는 아합의 딸이 그의 아내가 되었음이라 그가 여호와 보시기에 악을 행하였으나 (대하21:6)

아하시야의 어머니 아달랴가 그의 아들이 죽은 것을 보고 일어나 왕의 자손을 모두 멸절하였으나 요람 왕의 딸 아하시야의 누이 여호세바가 아하시야의 아들 요아스를 왕자들이 죽임을 당하는 중에서 빼내어 그와 그의 유모를 침실에 숨겨 아달랴를 피하여 죽임을 당하지 아니하게 한지라 요아스가 그와 함께 여호와의 성전에 육 년을 숨어 있는 동안에 아달랴가 나라를 다스렸더라 (왕하11:1~3)

••• 남유다 르호보암 이후 제2대 아비얌 왕, 제3대 아사 왕, 제4대 여호사밧 왕의 아들 여호람은 다윗의 혈통을 이은 남유다의 제5대 왕이었다. 여호람 왕의 행적을 보면, 자기의 아내인 아달랴의 영향을 받아 남유다 왕이면서도

남유다 여호람 왕에 대해서 설명한다.

북이스라엘의 악한 왕인 아합처럼 행하였다. 그것 때문에 열왕기 사가로부터 그는 악한 왕으로 평가를 받게 되었다.

아달랴가 남유다를 다스렸음을 설명한다.

아합과 이세벨의 딸 아달랴는 여호람과의 결혼으로 남유다의 태자비로 들어와 약 20년이 넘는 세월 동안 남유다 왕궁에서 생활하였으며, 자기 아들 제6대 왕인 아하시야가 죽자 쿠데타를 일으켜 자기가 여왕이 되어 6년 동안 남유다를 다스렸다.

아합의 악의 씨가 어떻게 남유다에서 악의 열매로 자라게 되었는지 설명한다.

이와 같이 북이스라엘을 죄악의 구덩이로 몰아넣었던 바알과 아세라를 숭배하게 한 '아합의 죄의 씨'가 아달랴를 통해 남유다의 가장 높은 자리인 왕궁으로 들어와 점차 남유다 백성들에게로 번져 악의 열매로 자라나게 되었다.

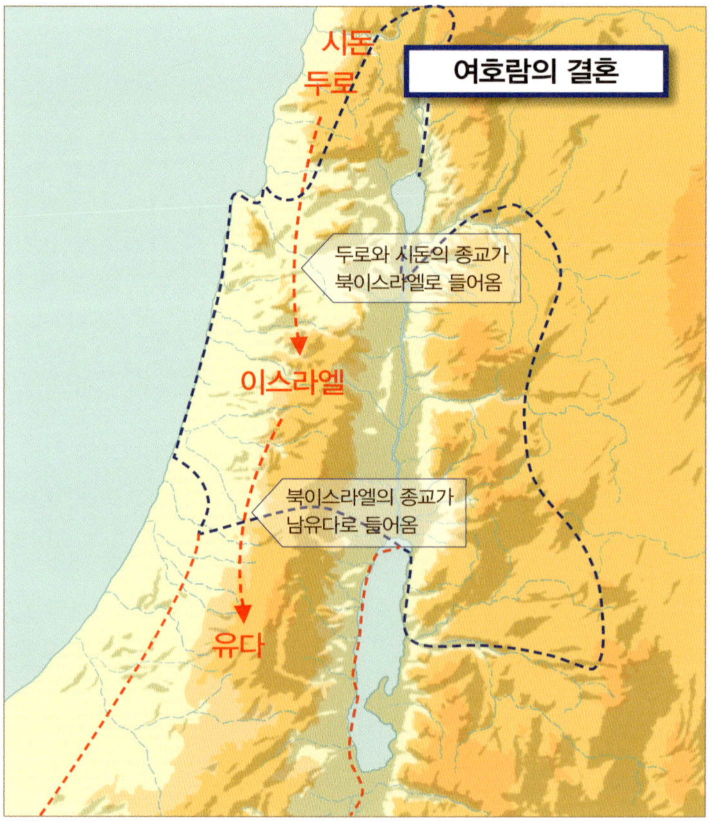

뿐만 아니라 아달랴는 6년 동안 남유다를 다스리면서 다윗의 자손들을 죽이는 정책을 펼쳤다. 아합의 악의 씨인 아달랴는 남유다 백성들을 통해 악의 열매를 거두었다. 나아가 하나님의 언약을 파기하려 했고 하나님의 약속대로 다윗의 혈통으로 이어가고 있는 하나님 나라의 왕권을 끊어 예수님까지 이어지는 혈통을 끊으려는 무서운 악괴를 벌였다. 이것은 아합의 악의 씨가 아달랴를 통해 남유다에 뿌려져 거둔 또 다른 무서운 열매였다.

아달랴가 남유다를 다스리면서 한 일에 대해서 설명한다.

Q 왜 어린 요아스를 남유다의 왕으로 세웠는가? 이때 활동했던 선지자들은?

아달랴는 어떻게 쿠데타를 일으킬 수 있었고, 여호야다와 백성들은 어린 요아스를 왜 남유다의 왕으로 추대했으며, 이런 모든 과정 속에서 왜 하나님의 신실하심을 발견하게 되는지, 이때 활동했던 선지자는 누구였는지에 대해서 알아본다.

1 아달랴의 세력

이스라엘의 왕 아합의 아들 요람 제십이년에 유다 왕 여호람의 아들 아하시야가 왕이 되니 아하시야가 왕이 될 때에 나이가 이십이 세라 예루살렘에서 일 년을 통치하니라 그의 어머니의 이름은 아달랴라 이스라엘 왕 오므리의 손녀이더라 (왕하8 : 25,26)

아하시야의 어머니 아달랴가 자기의 아들이 죽은 것을 보고 일어나 유다 집의 왕국의 씨를 모두 진멸하였으나 (대하22 : 10)

아달랴의 쿠데타를 통해 남유다의 상태를 짐작할 수 있음을 설명한다.

··· 아하시야 왕은 북이스라엘의 요람 왕을 만나러 갔다가 요람 왕을 죽이려는 예후에게 죽임을 당하게 된다. 아달랴는 자기 아들인 아하시야가 죽었다는 소식을 듣자마자 남유다에 있는 모든 다윗 계열 자손들, 즉 왕위에 오를 만한 사람들을 죽이는 쿠데타를 일으키고 왕위에 올랐다. 이와 같이 갑작스러운 상황에서도 이런 일을 벌일 수 있었던 것은 오랜 시간 동안 남유다 왕궁에서 생활하면서 남유다를 통치하는 중심세력들 속에 자기 세력을 단단히 구축해 놓았기 때문에 아무도 아달랴를 대항하는 세력이 없었던 것이다. 이는 여호람과 아하시야가 통치하는 동안 남유다가 어떤 상태였는지 짐작할 수 있는 부분이다.

길르앗 라못. 아하시야가 아합의 아들 요람과 함께 하사엘 아람 왕과 싸운 곳

2 다윗의 왕통

요람 왕의 딸 아하시야의 누이 여호세바가 아하시야의 아들 요아스를 왕자들이 죽임을 당하는 중에서 빼내어 그와 그의 유모를 침실에 숨겨 아달랴를 피하여 죽임을 당하지 아니하게 한지라 (왕하11 : 2)

온 회중이 하나님의 전에서 왕과 언약을 세우매 여호야다가 무리에게 이르되 여호와께서 다윗의 자손에게 대하여 말씀하신 대로 왕자가 즉위하여야 할지니 (대하23 : 3)

무리가 왕자를 인도해 내어 면류관을 씌우며 율법책을 주고 세워 왕으로 삼을새 여호야다와 그의 아들들이 그에게 기름을 붓고 이르기를 왕이여 만세 수를 누리소서 하니라 (대하23 : 11)

온 백성이 즐거워하고 온 성이 평온하더라 아달랴를 무리가 왕궁에서 칼로 죽였더라 요아스가 왕이 될 때에 나이가 칠 세였더라 (왕하11 : 21)

여호야다가 자기와 모든 백성과 왕 사이에 언약을 세워 여호와의 백성이 되리라 한지라 온 국민이 바알의 신당으로 가서 그 신당을 부수고 그의 제단들과 형상들을 깨뜨리고 그 제단 앞에서 바알의 제사장 맛단을 죽이니라 (역하 23 : 16, 17)

••• 그러나 다윗과의 언약을 지켜 가시는 신실하신 하나님의 은혜로 아하시아의 누이이며 여호람 왕의 딸인 여호세바와 제사장 여호야다가 아하시야의 아들 요아스 왕자를 아달랴의 손에서 건져내 6년 동안 숨어서 키웠다. 여호세바의 남편인 여호야다는 다윗의 혈통인 요아스를 목숨을 걸고 키웠고 **다윗의 자손**이라는 이유로 어린 요아스를 남유다의 왕으로 세우고자 했다. 결국 충직한 제사장 여호야다 그리고 백부장과 군사들이 아달랴를 죽이고 7살된 요아스 왕자를 왕으로 추대함으로써 하나님의 약속대로 남유다가 다윗의 왕통을 이어갈 수 있게 되었다. 여호야다는 하나님 앞에서 온 이스라엘 백성들과 남유다 제7대 왕이 된 요아스 왕 사이에 언약을 세웠고 뿐만 아니라 철

누구를 통해 다윗의 왕위를 이으셨는지 설명한다. 다윗과의 언약을 지키시는 하나님의 신실하심을 설명한다.

저한 종교개혁을 단행하여 남유다 안에 있었던 바알 산당과 우상의 형상들을 쳐부수고 바알의 제사장인 맛단을 죽였다. 그는 요아스 왕이 남유다를 회복할 수 있도록 끝까지 도운 제사장이었다.

3 요엘과 오바댜

브두엘의 아들 요엘에게 임한 여호와의 말씀이라 (욜1 : 1)
그 후에 내가 내 영을 만민에게 부어 주리니 너희 자녀들이 장래 일을 말할 것이며 너희 늙은이는 꿈을 꾸며 너희 젊은이는 이상을 볼 것이며 (욜2 : 28)
누구든지 여호와의 이름을 부르는 자는 구원을 얻으리니 이는 나 여호와의 말대로 시온 산과 예루살렘에서 피할 자가 있을 것임이요 남은 자 중에 나 여호와의 부름을 받을 자가 있을 것임이니라 (욜2 : 32)
오바댜의 묵시라 주 여호와께서 에돔에 대하여 이와 같이 말씀하시니라 우리가 여호와께로 말미암아 소식을 들었나니 곧 사자가 나라들 가운데에 보내심을 받고 이르기를 너희는 일어날지어다 우리가 일어나서 그와 싸우자 하는 것이니라 (옵1 : 1)
여호와의 말씀이니라 그 날에 내가 에돔에서 지혜 있는 자를 멸하며 에서의 산에서 지각 있는 자를 멸하지 아니하겠느냐 (옵1 : 8)
오직 시온 산에서 피할 자가 있으리니 그 산이 거룩할 것이요 야곱 족속은 자기 기업을 누릴 것이며 (옵1 : 17)
··· 여호람, 아달랴, 요아스 때 하나님의 말씀을 선포한 선지자는 요엘과 오바댜였다.

요엘 선지자를 통해 선포하신 말씀을 설명한다.

요엘 선지자는 이스라엘 백성들이 하나님께로 돌이키지 아니하면 '메뚜기 재앙'과 같은 심판을 당할 것이나 돌이킨다면 하나님께서 은혜를 베푸셔서 회복될 것이라고 말하였다. 하나님께서는 이스라엘뿐만 아니라 모든 열국들에게도 관심을 확대하셔서 그들을 심판하실 것과 모든 열국들에게 '하나님의 성령을 만민에게 부어 주실 것', 즉 축복을 내리실 것을 선포하셨는데, 이는 하나님의 축복이 모든 사람에게로 확대될 것을 말씀하신 것이었다. 하나님께서는 누구든지 여호와께로 돌아오면 회복과 구원을 베푸실 것을 약속하시는 강한 메시지를 요엘 선지자를 통해 말씀하셨다(욜 2:32).

오바댜서 전체는 에서의 후손인 에돔에 대한 것으로 이루어져 있다. 에돔은 하나님을 떠나고 이스라엘을 핍박한 이방의 모든 나라들을 표현한 것이다. 하나님께서는 에돔의 죄인 '교만과 하나님의 백성을 괴롭힌 것'으로 인해 받게 될 심판 '에서의 산'에 대한 것과 오직 하나님의 백성에게 베푸실 구원 '시온산'에 대한 것을 오바댜 선지자를 통해 말씀하셨다.

오바댜 선지자를 통해 선포하신 말씀을 설명한다.

시온산

Q 여로보암 2세 때 하나님의 말씀을 선포했던 선지자는?

하나님께서는 왜 여로보암 2세 때 북이스라엘을 부강하게 하셨으며, 북이스라엘 역사상 가장 부강했던 여로보암 2세 때 왜 선지자들을 보내셔서 책망하셨는지, 여로보암2세 때 어떤 선지자들을 통해 하나님의 말씀을 선포하게 하셨는지에 대해서 알아본다.

1 여로보암 2세

유다의 왕 요아스의 아들 아마샤 제십오년에 이스라엘의 왕 요아스의 아들 여로보암이 사마리아에서 왕이 되어 사십일 년간 다스렸으며 여호와 보시기에 악을 행하여 이스라엘에게 범죄하게 한 느밧의 아들 여로보암의 모든 죄에서 떠나지 아니하였더라 (왕하14:23,24)

이스라엘의 하나님 여호와께서 그의 종 가드헤벨 아밋대의 아들 선지자 요나를 통하여 하신 말씀과 같이 여로보암이 이스라엘 영토를 회복하되 하맛 어귀에서부터 아라바 바다까지 하였으니 (왕하14:25)

그들이 이스라엘에게 범죄하게 한 여로보암 집의 죄에서 떠나지 아니하고 그 안에서 따라 행하며 또 사마리아에 아세라 목상을 그냥 두었더라 (왕하13:6)

••• 북이스라엘 제8대 아하시야 왕, 제9대 여호람 왕, 제10대 예후 왕, 제11대 여호아하스 왕, 제12대 요아스 왕 이후 제13대 왕인 여로보암 2세는 예후 왕의 증손자였고 북이스라엘을 41년 동안 통치한 왕이

여로보암 2세에 대해서 설명한다.

여로보암 2세의 신전터

었다. 여로보암 2세 역시 북이스라엘 다른 왕들처럼 '여로보암의 죄'의 길을 따름으로써 하나님 앞에 악을 행한 왕이었다. 그러나 요나 선지자가 예언한 것처럼 하나님의 은혜로 북쪽으로 하맛 어귀까지, 동남쪽으로는 아라바 바다까지 대단히 넓은 영토를 정복한 왕이었다.

당시 북이스라엘의 상황은 왕들의 혁명으로 인해 왕조가 바뀌면서 나라가 불안정했으며, 건국 초기 여로보암의 종교정책 때부터 금송아지를 섬기기 시작하여 아합을 통해 들어온 이방 신까지 섬김으로써 영적으로 깊이 타락한 상태였다. 게다가 외세의 침입과 억압을 받고 있는 매우 어려운 상황이었다.

당시 북이스라엘의 상황에 대해서 설명한다.

하나님께서 요나의 예언을 통해 여로보암 2세가 이렇게 영토를 확장하게 하신 이유는 이런 힘겨운 상황 가운데 있었던 북이스라엘 백성들이 멸망당하기를 원치 않으셨고 그들을 불쌍히 여기셨기 때문에 여로보암 2세를 통해 나라를 강성하게 만드셨던 것이다.

하나님께서는 북이스라엘에게 어떠한 은혜를 왜 베푸셨는지 설명한다.

하나님의 은혜를 저버린 북이스라엘은 결국 어떻게 되었는지 설명한다.

즉 하나님께서는 여로보암 2세를 통해 북이스라엘 백성들에게 긍휼을 베푸셨던 것이다. 그런데 여로보암 2세와 북이스라엘 백성들은 하나님께서 베푸신 은혜를 헤아리지도 않고 하나님의 의도하심도 모르고 여전히 이방 신을 섬기는 죄악의 자리에서 떠나지 않았다. 결국 여로보암 2세가 죽고 난 후 28년 만에 북이스라엘은 앗수르에게 완전히 멸망당하게 된다.

2 호세아

웃시야와 요담과 아하스와 히스기야가 이어 유다 왕이 된 시대 곧 요아스의 아들 여로보암이 이스라엘 왕이 된 시대에 브에리의 아들 호세아에게 임한 여호와의 말씀이라 (호1 : 1)

내가 네게 장가 들어 영원히 살되 공의와 정의와 은총과 긍휼히 여김으로 네게 장가 들며 진실함으로 네게 장가 들리니 네가 여호와를 알리라 (호2 : 19,20)

나는 인애를 원하고 제사를 원하지 아니하며 번제보다 하나님을 아는 것을 원하노라 (호6 : 6)

하나님께서는 무엇을 통해 북이스라엘의 영적인 상태를 표현하셨는지 설명한다.

··· 하나님께서는 이스라엘 백성들이 하나님과 우상을 겸하여 섬기는 음란한 행위들을 호세아의 결혼을 통해 표현하셨다. 그러나 비록 정절을 지키지 못하고 백성들은 타락했지만 하나님께서는 끝까지 그들을 사랑하셨기 때문에 그들을 다시 모을 것이고 회복시킬 것이고 풍성한 열매를 얻게 하실 것이라고 말씀하셨다. 선택하신 신령한 이스라엘을 통해 하나님의 거룩한 백성을 만드시겠다고 말씀하고 있는 것이다.

호세아 선지자를 통해 선포하신 말씀을 설명한다.

이스라엘 백성은 하나님께 예배드리고 제사하고 기도하고 율법을 철저히 지켰지만 그보다 더 중요한 긍휼한 마음과 인애를 드리지 않고 종교적 형식만을 지켰다. 이에 이스라엘 백성들을 책망하시며 하나님께서 원하시는 것이 무엇인지 호세아 선지자를 통해서 말씀하셨다. 하나님께서는 긍휼한 마음, 상한 심령, 인애를 원하셨다.

3 아모스

유다 왕 웃시야의 시대 곧 이스라엘 왕 요아스의 아들 여로보암의 시대 지진 전 이년에 드고아 목자 중 아모스가 이스라엘에 대하여 이상으로 받은 말씀이라 (암1 : 1)

여호와께서 이와 같이 말씀하시되 이스라엘의 서너 가지 죄로 말미암아 내가 그 벌을 돌이키지 아니하리니 이는 그들이 은을 받고 의인을 팔며 신 한 켤레를 받고 가난한 자를 팔며 힘 없는 자의 머리를 티끌 먼지 속에 발로 밟고 연약한 자의 길을 굽게 하며 아버지와 아들이 한 젊은 여인에게 다녀서 내 거룩한 이름을 더럽히며 모든 제단 옆에서 전당 잡은 옷 위에 누우며 그들의 신전에서 벌금으로 얻은 포도주를 마심이니라 (암2 : 6~8)

• • • 아모스 선지자는 하나님께서 심판하실 수밖에 없는 죄에 대해서 선포하였다. 그 죄는 의인을 돈 때문에 팔아넘기는 것, 의로운 것을 돈으로 팔아 없애버리는 것, 자기의 작은 이익을 위해 가난하고 어려운 사람을 아무렇지도 않게 희생시키는 것, 타인의 어려움과 궁핍함 위에 누워 그것을 짓밟고 편안함을 누리는 것, 벌금을 받아서 먹고 취하는 것이었다.

여로보암 2세 때의 상황들을 설명한다.

여로보암 2세 때는 이처럼 배금주의와 불의한 일들이 백성들 사이에서 행해지고 있었던 것을 알 수 있다. 그런 악한 짓들 때문에 이스라엘을 벌하시겠다고 아모스 선지자를 통해 말씀하셨다.

아모스 선지자를 통해 선포하신 말씀을 설명한다.

4 요나

여호와의 말씀이 아밋대의 아들 요나에게 임하니라 이르시되 (욘1:1)

이스라엘의 하나님 여호와께서 그의 종 가드헤벨 아밋대의 아들 선지자 요나를 통하여 하신 말씀과 같이 여로보암이 이스라엘 영토를 회복하되 하맛 어귀에서부터 아라바 바다까지 하였으니 (왕하14:25)

여호와께 기도하여 이르되 여호와여 내가 고국에 있을 때에 이러하겠다고 말씀하지 아니하였나이까 그러므로 내가 빨리 다시스로 도망하였사오니 주께서는 은혜로우시며 자비로우시며 노하기를 더디하시며 인애가 크시사 뜻을 돌이켜 재앙을 내리지 아니하시는 하나님이신 줄을 내가 알았음이니이다 (욘4:2)

요나는 왜 니느웨에 가기 싫어했는지 설명한다.

••• 요나는 북이스라엘 제13대 왕인 여로보암 2세 때인 B.C.790년경부터 20년 동안 활약한 사람이다. 그는 하맛 어귀에서부터 아라바 해안까지 북이스라엘의 영토가 확장될 것을 선포한 선지자였다. 앗수르의 수도 니느웨를

향해 가라는 명령을 받을 때가 B.C.785년경으로 이때는 니느웨가 계속 융성하고 번창할 때였고 북이스라엘은 앗수르에게 조공을 바치고 있는 상태였다. 그러므로 요나는 앗수르에게 좋은 감정을 갖고 있지 않았다. 그런데 하나님께서는 40일 후면 망하게 되므로 회개해야 한다는 회개의 메시지를 이방 땅인 니느웨, 그것도 앞으로 북이스라엘을 잔인하게 위협할 나라에 가서 외치게 하셨다.

사실 요나의 마음은 그들이 회개해서 구원받기 보다는 망하기를 바라는 마음이었을 것이다. 그런데 하나님께서는 앗수르를 구원하시고자 요나를 이방 나라에 보내셔서 회개의 메세지를 선포하라고 명령하셨다. 요나는 하나님의 명령을 받아들이기 싫었지만 결국은 니느웨에 가서 40일 후에는 멸망이 온다는 것을 강조하면서 하나님의 말씀을 선포하였다.

요나의 마음과 그가 무엇을 선포했는지 설명한다.

북이스라엘이 망한 이유는?

제1대 왕 여로보암은 북이스라엘에게 정치적으로 어떤 영향을 미쳤으며 종교적으로는 어떤 영향을 미쳤는지, 북이스라엘 왕들은 남유다 왕들처럼 하나의 혈통으로 왕권을 이어갔는지, 북이스라엘 백성들은 왜 말씀을 듣지도 지키지도 않게 되었고, 왜 온갖 우상들을 섬겼는지, 북이스라엘이 망할 수밖에 없었던 이유에 대해서 알아본다.

1 여로보암의 영향

온 이스라엘이 여로보암이 돌아왔다 함을 듣고 사람을 보내 그를 공회로 청하여 온 이스라엘의 왕으로 삼았으니 유다 지파 외에는 다윗의 집을 따르는 자가 없으니라 (왕상12：20)

유다의 아사 왕 제이십칠년에 시므리가 디르사에서 칠 일 동안 왕이 되니라 그 때에 백성들이 블레셋 사람에게 속한 깁브돈을 향하여 진을 치고 있더니 진 중

여로보암의 신당터

백성들이 시므리가 모반하여 왕을 죽였다는 말을 들은지라 그 날에 이스라엘의 무리가 진에서 군대 지휘관 오므리를 이스라엘의 왕으로 삼으매 (왕상16:15,16)

••• 여로보암은 북이스라엘 왕들에게 두 가지의 큰 영향을 끼친 사람이다. 첫째, 여로보암은 솔로몬이 죽은 후 열 지파의 장로들과 백성들과 함께 쿠데타를 일으켜 북이스라엘 왕조를 세운 사람이다.

여로보암은 북이스라엘의 왕조를 어떻게 세웠는지 설명한다.

북이스라엘은 200년 동안 19명의 왕들이 통치했는데 한 왕조가 계속 통치한 것이 아니라 여로보암이 쿠데타를 일으켜 북이스라엘 왕조를 세운 것처럼 8번의 쿠데타가 일어나 9개의 왕조가 통치하였다. 결국 이들은 여로보암이 한 일, 즉 신하가 왕의 자리를 빼앗는 일이 그대로 답습되어 반복하였다. 그렇기 때문에 북이스라엘은 9개의 왕조가 있게 되었다.

북이스라엘은 왜 왕조가 9개인지 설명한다.

둘째, 북이스라엘 19명의 왕 모두가 여로보암이 왕이 되자마자 만든 종교 정책을 그대로 따라 시행했기 때문에 19명 왕 중에 한 사람도 하나님을 섬기고 말씀을 지키며 통치한 왕이 없었다. 여로보암은 북이스라엘의 모든 왕들이 '여로보암의 죄'의 길로 가도록 기준을 세운 사람이었다.

북이스라엘 왕들의 종교정책에 대해서 설명한다.

이렇게 여로보암은 북이스라엘에 **두 가지의 전형**을 만든 사람이었다.

여로보암은 어떤 사람인지 설명한다.

2 200년 역사

유다 왕 웃시야 제삼십구년에 야베스의 아들 살룸이 사마리아에서 왕이 되어 한 달 동안 다스리니라 가디의 아들 므나헴이 디르사에서부터 사마리아로 올라가서 야베스의 아들 살룸을 거기에서 쳐죽이고 대신하여 왕이 되니라 (왕하15:13,14)

그 때에 므나헴이 디르사에서 와서 딥사와 그 가운데에 있는 모든 사람과 그 사방을 쳤으니 이는 그들이 성문을 열지 아니하였음이라 그러므로 그들이 그 곳을 치고 그 가운데에 아이 밴 부녀를 갈랐더라 (왕하15:16)

북이스라엘의 정치적 분위기에 대해서 설명한다.

··· 북이스라엘 200년 역사 동안 제1대 여로보암, 제3대 바아사, 제5대 시므리, 제6대 오므리, 제10대 예후, 제15대 살룸, 제16대 므나헴, 제18대 베가, 제19대 호세아, 이렇게 9개의 왕조가 있었다. 이것은 쿠데타 혁명이 8번 일어났다는 것을 말한다. 즉 왕과 추종자를 제거해야 하는 유혈 사태가 북이스라엘 나라에 8번이나 일어났던 것이다. 이렇게 왕을 죽이고 그 위에 앉은 사람은 자기의 왕권을 지키기 위해 반역의 조짐에 대해서 예의 주시하며 예방에 전념했을 것이고 반역의 기운이 보일 때에는 가차 없이 사람들을 죽였을 것이다. 그러므로 북이스라엘은 부국강병을 위해 전념할 수 없었을 것이다. 이것이 북이스라엘 왕궁의 분위기였다.

북이스라엘의 정치 상황이 백성들에게 끼친 영향에 대해서 설명한다.

당연히 백성들에게도 큰 영향을 끼쳤을 것이다. 왕권이 평화적으로 넘어가는 것이 아니라 힘과 살인으로 왕권이 넘어가는 폭력이 난무한 사회, 즉 불안과 초조, 혼란한 사회 속에서 북이스라엘 백성들은 살아가고 있었다. 이것이 북이스라엘 200년의 정치 상황이었다.

북이스라엘의 수도 사마리아의 폐허

3 하나님의 심판

네가 만일 내가 명령한 모든 일에 순종하고 내 길로 행하며 내 눈에 합당한 일을 하며 내 종 다윗이 행함 같이 내 율례와 명령을 지키면 내가 너와 함께 있어 내가 다윗을 위하여 세운 것 같이 너를 위하여 견고한 집을 세우고 이스라엘을 네게 주리라 (왕상11:38)

여호와께서 이스라엘에게 심히 노하사 그들을 그의 앞에서 제거하시니 오직 유다 지파 외에는 남은 자가 없으니라 (왕하17:18)

이스라엘 자손이 여로보암이 행한 모든 죄를 따라 행하여 거기서 떠나지 아니하므로 (왕하17:22)

여호와께서 그의 종 모든 선지자를 통하여 하신 말씀대로 드디어 이스라엘을 그 앞에서 내쫓으신지라 이스라엘이 고향에서 앗수르에 사로잡혀 가서 오늘까지 이르렀더라 (왕하17:23)

이는 그들이 하나님 여호와의 말씀을 듣지 아니하고 그의 언약과 여호와의 종 모세가 명령한 모든 것을 따르지 아니하였음이더라 (왕하18:12)

••• 하나님께서는 여로보암을 북이스라엘의 왕으로 세우셨다. 그리고 하나님의 율례와 법도를 잘 지켜 행하면 북이스라엘 나라를 견고하게 해 주시겠다고 약속하셨다. 그러나 여로보암은 왕이 되자마자 하나님의 명령과 베푸신 은혜를 버리고 공식적으로 우상을 섬기는 정책을 펼쳤다. 결국 북이스라엘은 여로보암으로 인해 하나님을 반역하며 시작된 나라이다.

> 북이스라엘은 어떻게 시작되었는지 설명한다.

여로보암이 왕이 된 후 펼친 종교정책으로 인해 북이스라엘에 있었던 많은 레위인들이 남유다로 이주했고 이세벨이 북이스라엘의 왕궁에 들어 온 후 많은 하나님의 선지자들을 죽였다. 그 결과 북이스라엘 백성들은 하나님 말씀을 듣기 힘들게 되었다. 이에 반해 여로보암이 펼친 종교정책과 거기에 더해서 아합과 이세벨이 백성들에게 바알과 아세라를 섬기게 함으로써 북이스라

> 북이스라엘 백성들은 어떻게 죄의 수렁으로 빠지게 되었는지 설명한다.

엘은 온통 우상으로 가득 차게 되어버렸다. 또한 북이스라엘 백성들은 하나님을 섬기는 것보다는 세상의 힘과 능력과 부를 가지기를 원했고, 그것을 갖기 위해 하나님을 우상 섬기듯 했으며, 결국 하나님과 우상을 겸하여 섬겼다. 그럴지라도 하나님은 그들을 불쌍히 여기셔서 대선지자 엘리야와 엘리사 그리고 다른 선지자들을 보내시어 경고하고 돌아오라고 선포하셨다. 하지만 북이스라엘은 끝까지 듣지 않고 더욱 더 깊은 죄의 수렁으로 빠져 들어가 스스로 멸망을 부르게 되었다.

북이스라엘이 멸망한 이유를 설명한다.

하나님께서는 남유다 히스기야 왕에게 북이스라엘이 멸망한 이유를 말씀하셨다. 북이스라엘이 이방사람들의 규례와 이스라엘 왕들이 세운 악한 율례를 따라 행했고, 하나님을 배반하고 우상을 숭배하는 악을 하나님 앞에서 범했으며, 선지자들을 통해 명령하신 하나님의 율법을 듣지도 믿지도 않았고 열조와 세운 언약을 버리고 두 금송아지와 아세라 목상과 일월성신 그리고

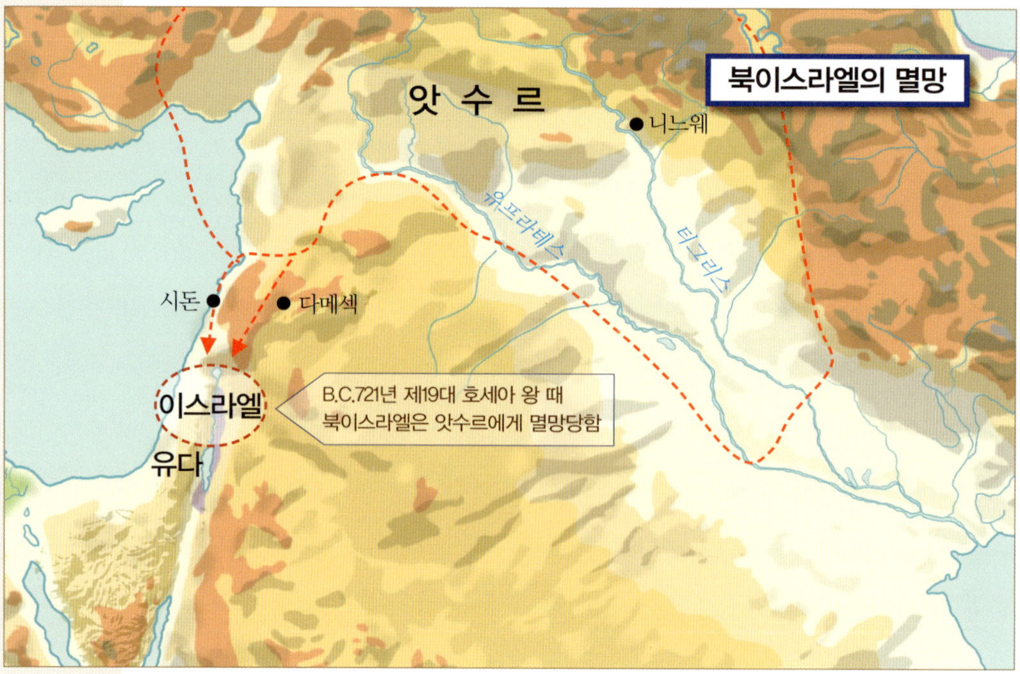

바알을 섬겼으며, 이방의 가증한 제사법을 따라함으로써 스스로 팔리는 악을 행하여 하나님을 진노케 했으므로 북이스라엘을 하나님 앞에서 제하신 것이라고 말씀하셨다(왕하17:7~18).

북이스라엘은 초대 왕 여로보암부터 제13대 여로보암 2세까지, 그리고 제14대 스가랴, 제15대 살룸, 제16대 므나헴, 제17대 브가히야, 제18대 베가, 제19대 호세아 왕 때까지 이와 같은 일들을 행함으로 인해 **앗수르라는 진노의 도구**를 통해 완전히 멸망하였다.

언제, 누구에게 망하게 되는지 설명한다.

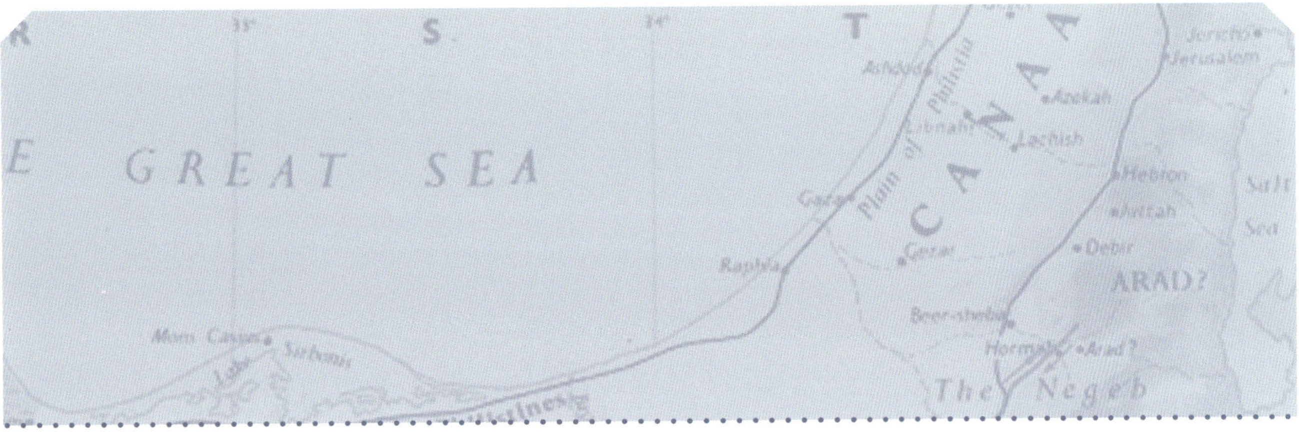

열왕기하 18~25장

열왕기하 18장부터 열왕기하 25장까지는 남유다의 멸망에 대한 말씀이다.
이 부분에서는 '히스기야의 개혁', '남유다의 상태',
'하나님을 진노케 한 므낫세 왕', '남유다의 멸망 원인', '남유다의 멸망 과정',
'이때 활동했던 선지자들과 예레미야'에 대해서 공부한다.

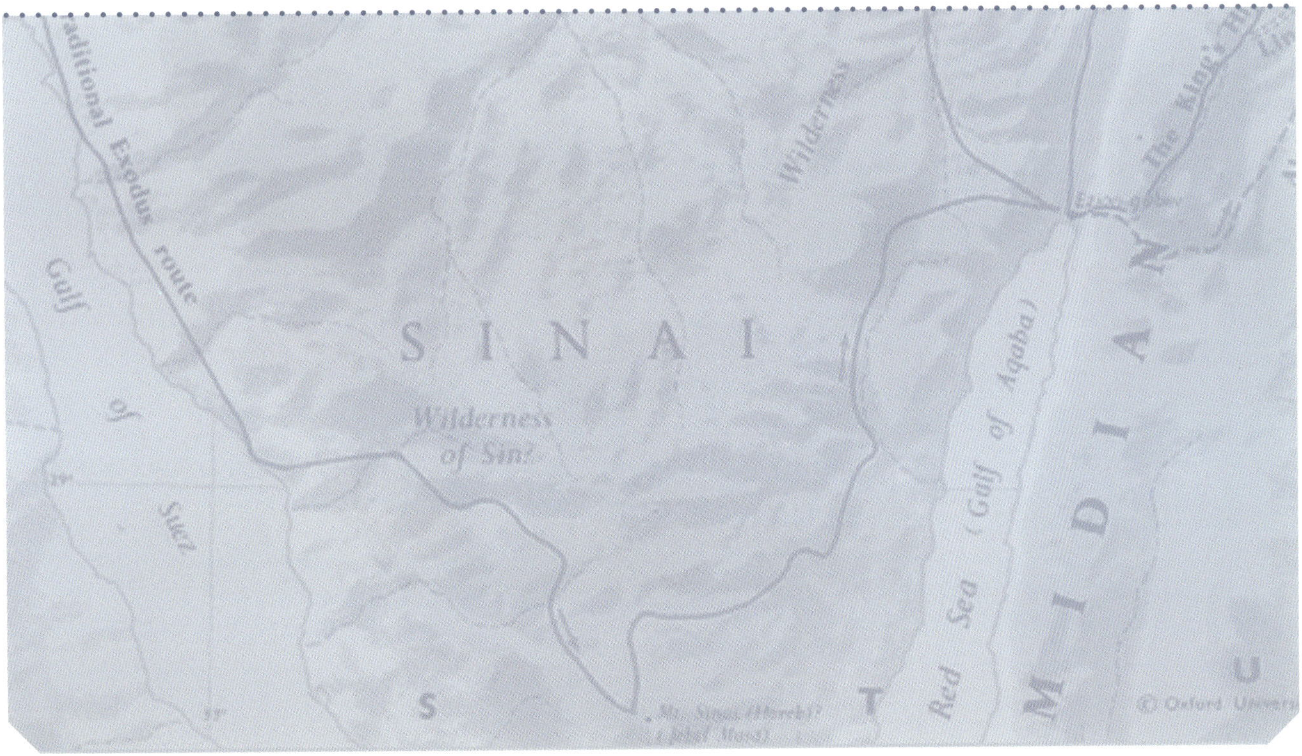

히스기야 왕이 하나님의 뜻대로 개혁할 수 있도록 도운 선지자는?

북이스라엘이 망할 때 남유다 히스기야 왕 당시의 주변 국제 정세는 어떠했으며, 그런 상황 가운데에서 히스기야 왕은 어떤 정책을 펼쳤고, 히스기야 왕이 개혁할 때 도운 선지자는 누구였으며, 그런데 왜 이사야 선지자는 히스기야가 펼친 개혁을 지적했는지, 남유다 선지자들의 특징에 대해서 알아본다.

1 히스기야 왕의 개혁

히스기야가 그의 조상 다윗의 모든 행위와 같이 여호와께서 보시기에 정직하게 행하여 그가 여러 산당들을 제거하며 주상을 깨뜨리며 아세라 목상을 찍으며 모

세가 만들었던 놋뱀을 이스라엘 자손이 이때까지 향하여 분향하므로 그것을 부수고 느후스단이라 일컬었더라 (왕하18:3,4)

••• 제사장 여호야다가 아달랴를 죽이고 유일하게 살아남은 다윗의 혈통인 요아스를 남유다 제7대 왕으로 세운 후 제8대 아마샤 왕, 제9대 웃시야 왕, 제10대 요담 왕, 제11대 아하스 왕 이후 그의 아들 히스기야는 제12대 남유다의 왕이 되었다. 히스기야는 왕 중에서 하나님을 의지한 대표적인 왕이었다. 히스기야가 왕이 된지 6년 되던 해 북이스라엘은 앗수르에게 멸망하게 된다. 그 후로부터 앗수르는 애굽를 정복하기 위해 중간에 있는 남유다를 치려고 호시탐탐 노리고 있었다. 이것이 히스기야 왕 때의 주변 정치 상황이었다.

남유다 히스기야 왕 때의 주변 정치상황에 대해서 설명한다.

남유다의 영적인 상황은 히스기야의 아버지 아하스는 독실하게 우상을 섬기던 왕이었고 백성들도 마찬가지였다. 남유다 백성들은 산당에서 우상을 섬기듯 여호와 하나님을 섬기며 산당에서 우상에게 예배드리듯 여호와 하나님께 예배드렸다. 이렇게 하나님을 다른 우상들 중에 하나로 생각하고 있었다.

남유다 백성들의 영적인 상태를 설명한다.

이런 부패한 영적인 상황 가운데에서 히스기야 왕은 철저한 개혁운동을 벌였다. 히스기야 왕이 시행한 개혁운동은 다음과 같다.

히스기야 왕의 철저한 개혁운동에 대해서 설명하고, 이 개혁이 어떤 결과를 가져왔는지 설명한다.

첫째, 성전을 성결케 하는 일이었다(대하29 : 3~5).

둘째, 잘못된 예배법을 고치고 하나님의 법대로 예배드리게 했다 (대하29 : 20~36).

셋째, 유월절을 지켰다(대하30장).

넷째, 산당과 우상을 훼파했다(대하31 : 1).

다섯째, 성직자 제도를 바르게 복귀시켰다(대하31 : 2).

여섯째, 민수기 21장 모세 이후로 이스라엘 백성들이 분향해 왔던 놋뱀을 없앴다(왕하8 : 4).

히스기야 왕의 이와 같은 단호한 개혁은 이스라엘 백성들이 하나님께로 나아갈 수 있도록 길을 열어주었다.

2 이사야

유다 왕 웃시야와 요담과 아하스와 히스기야 시대에 아모스의 아들 이사야가 유다와 예루살렘에 관하여 본 계시라 (사1 : 1)

만군의 여호와께서 우리를 위하여 생존자를 조금 남겨 두지 아니하셨더면 우리가 소돔 같고 고모라 같았으리로다 너희 소돔의 관원들아 여호와의 말씀을 들을지어다 너희 고모라의 백성아 우리 하나님의 법에 귀를 기울일지어다 (사1 : 9,10)

이새의 줄기에서 한 싹이 나며 그 뿌리에서 한 가지가 나서 결실할 것이요 그의 위에 여호와의 영 곧 지혜와 총명의 영이요 모략과 재능의 영이요 지식과 여호와를 경외하는 영이 강림하시리니 (사11 : 1,2)

보라 장차 한 왕이 공의로 통치할 것이요 방백들이 정의로 다스릴 것이며 (사32 : 1)

••• 이사야는 남유다 웃시야 왕 말년부터 요담, 아하스, 히스기야 왕까지 활

동했던 선지자이다. 이사야는 아달랴가 죽이려고 했던 요아스 왕의 손자로서 왕족이었기 때문에 왕궁을 출입하며 왕을 지도하는 선지자였다. 이사야는 50년 동안 활동했던 선지자로서 사역기간 중 30년 동안을 히스기야 왕과 같이 있었다. 그는 히스기야 왕이 하나님께 나아가 바로 섬길 수 있도록 가까이에서 지도와 격려를 해 주며 많은 도움을 주었을 것이다.

이사야 선지자에 대해서 설명한다.

이사야는 남유다 사회가 관리들이 부정부패를 일삼는 부패된 사회임을 지적했다. 영적으로는 하나님을 섬기되 하나님의 말씀대로 섬기는 것이 아니라 자기식대로 복을 받기 위해 섬기고 있었음을 지적하며 하나님께서 긍휼을 베푸시지 않았다면 소돔과 고모라 같이 되었을 것이라는 무서운 말을 선포하였다. 소돔과 고모라 사람들은 부패하고 포악한 사람들이었는데 남유다 백성들도 그들과 다를 바 없는 비슷한 상태임을 지적하였다.

이사야가 남유다에 대해서 지적한 것을 설명한다.

이사야 선지자는 히스기야가 단행한 개혁에 대해서도 지적하였다. 히스기야의 개혁으로 종교형식과 종교제도는 잘 정비되었지만 백성들의 마음인 중심은 변하지 않았기 때문이다. 즉, 겉은 개혁되었지만 마음인 중심과 속은 개혁되지 못했다. 결국 아무리 개혁을 했어도 **남유다의 죄악이 그들 안에 그대로 있는 상태**였음을 지적하였다.

이사야가 히스이가야의 개혁에 대해서 지적한 것을 설명한다.

기드론 계곡(히스기야는 우상을 이 계곡에서 불살랐음)

이사야 선지자가 선포한 말씀의 특징을 설명한다.

그러나 이사야 선지자는 하나님께서 그들의 더러움을 제하시고 거룩한 메시야 왕국을 세우실 것을 전하고 있다. 이사야 선지자의 선포의 특징은 먼 훗날 이루어질 메시야 왕국을 내다보며 소망하고 있다.

3 미가

유다의 왕들 요담과 아하스와 히스기야 시대에 모레셋 사람 미가에게 임한 여호와의 말씀 곧 사마리아와 예루살렘에 관한 묵시라 (미1 : 1)

내가 너를 애굽 땅에서 인도해 내어 종 노릇 하는 집에서 속량하였고 모세와 아론과 미리암을 네 앞에 보냈느니라 내 백성아 너는 모압 왕 발락이 꾀한 것과 브올의 아들 발람이 그에게 대답한 것을 기억하며 싯딤에서부터 길갈까지의 일을 기억하라 그리하면 나 여호와가 공의롭게 행한 일을 알리라 하실 것이니라 (미 6 : 4,5)

베들레헴 에브라다야 너는 유다 족속 중에 작을지라도 이스라엘을 다스릴 자가 네게서 내게로 나올 것이라 그의 근본은 상고에, 영원에 있느니라 (미5 : 2)

• • • 미가는 남유다 출신으로 요담, 아하스, 히스기야 왕 때 이사야와 함께 활동했던 선지자다. 미가와 이사야는 북이스라엘이 앗수르에게 멸망당할 때 유다와 예루살렘에서 말씀을 선포하였다.

미가 선지자의 활동 상황에 대해서 설명한다.

미가는 북이스라엘, 남유다 모두에게 하나님의 절대주권을 선포하면서 그들이 하나님께서 행하신 일들을 기억하지 않고 베푸신 은혜에 걸 맞는 삶을 살지 않았기 때문에 저주를 받게 될 것이라고 선포하였다. 그러나 하나님께서는 그들에게 출애굽 때의 은혜를 다시 베푸실 것이고 나아가 유일한 소망인 진정한 통치자가 베들레헴에서 탄생할 것을 미가가 선포한 말씀을 통해 바라보게 하셨다.

미가 선지자가 선포한 메시지에 대해서 설명한다.

히스기야 왕 시대는 정치적으로나 영적으로나 매우 힘겨운 시기였다. 이와 같은 시기에 하나님께서는 미가와 이사야와 같은 위대한 선지자들을 통해 하나님의 말씀을 선포하게 하셨다.

미가와 이사야는 힘겨운 시기에 활동했던 선지자들이었음을 설명한다.

4 남유다 선지자들

하나님께서는 선지자들을 보내셔서 그 시대에 맞게 이스라엘 왕과 이스라엘 백성들의 죄를 질책하고 회개를 촉구하는 말씀을 전하셨다. 특히 남유다에서 활동했던 선지자들의 특징은 앞으로 반드시 올 아름답고 **의로운 나라**와 그 나라의 **진정한 왕**에 대한 말씀을 선포하게 하셨고 그 메시지를 오고 오는 하나님의 백성들이 알 수 있도록 글로 써서 남겨 놓으셨다.

선지자들은 왕과 백성들에게 어떤 메시지를 선포했는지 설명한다. 남유다 선지자들의 큰 특징에 대해서 설명한다.

요시야가 왕이 됐을 때 남유다의 상태는?

요시야 왕은 어떤 계기로 강력한 종교정책을 펼치게 되었고, 요시야 왕이 펼친 종교정책을 통해 남유다가 그동안 어떤 상태에 있었으며, 요시야 때 어떤 선지자가 하나님 말씀을 선포했는지에 대해서 알아본다.

1 요시야

요시야가 왕위에 오를 때에 나이가 팔 세라 예루살렘에서 삼십일 년간 다스리니라 그의 어머니의 이름은 여디다요 보스갓 아다야의 딸이더라 요시야가 여호와 보시기에 정직히 행하여 그의 조상 다윗의 모든 길로 행하고 좌우로 치우치지 아니하였더라 (왕하22 : 1,2)

여호와의 성전을 맡은 감독자의 손에 넘겨 그들이 여호와의 성전에 있는 작업자에게 주어 성전에 부숴진 것을 수리하게 하되 (왕하22 : 5)

대제사장 힐기야가 서기관 사반에게 이르되 내가 여호와의 성전에서 율법책을 발견하였노라 하고 힐기야가 그 책을 사반에게 주니 사반이 읽으니라 (왕하22 : 8)

왕이 율법책의 말을 듣자 곧 그의 옷을 찢으니라 (왕하22 : 11)

요시야가 또 유다 땅과 예루살렘에 보이는 신접한 자와 점쟁이와 드라빔과 우상과 모든 가증한 것을 다 제거하였으니 이는 대제사장 힐기야가 여호와의 성전에서 발견한 책에 기록된 율법의 말씀을 이루려 함이라 요시야와 같이 마음을 다하며 뜻을 다하며 힘을 다하여 모세의 모든 율법을 따라 여호와께로 돌이킨 왕은 요시야 전에도 없었고 후에도 그와 같은 자가 없었더라 (왕하23 : 24,25)

! 요시야는 그의 아버지나 할아버지와는 달랐음을 설명한다.

••• 제13대 므낫세 왕, 제14대 아몬 왕의 아들 요시야는 남유다 제15대 왕으로 여덟 살에 왕이 되었다. 그러나 요시야는 할아버지 므낫세와 아버지 아

몬과는 달리 자라면서 그의 중심이 하나님께로 향했다.

요시야 왕은 커가면서 더욱 더 하나님을 경외하며 하나님의 뜻을 좇게 되어 열여섯 살이 되었을 때 하나님 앞에 다윗과 같이 하나님의 뜻대로 통치하고자 하는 마음을 품게 되었고, 그 후 스물여섯 살이 되었을 때 더렵혀진 성전을 정결케 하기 위해 성전을 보수하기 시작하면서 연보(헌금)를 내게 했다. 그런데 연보를 꺼내다가 연보궤 안에서 율법책을 발견하게 되었다. 이는 누군가 율법책을 연보궤에 숨겨 두었던 것이다.

이 발견은 요시야 통치 이전인 므낫세와 아몬의 통치 57년 동안 극심하게 우상을 섬겼으므로 누군가 율법책을 없애 버리지 못하도록 숨겨 놓았을 것으로 추측할 수 있다. 이것을 보면 그 시대는 말씀을 접할 수 없었던 때였음을 알 수 있다. 결국 요시야가 율법책을 발견하기까지 히스기야 왕 이후 거의 70년 넘는 세월 동안 하나님의 말씀은 묻혀있었다. 즉 70년 동안 하나님께서 통치하시는 신정국가에 하나님의 말씀이 없었던 무서운 때였다.

요시야의 성전 정결 사건으로 무엇을 발견했는지 설명한다.

히스기야 이후 요시야 전까지 70년 동안 이스라엘의 상태에 대해서 설명한다.

요시야는 왜 개혁을 시행하게 되었는지 설명한다.

이런 어두운 상황 가운데에서 남유다를 위해 하나님께서는 요시야를 보내주셨다. 요시야는 율법책의 말씀을 듣고 남유다가 하나님의 말씀을 듣지 않고 하나님 앞에 큰 죄악을 범했음을 깨닫고 하나님 앞에 겸비함으로 나아간 후, 여선지 훌다를 찾아가 하나님의 말씀에 대해 물어 보았다. 반드시 심판이 임할 것이라는 말을 들은 요시야는 하나님 앞에 긍휼을 구하며 남유다를 누르고 있는 더러운 죄악들을 제하기 위해 단호한 종교개혁을 단행하였다.

요시야가 시행한 종교개혁에 대해서 설명한다.

요시야가 첫째로 시행한 것은 바로 모든 백성들에게 하나님의 말씀을 읽어 듣게 한 것이었다. 그리고 모든 백성들로 하여금 하나님과의 언약을 지킬 수 있도록 이끌었다. 둘째, 하나님이 가증히 여기시는 그동안 남유다에서 행하여졌던 온갖 더러운 우상들을 철저히 제거했다. 셋째, 유월절 절기를 회복시켜 모든 백성들이 유월절을 지키게 했다. 넷째, 유다와 예루살렘에 있는 모든 가증한 것들과 그것을 행했던 자들을 철저히 제거하였다. 이상과 같이 요시야는 단호한 개혁을 단행하였다(요시야가 제거한 우상들에 관한 내용은 열왕기하 23장4~18절에서 볼 수 있다).

요시야 때까지 남유다에 왜 악이 득세하게 되었으며, 요시야 때 왜 은혜를 베푸셨는지 설명한다.

하나님을 의지한 왕인 히스기야 때에 남유다 백성들의 상태를 이사야 선지자는 소돔과 고모라로 비유할 정도였다. 그런데 더 나아가 므낫세와 아몬 통치 때에는 율법책을 숨길 정도로 극심하게 우상을 숭배했던 악이 득세하던 시기였다. 이런 상태의 남유다를 요시야가 물려받은 것이다. 그러나 요시야는 말씀으로 인해 남유다의 죄악을 깨닫고 난 후 하나님께 긍휼을 구하며 뜻을 세우고 오직 말씀대로 남유다 전체에 철저한 개혁을 단행하였다. 하나님께서는 요시야 왕을 기뻐하셨고 **마음을 다하며 뜻을 다하며 힘을 다한** 요시야 왕으로 인해 남유다에게 은혜를 베풀어 주셨다.

2 하박국

선지자 하박국의 묵시로 받은 경고라(합1 : 1)

비록 무화과나무가 무성하지 못하며 포도나무에 열매가 없으며 감람나무에 소출이 없으며 밭에 먹을 것이 없으며 우리에 양이 없으며 외양간에 소가 없을지라도 나는 여호와로 말미암아 즐거워하며 나의 구원의 하나님으로 말미암아 기뻐하리로다 주 여호와는 나의 힘이시라 나의 발을 사슴과 같게 하사 나를 나의 높은 곳으로 다니게 하시리로다 이 노래는 지휘하는 사람을 위하여 내 수금에 맞춘 것이니라 (합3 : 17~19)

••• 하박국 선지자의 정확한 활동 시기는 기록되어 있지 않지만 요시야 때부터 그 후에 바벨론이 앗수르를 점령한 후까지 활약한 것으로 추측된다. 하박국 선지자는 남유다가 요시야 왕 이후 주변의 국제정세로 인한 외세의 잦은 침입을 받고 있었으며 왕궁의 불안정으로 인해 혼란하여 나라가 풍전등화와 같은 시기일 때 활동했던 선지자이다.

하박국 선지자는 부패하고 불의한 남유다 백성들에 대해서 부르짖었다. 그는 '하나님의 심판'을 촉구하였지만 하박국은 그럴지라도 하나님의 의가 반드시 이루어질 것을 선포하였다. 하박국 선지자는 남유다의 척박한 상황 가운데에서 오직 하나님만이 백성의 만족, 기쁨, 힘, 능력이심을 찬양하였다. 그는 혼란한 상황 가운데에서 진정한 기쁨의 원천이 어디인지를 선포하였다.

하박국 선지자는 남유다가 어떤 상황일 때 말씀을 선포했는지 설명한다.

이와 같은 때에 하박국 선지자에게 무슨 말씀을 전하게 하셨는지 설명한다.

3 나훔

니느웨에 대한 경고 곧 엘고스 사람 나훔의 묵시의 글이라 (나1 : 1)

만군의 여호와의 말씀에 내가 네 대적이 되어 네 병거들을 불살라 연기가 되게 하고 네 젊은 사자들을 칼로 멸할 것이며 내가 또 네 노략한 것을 땅에서 끊으리니 네 파견자의 목소리가 다시는 들리지 아니하리라 하셨느니라 (나2 : 13)

하나님께서는 나훔 선지자에게 어떤 말씀을 선포하게 하셨는지 설명한다.

• • • 나훔 선지자는 북이스라엘을 멸망시키고 남유다를 위협하는 포악한 대제국 앗수르를 심판하실 것에 대해 선포했다. 거대한 힘을 가진 앗수르의 수도 니느웨의 멸망을 선포한 나훔의 메시지가 앗수르에게 시시때때로 위협당하고 있는 남유다 백성들에게 큰 위로가 되었다.

4 스바냐

아몬의 아들 유다 왕 요시야의 시대에 스바냐에게 임한 여호와의 말씀이라 스바냐는 히스기야의 현손이요 아마랴의 증손이요 그다랴의 손자요 구시의 아들이었더라 (습1 : 1)

내가 유다와 예루살렘의 모든 주민들 위에 손을 펴서 남아 있는 바알을 그 곳에서 멸절하며 그마림이란 이름과 및 그 제사장들을 아울러 멸절하며 또 지붕에서 하늘의 뭇 별에게 경배하는 자들과 경배하며 여호와께 맹세하면서 말감을 가리켜 맹세하는 자들과 여호와를 배반하고 따르지 아니한 자들과 여호와를 찾지도 아니하며 구하지도 아니한 자들을 멸절하리라 (습1 : 4~6)

그 때에 내가 너를 괴롭게 하는 자를 다 벌하고 저는 자를 구원하며 쫓겨난 자를 모으며 온 세상에서 수욕 받는 자에게 칭찬과 명성을 얻게 하리라 내가 그 때에 너희를 이끌고 그 때에 너희를 모을지라 내가 너희 목전에서 너희의 사로잡힘을 돌이킬 때에 너희에게 천하 만민 가운데서 명성과 칭찬을 얻게 하리라 여호와의 말이니라 (습3 : 19,20)

• • • 스바냐는 남유다 히스기야 왕의 현손인 왕족 출신으로 요시야 왕 때 활동했던 선지자이다. 스바냐 선지자는 므낫세와 아몬의 영향으로 남유다 백성들이 하나님을 버리고 극심한 우상숭배에 빠지자 이로 인해 결국 심판을 받게 될 것이라고 선포하였다.

그러나 스바냐는 '어떤 때', 즉 **여호와의 날**에 대하여 말하였다. 악을 행치 않고 거짓을 말하지 않고 여호와의 이름을 부르는 하나님 백성의 남은 자들은 반드시 돌아와 구원을 받게 될 '때'가 임할 것을 선포하였다.

스바냐는 남유다 백성들에게 어떤 메시지를 선포했는지 설명한다.

스바냐 선지자는 '어떤 때'를 선포하고 있음을 설명한다.

하나님의 극심한 진노를 일으켰던 왕은?

요시야 왕의 철저한 종교개혁에도 불구하고 하나님은 왜 남유다를 반드시 심판하시겠다고 하셨는지, 므낫세 왕은 하나님 앞에서 무슨 죄를 범했고, 므낫세 왕은 남유다 백성들에게 어떤 영향을 미쳤으며, 므낫세 왕은 이후 남유다 역사에 어떤 영향을 미쳤는지, 므낫세 왕과 백성들을 깊은 범죄에 빠지게 한 가장 큰 원인이 무엇인지에 대해서 알아본다.

1 므낫세 왕의 행적

그러나 여호와께서 유다를 향하여 내리신 그 크게 타오르는 진노를 돌이키지 아니하셨으니 이는 므낫세가 여호와를 격노하게 한 그 모든 격노 때문이라 여호와께서 이르시되 내가 이스라엘을 물리친 것 같이 유다도 내 앞에서 물리치며 내가 택한 이 성 예루살렘과 내 이름을 거기에 두리라 한 이 성전을 버리리라 하셨더라 (왕하23 : 26,27)

여호와께서 이같이 말씀하시기를 내가 이 곳과 그 주민에게 재앙을 내리되 곧 유다 왕 앞에서 읽은 책에 기록된 모든 저주대로 하리니 (대하34 : 24)

므낫세가 왕이 될 때에 나이가 십이 세라 예루살렘에서 오십오 년간 다스리니라 그의 어머니의 이름은 헵시바더라 (왕하21 : 1)

므낫세가 유다에게 범죄하게 하여 여호와께서 보시기에 악을 행한 것 외에도 또 무죄한 자의 피를 심히 많이 흘려 예루살렘 이 끝에서 저 끝까지 가득하게 하였더라 (왕하21 : 16)

남유다가 심판의 말씀을 듣게 되는 과정을 설명한다.

··· 요시야 왕은 성전에서 발견한 하나님 말씀인 율법을 통해 자기들이 저지른 죄악으로 인해 재앙을 당하게 될 것임을 알고 어찌하면 좋을지를 묻기 위해 여선지 훌다를 찾아갔다. 훌다 여선지는 남유다 백성들이 하나님을 버리고 우상을 섬기는 죄를 범했기 때문에 기록된 말씀대로 반드시 큰 재앙이

임하게 될 것이지만 요시야의 겸비한 자세를 보신 하나님께서는 요시야가 죽고 난 후에 심판을 행하실 것을 훌다를 통해 말씀하셨다. 즉 요시야가 통치할 기간 동안 남유다의 심판을 미뤄주셨다.

하나님께서는 요시야의 중심을 보시고 그의 때에는 재앙을 내리지 않으시겠다고 하셨지만 요시야가 죽고 난 후 반드시 남유다를 심판하시겠다고 확정하셨다. 그렇게 확정하신 이유를 하나님은 **므낫세의 죄** 때문이라고 말씀하셨다(왕하23 : 26,27).

남유다에 대한 심판이 확정된 이유를 설명한다.

남유다에 심판의 원인을 제공한 므낫세 왕은 하나님께 충성했던 히스기야 왕의 아들로 남유다 제13대 왕이다. 열두 살 때 왕이 되어 55년이라는 가장 오랜 세월 동안 남유다를 통치하였다. 열왕기 사가는 므낫세 왕의 전체 행적에 대해서 아모리 사람보다 더 악했고 남유다 백성들을 범죄케 만든 왕이라고 말하고 있다. 또한 악한 행위 외에 죄 없는 많은 사람들을 죽였는데(왕하21 : 16) 그중 이사야 선지자를 톱질해서 죽였다고 한다. 결국 그는 아버지 히스기야 왕의 위대한 영성을 이어받지 못하고 남유다 전체를 재앙 속으로 몰고 간 왕이 되었다.

아버지 히스기야 왕의 영성을 물려받지 못한 므낫세에 대해서 설명한다.

2 므낫세 왕의 죄

므낫세가 여호와 보시기에 악을 행하여 여호와께서 이스라엘 자손 앞에서 쫓아내신 이방 사람의 가증한 일을 따라서 그의 아버지 히스기야가 헐어 버린 산당들을 다시 세우며 이스라엘의 왕 아합의 행위를 따라 바알을 위하여 제단을 쌓으며 아세라 목상을 만들며 하늘의 일월 성신을 경배하여 섬기며 (왕하21 : 2,3)

유다 왕 므낫세가 이 가증한 일과 악을 행함이 그 전에 있던 아모리 사람들의 행위보다 더욱 심하였고 또 그들의 우상으로 유다를 범죄하게 하였도다 그러므로 이스라엘의 하나님 여호와가 말하노니 내가 이제 예루살렘과 유다에 재앙을 내리리니 듣는 자마다 두 귀가 울리리라 (왕하21:11,12)

기도하였으므로 하나님이 그의 기도를 받으시며 그의 간구를 들으시사 그가 예루살렘에 돌아와서 다시 왕위에 앉게 하시매 므낫세가 그제서야 여호와께서 하나님이신 줄을 알았더라 (대하33:13)

심판의 원인된 므낫세의 죄에 대해서 설명한다.

··· 므낫세가 하나님 앞에 지은 죄에 대해서는 열왕기하 21장2~15절에 기록되어 있다. 므낫세는 아버지 히스기야가 하나님 앞에서 철저한 개혁으로 헐어버린 산당을 다시 세웠고, 북이스라엘 아합과 이세벨을 따라 바알과 아세라를 섬기도록 단을 만들었으며, 하나님의 성전에서 단호하게 금하셨던 일월성신을 섬기는 단을 만들었다. 또한 므낫세는 신명기 18장10,11절에 있는 하나님께서 용납지 않으시고 가증히 여기시는 가나안 일곱 족속들의 죄악된 행위들을 모두 따라 했다.

이런 므낫세의 행위는 하나님의 진노의 대상이었던 아모리 사람의 행위보다 므낫세는 악행이 더욱 심했다고 열왕기 사가는 말하고 있다. 왕으로서 이러한 죄악된 행위가 결국 남유다 전체를 범죄케 하였다. 나중에 요시야가 개혁을 할 때 우상들을 제거하는 내용이 나오는데 그것을 통해 요시야 당시 백성들이 므낫세로 인해 이 부분에서 언급하고 있는 모든 죄악에 깊이 빠져 있었던 것을 볼 수 있다. 즉 므낫세는 이방인들보다 더 큰 죄악의 씨들을 통치 55년의 동안 남유다 전체에 깊숙이 심었다.

므낫세의 죄와 요시야 당시의 상황을 연결해서 설명한다.

므낫세 말년에 앗수르가 남유다에 쳐들어와 그를 바벨론으로 잡아갔다. 극한 고통 가운데 처한 므낫세 왕은 그제야 하나님께 간절히 부르짖으며 회개했다. 하나님께서는 그를 불쌍히 여기셔서 므낫세 왕을 예루살렘으로 다시 돌아오게 해 주셨다. 므낫세가 그제야 여호와께서 하나님이신 줄을 알았더라. 즉 그때까지 남유다 왕인 므낫세는 여호와가 하나님이신지 몰랐다는 말이다.

므낫세는 고난을 통해 무엇을 깨닫게 되었는지 설명한다.

하나님의 백성들을 이끌어야 할 종이 남유다의 주인인 하나님을 몰랐다는 것은 백성들도 마찬가지였음을 짐작할 수 있게 한다. 므낫세는 여호와가 하나님이신 줄 알고 난 후 자신이 저지른 죄악된 행위들을 돌이키려고 했다. 그러나 그의 말년의 노력에도 불구하고 남유다 전체에 깊이 심어 놓은 죄악의 씨를 없앨 수는 없었다.

므낫세의 회개에도 불구하고 왜 심판을 돌이킬 수 없었는지 설명한다.

앗수르 동문의 폐허

3 죄악의 원인

기도하였으므로 하나님이 그의 기도를 받으시며 그의 간구를 들으시사 그가 예루살렘에 돌아와서 다시 왕위에 앉게 하시매 므낫세가 그제서야 여호와께서 하나님이신 줄을 알았더라 (대하33 : 13)

남유다에 하나님의 말씀이 묻혀 있었음을 설명한다.

••• 므낫세는 여호와 하나님께서 남유다의 주인이신지 몰랐었다. '왜' 여호와가 하나님이신지 몰랐을까? 므낫세 왕의 손자인 요시야 때에 성전을 중수하다가 연보궤에서 율법책을 발견하게 되었는데 이때 성전과 왕궁에 있는 사람들은 율법책에 기록된 말씀을 듣고 모두 놀랐다. 이는 남유다 중심부인 성전과 왕궁의 지도자들도 율법책의 말씀을 모르고 있었다는 것이다. 이들이 몰랐다면 일반 백성들은 말할 것도 없다. 요시야가 발견할 때까지 하나님의 말씀은 이처럼 묻혀 있었다.

이는 이스라엘이 어떤 나라인지, 이스라엘의 통치자가 누구신지, 즉 하나님이 어떤 분이시며 하나님 앞에서 이스라엘이 어떤 존재인지, 이스라엘이 무엇을 해야 하는 나라인지 모르고 있었다는 뜻이다.

말씀이 없음으로 무엇을 모르게 되었는지 설명한다.

또한 그동안 이스라엘의 국법이 묻혀 있었다는 의미도 된다. 즉 이스라엘 나라를 통치하는 기준이 없었다는 것이다. 그 결과 이스라엘은 세상 나라의 기준대로 살았다. 하나님이 세우신 거룩한 기준이 있는지도 모르고 세상이 만들어 놓은 사상과 방식을 기준으로 삼아 세상을 따라 그것이 자기들의 법인 줄 알고 왕도 백성도 그것을 따라 살아왔던 것이다.

말씀의 기준이 없음으로 인한 결과를 설명한다.

결국 므낫세 자신과 백성 모두를 죄악된 짓을 하도록 몰고 간 가장 큰 원인은 여호와가 하나님이신지 몰랐다는 것, 즉 신정국가 남유다의 국법인 **하나님의 말씀을 몰랐기 때문에** 왕과 백성 전체가 죄악에 빠지게 된 것이다.

모두를 죄악에 빠지게 한 원인을 설명한다.

Q 남유다는 왜 망했는가?

이 땅에 하나님을 증시해야 할 유일한 나라인 남유다가 어떤 세력에 사로잡히게 되었고, 남유다 왕들은 하나님의 백성들을 어떻게 통치했으며, 대부분의 남유다 왕들은 하나님 말씀을 전하는 선지자에 말을 들었는지를 통해 결국 남유다를 심판하실 수밖에 없었던 이유에 대해서 알아본다.

1 죄의 세력에 잡혀 있었다

이 백성이 듣지 아니하였고 므낫세의 꾐을 받고 악을 행한 것이 여호와께서 이스라엘 자손 앞에서 멸하신 여러 민족보다 더 심하였더라 (왕하21:9)

❗ 어떻게 죄가 남유다 전체에 퍼지게 되었는지 설명한다.

••• 하나님의 보물로, 제사장 나라로, 거룩한 백성으로 삼으시려고 했던 이스라엘은 북이스라엘과 남유다로 분열되었고, 북이스라엘 19명과 남유다 19명 모두 38명의 왕들이 등장했다. 열왕기서나 역대기서를 보면 주로 왕들에 대한 행적을 기록하고 있다. 그것은 왕의 영향력이 컸기 때문에 왕이 세운 정책에 따라 백성들은 따라갔기 때문이다. 므낫세의 정책에 백성들이 따라 악을 행했다고 말하고 있다. 우리가 생각해보아야 할 것은 므낫세의 정책으로 단번에 죄에 빠지게 된 것이 아니라는 것이다. 그동안 여로보암의 금송아지, 아합과 이세벨과 아달랴의 바알 숭배 등이 남유다의 중심부인 왕궁으로 서서히 들어 왔고 왕궁과 성전을 중심으로 백성들에게 번져 나갔었다.

❗ 남유다 전체에 퍼진 죄의 결과에 대해서 설명한다.

물론 중간 중간에 개혁을 일으켰던 왕도 있었지만 백성들의 삶속으로 파고든 죄악을 완전히 몰아 낼 수는 없었다. 이렇게 차곡차곡 쌓여왔던 죄들이 극에 달했던 때가 바로 므낫세 왕 때였다. 그 후 요시야가 개혁을 했지만 그의 후손들이 이어가지 못했고 결국 **백성들은 죄의 세력에 잡혀 끝내 놓임 당하지 못하게 되었다.**

시내산

2 왕들이 자기들의 위치와 사명이 무엇인지 몰랐다

아하스가 왕이 될 때에 나이가 이십 세라 예루살렘에서 십육 년간 다스렸으나 그의 조상 다윗과 같지 아니하여 그의 하나님 여호와께서 보시기에 정직히 행하지 아니하고 이스라엘의 여러 왕의 길로 행하며 또 여호와께서 이스라엘 자손 앞에서 쫓아내신 이방 사람의 가증한 일을 따라 자기 아들을 불 가운데로 지나가게 하며 (왕하16:2,3)

히스기야가 그의 조상 다윗의 모든 행위와 같이 여호와께서 보시기에 정직하게 행하여 그가 여러 산당들을 제거하며 주상을 깨뜨리며 아세라 목상을 찍으며 모세가 만들었던 놋뱀을 이스라엘 자손이 이때까지 향하여 분향하므로 그것을 부수고 느후스단이라 일컬었더라 (왕하18 : 3,4)

이스라엘 왕의 위치에 대해서 설명한다.

• • • 이스라엘의 왕은 다른 나라의 왕들과 같지 않다. 이스라엘의 왕은 다른 나라의 왕처럼 경제적으로 부강하고 땅을 정복해 국토를 넓히는 것으로 하나님께 평가받지 않았다. 먼저 이스라엘의 왕은 하나님께서 이스라엘의 통치자이고 주권자이심을 알고 자기는 통치자의 지시를 받는 신하의 신분임을 알아야 했다. 즉 이스라엘의 왕은 주인의 지시에 순종해야 하는 종의 위치임을 알아야 했다.

이스라엘의 왕의 역할에 대해서 설명한다.

또한 하나님의 종인 이스라엘의 왕은 하나님의 백성들이 하나님을 잘 섬길 수 있도록 하나님의 말씀인 율법을 바르게 잘 지도해 주어야 하고, 하나님께서 당신의 백성들에게 주신 사명을 백성 전체가 잘 감당할 수 있도록 앞에서 이끌어야 하는 사명을 부여받은 사람들이었다.

왜 남유다 건국 초기부터 다윗과 같은 샘플을 세워주셨는지 설명한다

하나님께서는 남유다 왕들이 잘 할 수 있도록 남유다 건국 초기에 샘플(전형)을 세워주셨다. 바로 다윗 왕이다. 다윗 왕은 이 두 가지를 잘 감당한 왕으로 하나님께서는 다른 왕들도 이처럼 다윗을 따라 남유다를 다스릴 수 있도록 그를 남유다의 전형으로 세워주셨다. 그래서 이스라엘 왕들을 평가할 때 하나님 앞에 다윗처럼 했느냐 안 했느냐로 평가하셨다.

남유다의 왕들은 무엇을 몰랐는지 대해서 설명한다.

이렇게 기준까지 세워주셨는데 남유다 대부분의 왕들은 하나님께서 세우신 기준을 보지도 따라하지도 않고 세상의 기준을 보고 따라갔다. 이와 같이 하나님 앞에서의 **왕의 위치와 왕의 역할조차도 몰랐던 것이다.**

3 선지자들의 말을 듣지 않았다

내가 너희에게 나의 종 선지자들을 꾸준히 보내 그들의 말을 순종하라고 하였으

나 너희는 순종하지 아니하였느니라 내가 이 성전을 실로 같이 되게 하고 이 성을 세계 모든 민족의 저줏거리가 되게 하리라 하셨느니라 (렘26:5,6)

••• 이스라엘 왕의 독특함 중 하나가 하나님께서 선지자를 통해서 왕들에게 말씀을 전하셨다는 것이다. 그러므로 이스라엘의 왕은 선지자가 전하는 하나님의 말씀을 들어야 했다. 하나님께서는 당신의 백성을 건져내시기 위해 선지자들을 이스라엘이 망하는 순간까지 계속 보내셨다. 선지자들을 통해 지금 이스라엘의 상태와 앞으로 이스라엘에 일어날 일들을 미리 선포하고 경고하시면서 회개하고 돌아오길 바라셨다. 그러나 왕들은 선지자를 통해 선포되는 하나님의 말씀을 들으려 하지 않았고 오히려 어떤 왕들은 선지자를 죽이기까지 했다.

! 이스라엘 왕의 독특한 점에 대해서 설명한다.

남유다가 망하는 상황에서 하나님께서는 선지자들을 보내셔서 그들을 심판에서 건져주시려고 계속 돌아오라고 말씀하셨다. 그러나 남유다 백성들은 선지자들이 하는 말에 귀를 막고 **하나님의 말씀을 선포하지 못하게 멸시하고 박해하고 죽이려고까지 하였다.** 결국 깊은 죄의 세력에 붙잡혀 버렸기 때문에, 왕들이 자기의 위치와 역할이 무엇인지도 몰랐기 때문에, 선지자들을 통해 전하는 말씀을 듣지 않았기 때문에 하나님께서는 하나님의 보물로 삼고 싶으셨던, 하나님의 제사장 나라로 삼고 싶으셨던, 하나님의 거룩한 백성으로 삼고 싶으셨던 이스라엘을 심판하셨던 것이다.

! 남유다의 왕과 백성들은 하나님이 보내신 선지자들을 어떻게 대했는지 설명한다.

Q 요시야 이후 남유다는 어떻게 멸망해갔는가?

요시야 왕 이후 남유다에 어떤 왕들이 등장했으며, 여호아하스, 여호야김, 여호야긴, 시드기야 왕 때 어느 나라가 남유다를 괴롭혔고, 왜 짧은 기간 동안 네 명의 왕이 등장하게 되었는지, 네 명의 왕과 바벨론 사이에 어떤 일들이 있었는지에 대해서 알아본다.

1 바벨론의 잦은 침략

요시야의 아들들은 맏아들 요하난과 둘째 여호야김과 셋째 시드기야와 넷째 살룸이요 (대상3 : 15)

바로 느고가 요시야의 아들 엘리아김을 그의 아버지 요시야를 대신하여 왕으로 삼고 그의 이름을 고쳐 여호야김이라 하고 여호아하스는 애굽으로 잡아갔더니 그가 거기서 죽으니라 (왕하23 : 34)

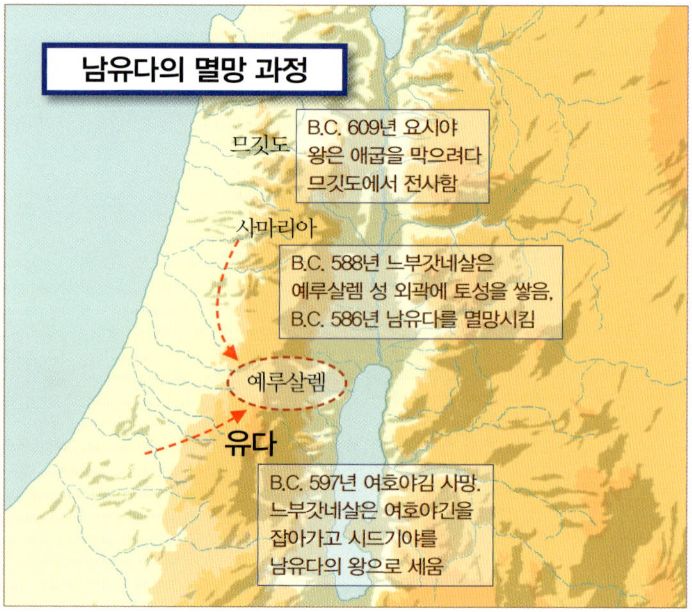

여호와께서 그의 종 선지자들을 통하여 하신 말씀과 같이 갈대아의 부대와 아람의 부대와 모압의 부대와 암몬 자손의 부대를 여호야김에게로 보내 유다를 쳐 멸하려 하시니 이 일이 유다에 임함은 곧 여호와의 말씀대로 그들을 자기 앞에서 물리치고자 하심이니 이는 므낫세의 지은 모든 죄 때문이며 (왕하24 : 2,3)

그가 여호야긴을 바벨론으로 사로잡아 가고 왕의 어머니와 왕의 아내들과 내시들과 나라에 권세 있는 자도 예루살렘에서 바벨론으로 사로잡아 가고 (왕하24 : 15)

• • • 요시야 왕은 므깃도에서 애굽의 바로 느고를 막으려다가 바로 옆의 신하가 쏜 화살에 맞아 죽임을 당한다. 그 후 남유다 장로들과 제사장들이 요시야 왕의 네 아들 중 '여호아하스'를 남유다의 제16대 왕으로 세웠다. 그러나 애굽의 바로 느고가 애굽으로 돌아가는 길에 패전국 남유다가 마음대로 여호아하스를 왕으로 세웠다는 소식을 듣고, 그를 패위시키고 대신 '여호야김'을 왕으로 세워 애굽에게 복종하라고 명령하고 불과 3개월 밖에 통치하지 못했던 여호아하스를 애굽의 포로로 잡아갔다.

요시야가 애굽에게 죽임을 당하고 여호아하스가 왕이 되지만 패위되는 과정을 설명한다.

이렇게 여호야김은 남유다 제17대 왕이 된다. 그러나 통치 4년째 되던 해인 B.C.605년에 이젠 바벨론의 느부갓네살이 남유다를 쳐들어와 여호야김에게 충성을 다짐받고 성전 기구와 보물들 그리고 왕족과 귀족의 자녀들을 바벨론으로 잡아갔다. 이때 다니엘과 세 친구가 잡혀갔다.

여호야김이 왕이 된 후 바벨론이 남유다를 쳐들어 온 것에 대해서 설명한다.

B.C.597년 여호야김이 바벨론을 배신했다는 이유로 느부갓네살 왕이 군대를 이끌고 남유다로 다시 쳐들어왔다. 그러나 여호야김 왕은 이때 느부갓네살에게 죽음을 당한 것이 아니라 느부갓네살이 쳐들어오기 석달 전에 바벨론의 지시를 받은 주변의 군대들에게 죽었을 것으로 추정된다. 11년 동안 남유다를 통치한 여호야김이 죽은 후 그의 아들인 '여호야긴'을 남유다의 제18대 왕으로 세웠지만 여호야긴은 남유다의 왕으로 있은 지 석달열흘 만에 바벨론

여호야김이 죽은 후 왕으로 등극한 여호야긴에 대해서 설명한다.

으로 잡혀갔다. 그의 아버지인 여호야김이 바벨론을 배반했다는 이유로 예루살렘을 침공한 느부갓네살 왕에 의해 잡혀간 것이다.

여호야긴이 바벨론으로 잡혀가고 그의 삼촌 시드기야가 왕이 되었음을 설명한다.

이때 바벨론은 여호야긴뿐만 아니라 왕족과 귀족들, 기술자들, 성전의 보물들과 왕궁의 보물들을 가져갔으며, 에스겔 선지자도 이때 바벨론으로 잡혀갔다. 느부갓네살은 여호야긴을 포로로 잡아가면서 그를 대신에서 남유다에 제19대 왕으로 '시드기야'를 세웠는데, 시드기야는 여호야긴의 삼촌이며 여호야김의 동생이다. 결국 요시야의 세 아들들인 여호아하스, 여호야김, 시드기야가 남유다의 왕이 되었다. 요시야 왕 이후 남유다는 애굽, 바벨론과 같은 거대한 제국들에게 이와 같이 계속 침략을 당하였다.

이스타르 성문 입구

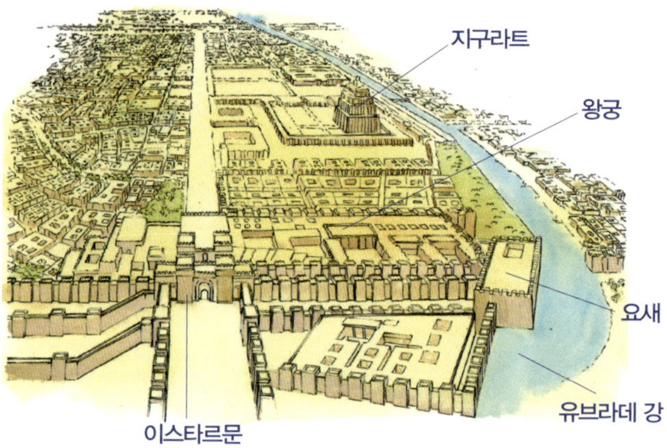

2 남유다의 멸망

시드기야 제구년 열째 달 십일에 바벨론의 왕 느부갓네살이 그의 모든 군대를 거느리고 예루살렘을 치러 올라와서 그 성에 대하여 진을 치고 주위에 토성을 쌓으매 (왕하25 : 1)

그들이 시드기야의 아들들을 그의 눈앞에서 죽이고 시드기야의 두 눈을 빼고 놋사슬로 그를 결박하여 바벨론으로 끌고 갔더라 (왕하25 : 7)

바벨론 왕 느부갓네살의 열아홉째 해 오월 칠일에 바벨론 왕의 신복 시위대장 느부사라단이 예루살렘에 이르러 여호와의 성전과 왕궁을 불사르고 예루살렘의 모든 집을 귀인의 집까지 불살랐으며 (왕하25 : 8,9)

••• 느부갓네살 왕은 B.C.597년 여호야긴을 바벨론으로 잡아가면서 그의 삼촌이었던 요시야의 아들인 시드기야를 남유다의 왕으로 세우고 충성할 것을 맹세하게 하였다.

느부갓네살이 시드기야에게 무엇을 명령했는지 설명한다.

B.C.588년 10월10일 시드기야 통치 9년째 되던 해에 바벨론 느부갓네살은 애굽의 바로와 내통함으로써 바벨론을 배반한 시드기야 왕과 남유다를 완전히 멸망시키기 위해 예루살렘 성 사면에 토성을 쌓았다. 시드기야는 3년 동안 버텼지만 결국 B.C.586년 시드기야 통치 11년 만에 느부갓네살에게 항복하고 말았다. 느부갓네살은 시드기야의 아들들을 그의 눈앞에서 죽이고 시드기야의 두 눈을 빼고 바벨론으로 끌고 갔다.

느부갓네살이 남유다를 멸망시키는 과정을 설명한다.

그 후 느부갓네살의 신하인 시위대장 느부사라단이 군대를 이끌고 와서 먼저 예루살렘 성전을 불살랐고, 왕궁을 불살랐으며, 왕족과 귀족들의 집들을 불살랐다. 그 다음 예루살렘의 성벽을 무너뜨렸다. 그리고 성전과 왕궁에 있는 모든 보물들과 수많은 사람들을 바벨론으로 잡아갔다. 바벨론 제국은 이렇게 예루살렘의 모든 것을 초토화시키며 남유다를 철저하게 멸망시켜 버렸다.

바벨론이 남유다의 모든 것을 파괴하며 철저하게 멸망시켰음을 설명한다.

신바빌론의 옛길. 이스라엘 유민들이 잡혀간 길

북이스라엘과 남유다 왕들의 연대기

남유다 연대기

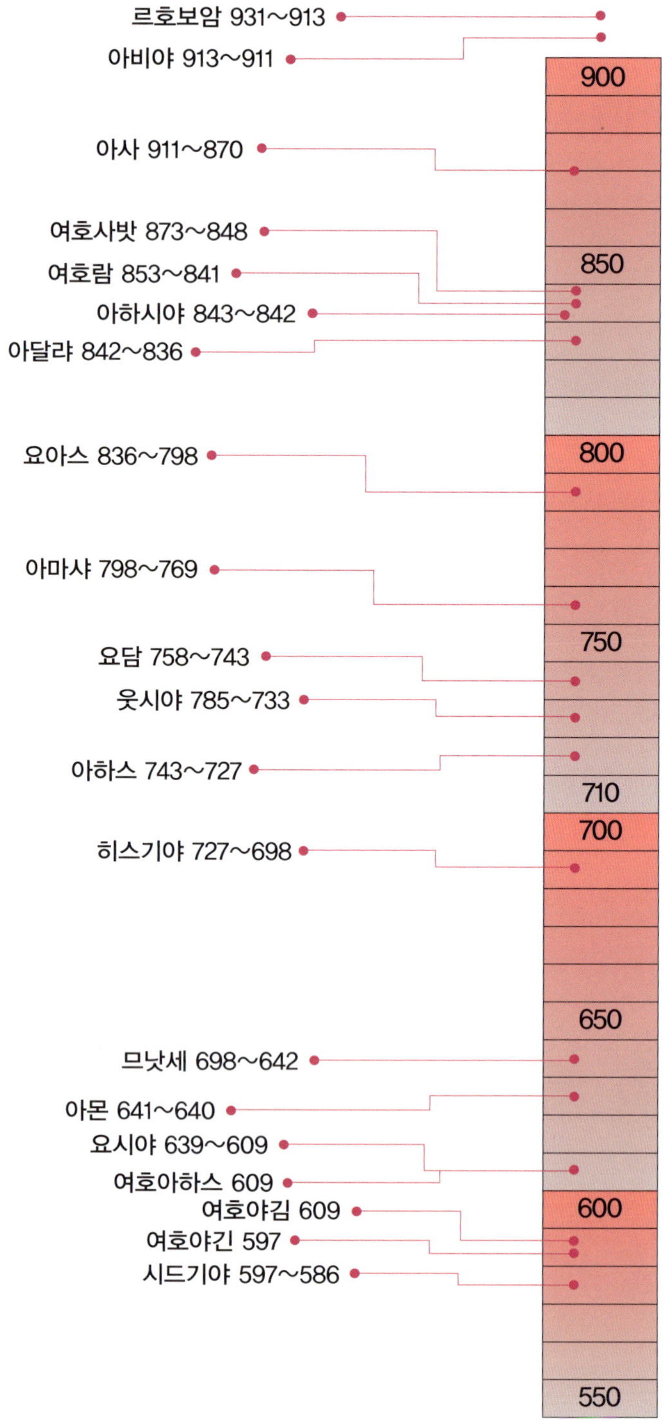

북이스라엘 연대기

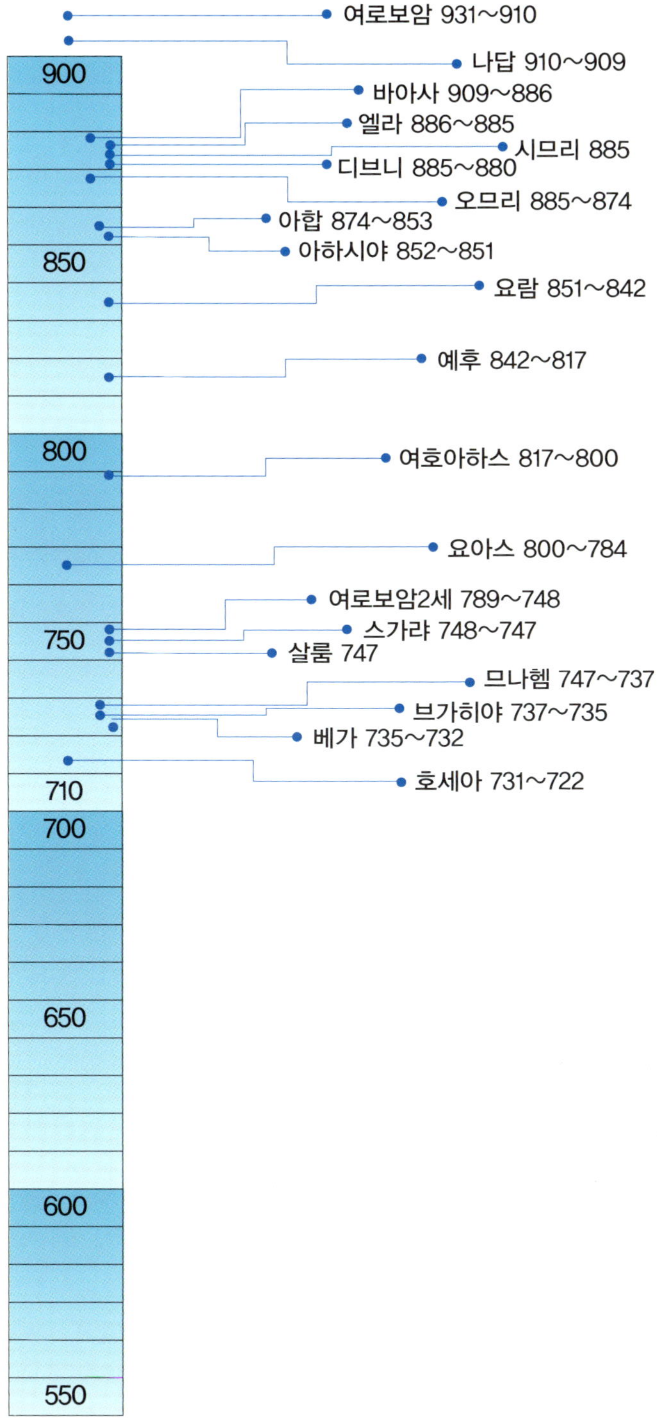

900
850
800
750
710
700
650
600
550
여로보암 931~910
나답 910~909
바아사 909~886
엘라 886~885
시므리 885
디브니 885~880
오므리 885~874
아합 874~853
아하시야 852~851
요람 851~842
예후 842~817
여호아하스 817~800
요아스 800~784
여로보암2세 789~748
스가랴 748~747
살룸 747
므나헴 747~737
브가히야 737~735
베가 735~732
호세아 731~722

예레미야는 어떤 선지자였는가?

남유다가 망해가는 상황에서 하나님께서는 예레미야를 통해 남유다 백성들에게 어떤 말씀을 전하게 하셨으며, 남유다는 왜 재앙을 당할 수밖에 없었고, 남유다가 바벨론에게 멸망당함으로써 하나님 나라가 끝난 것인지, 망해가는 상황 가운데 예레미야에게 왜 아나돗의 밭을 사게 하셨는지, 예레미야는 어떤 선지자였는지에 대해서 알아본다.

1 예레미야

베냐민 땅 아나돗의 제사장들 중 힐기야의 아들 예레미야의 말이라 아몬의 아들 유다 왕 요시야가 다스린 지 십삼 년에 여호와의 말씀이 예레미야에게 임하였고 요시야의 아들 유다의 왕 여호야김 시대부터 요시야의 아들 유다의 왕 시드기야의 십일년 말까지 곧 오월에 예루살렘이 사로잡혀 가기까지 임하니라 여호와의 말씀이 내게 임하니라 이르시되 (렘1：1~3)

시드기야가 왕위에 오를 때에 나이가 이십일 세라 예루살렘에서 십일 년 동안 다

아나돗

스리며 그의 하나님 여호와 보시기에 악을 행하고 선지자 예레미야가 여호와의 말씀으로 일러도 그 앞에서 겸손하지 아니하였으며 (대하36：11,12)

••• 예레미야는 남유다 므낫세 왕 때 태어나서 요시야 왕 13년인 B.C.626년부터 시드기야 11년인 B.C.586년 남유다가 완전히 망할 때까지 40년 동안 역사상 가장 참혹했던 시기에 왕들과 백성들에게 하나님의 말씀을 전한 선지자이다. 그는 요시야, 여호아하스, 여호야김, 여호야긴, 시드기야까지 남유다의 많은 왕들을 겪으면서 하나님을 떠난 그들의 불의와 불법을 보았고 남유다가 서서히 멸망해 가는 모든 것을 지켜보며 문제가 있을 때마다 하나님의 말씀을 선포했던 선지자였다.

예레미야 선지자가 활동한 시기에 대해서 설명한다.

2 심판

여호와께서 이 백성에 대하여 이와 같이 말씀하시되 그들이 어그러진 길을 사랑하여 그들의 발을 멈추지 아니하므로 여호와께서 그들을 받지 아니하고 이제 그들의 죄를 기억하시고 그 죄를 벌하시리라 하시고 여호와께서 또 내게 이르시되 너는 이 백성을 위하여 복을 구하지 말라 그들이 금식할지라도 내가 그 부르짖음을 듣지 아니하겠고 번제와 소제를 드릴지라도 내가 그것을 받지 아니할 뿐 아니라 칼과 기근과 전염병으로 내가 그들을 멸하리라 (렘14：10~12)

내가 다시는 여호와를 선포하지 아니하며 그의 이름으로 말하지 아니하리라 하면 나의 마음이 불붙는 것 같아서 골수에 사무치니 답답하여 견딜 수 없나이다 (렘20：9)

••• 그러나 하나님께서는 남유다를 한 번에 심판하시지 않으셨고, 요시야 이후 계속 남겨두시면서 여러 번의 기회를 주셨으며, 예레미야와 같은 선지자를 보내주셔서 오랜 시간 동안 계속 경고하시며 회개를 촉구하셨다.

하나님께서 남유다에게 회개할 기회를 주셨음을 설명한다.

하나님께서는 예레미야를 통해 어떤 메시지를 전하게 하셨는지 설명한다.

남유다를 심판하실 수밖에 없었던 이유를 설명한다. 하지만 끝까지 피할 길도 주셨음에 대해서 설명한다.

예레미야를 통해 하나님께서는 그들의 죄악된 상태를 자세히 가르쳐 주셨고, 결국 그들의 죄로 인해 무서운 심판을 받게 될 것이라고 계속 경고하셨다. 하지만 하나님의 경고의 말씀을 듣고 하나님께로 돌아오면 용서해 주시겠다고 하시면서 계속 예레미야를 보내 애타게 죄에서 돌이켜 하나님께로 돌아오라고 간절하게 요구하셨다.

그렇지만 그들은 하나님 말씀에 귀를 막으며 하나님 말씀을 철저히 무시했다. 그리고 거짓 선지자들의 '안심하라'는 말을 듣고는 하나님 종인 예레미야가 말씀을 전하지 못하도록 죽이려고까지 했다. 하나님께서는 이미 남유다 백성들의 하나님을 거부하는 마음을 아셨고 돌이킬 수 없을 만큼 깊은 죄악에 빠져있다는 것도 아셨다. 그들로 인해 성전은 철저히 더럽혀졌고 유다와 예루살렘 성읍은 온통 죄악으로 가득하게 되었음도 아셨다. 하나님께서는 예레미야를 통해 소망이 없는 남유다 백성들과 유다와 예루살렘 성읍에 바벨론

이라는 진노의 도구를 통해 재앙을 내리시겠다고 선포하셨다. 그러나 하나님께서는 그들에게 재앙을 피할 길도 주셨다. 만약 바벨론에게 항복하고 그들의 포로가 되어 끌려가면 살 것이고 하나님의 말씀을 어기고 바벨론에게 대항하여 이 땅에 남아 있으면 결단코 재앙을 당하게 될 것이라고 말씀하셨다. 하지만 남유다 백성들은 이 말씀마저도 듣지 않았다.

예레미야는 그 모든 핍박과 멸시를 겪으면서도 하나님 말씀을 선포하지 않고는 견딜 수 없었다. 왜냐하면 그는 누구보다도 당신의 백성을 향하신 하나님의 간절한 마음을 알고 있었기 때문이다. 그 하나님의 마음이 예레미야의 마음이 되었고 하나님의 뜻이 그의 간절한 소원이 되었기 때문에 그의 입은 하나님의 말씀을 선포하는 입이 되어 어떠한 상황 가운데에서도 끝까지 예루살렘에 남아 하나님의 말씀을 담대히 선포하였다.

! 어떻게 핍박과 죽음의 상황 가운데서도 말씀을 선포할 수 있었는지 설명한다.

3 회복

내가 내 집을 버리며 내 소유를 내던져 내 마음으로 사랑하는 것을 그 원수의 손에 넘겼나니 (렘12:7)

예레미야가 이르되 여호와의 말씀이 내게 임하였느니라 이르시기를 보라 네 숙부 살룸의 아들 하나멜이 네게 와서 말하기를 너는 아나돗에 있는 내 밭을 사라 이 기업을 무를 권리가 네게 있느니라 하리라 하시더니 (렘32:6,7)

그들은 내 백성이 되겠고 나는 그들의 하나님이 될 것이며 내가 그들에게 한 마음과 한 길을 주어 자기들과 자기 후손의 복을 위하여 항상 나를 경외하게 하고 내가 그들에게 복을 주기 위하여 그들을 떠나지 아니하리라 하는 영원한 언약을 그들에게 세우고 나를 경외함을 그들의 마음에 두어 나를 떠나지 않게 하고 내가 기쁨으로 그들에게 복을 주되 분명히 나의 마음과 정성을 다하여 그들을 이 땅에

심으리라 (렘32:38~41)

아나돗의 밭을 사게 하신 이유에 대해서 설명한다.

••• B.C.587년 남유다 시드기야 왕이 통치한지 10년째 되던 해, 즉 남유다가 바벨론에게 멸망하기 1년 전 하나님께서는 예레미야에게 그의 고향 땅인 아나돗의 밭을 사게 하셨다. 이것은 남유다가 망함으로써 하나님 나라가 끝나는 것이 아니라는 메시지를 보내신 것이었다. 즉 하나님께서 정하신 때에 이스라엘 백성들은 이 땅에 돌아올 것이고, 돌아온 백성들을 통해 이 땅이 다시 젖과 꿀이 흐르는 땅으로 회복시켜 옛날처럼 다시 집을 짓고 가축이 번성하고 밭과 포도밭을 매매하는 날이 올 것이라는 하나님 나라에 대한 미래 계획을 **예레미야의 행위로 선포하게 하셨던 것**이다.

앞으로 하나님께서 하실 일들에 대해서 설명한다.

하나님께서는 예레미야를 통해 앞으로 하실 일들을 바벨론 포로로 잡혀 간 백성들과 유다와 예루살렘에 남아 있는 백성들에게 선포하게 하셨다. 하나님의 백성을 모을 것이고, 그들에게 하나님을 향한 한 마음과 한 길을 주실 것이며, 그들과 영원한 언약을 맺으시어 그들은 하나님의 자녀가 되고 하나님은 그들의 아버지가 되어 영원히 그들과 함께 하실 것이라고 하셨다. 또한 하나님의 법을 그들 마음에 주시고 그들을 이 땅에 심어 땅을 회복시켜 하나님의 거룩하심과 하나님의 하나님되심을 온 땅에 드러내실 것이라고 하셨다. 이와

신바벨론제국의 수도, 바빌로니아

같이 하나님은 예레미야를 통해 **미래와 소망의 메시지**를 선포하게 하셨다.

예레미야는 말씀대로 남유다가 망해가는 것을 보았고 예루살렘에 머물러 있다가 남아 있는 백성들에 의해서 강제로 애굽으로 피난을 가서 그곳에 가서도 우상을 섬기게 된 이스라엘 백성들에게 회개하라고 외쳤다. 예레미야는 남유다 역사상 가장 어려운 때에 끝까지 하나님 말씀을 담대하게 선포했던 위대한 선지자였다.

예레미야는 애굽에 가서도 회개를 촉구하며 말씀을 전했음을 설명한다.

역대상 · 하와 에스라와 느헤미야는 연결된 역사서이다.
역대상 · 하는 아담부터 고레스 칙령까지에 대한 말씀이고,
에스라는 고레스 칙령부터 성전재건과 영적 각성에 대한 말씀이며,
느헤미야는 성벽재건과 개혁운동에 대한 말씀이다.
포로귀환부터 성전재건과 성벽재건과 개혁운동과 구약의 마지막 말씀에 대해서 공부한다.

역대상·하, 에스라, 느헤미야

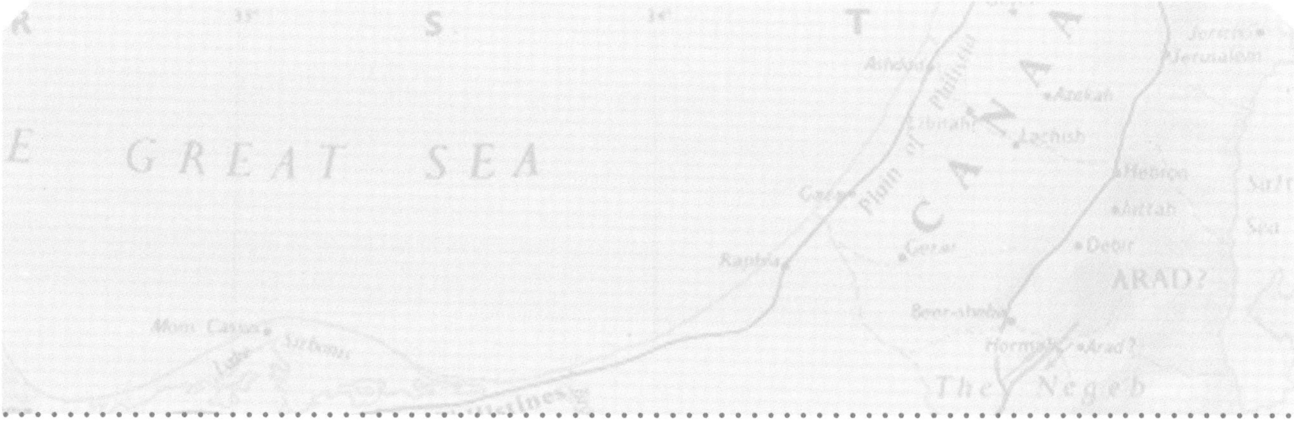

역대상·하

역대상 · 하는 아담부터 고레스 칙령까지에 대한 말씀이다.
이 부분에서는 '역대기서와 열왕기서의 차이점과 공통점',
'하나님 말씀을 선포한 다니엘과 에스겔'에 대해서 공부한다.

남유다가 멸망한 후, 하나님의 말씀을 선포한 선지자는?

이스라엘 왕들의 역사를 쓴 열왕기서와 역대기서는 각각 어떤 특징을 가지고 있는지, 남유다가 망해가는 과정 가운데 바벨론에서 활동했던 다니엘 선지자와 에스겔 선지자를 통해 하나님께서는 어떤 말씀을 선포하게 하셨는지에 대해서 알아본다.

1 열왕기서와 역대기서의 차이점

내가 이전에 이스라엘의 하나님 여호와를 가리켜 네게 맹세하여 이르기를 네 아들 솔로몬이 반드시 나를 이어 왕이 되고 나를 대신하여 내 왕위에 앉으리라 하였으니 내가 오늘 그대로 행하리라 (왕상1 : 30)

아담, 셋, 에노스, (대상1 : 1)

··· 열왕기서와 역대기서는 똑같이 이스라엘 왕들의 역사에 대해 기록하고 있다. 하지만 열왕기서와 역대기서는 기록한 사가에 따라 다른 관점으로 기록되어 있다.

열왕기서와 역대기서가 차이가 있음을 설명한다.

페르시아 파사르 가대의 폐허 (고레스의 궁전터)

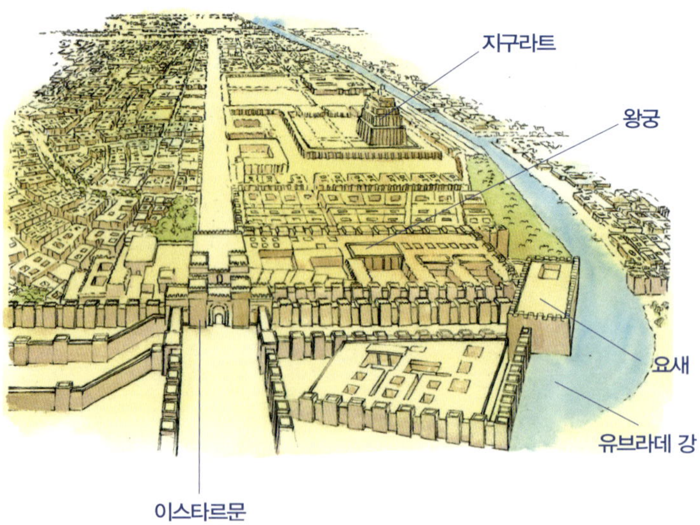

두 역사서의 차이점을 살펴보면, 열왕기서는 북이스라엘 왕들과 남유다 왕들에 대해 기록했으나 북이스라엘 왕들 위주로 기록했고, 솔로몬의 왕정으로부터 시작하여 영적으로 타락한 북이스라엘과 남유다가 멸망해 가는 역사에 대해서 기록하고 있다. 또한 북이스라엘이 앗수르에게 멸망당하고 남유다가 바벨론에게 멸망당하는 것으로 끝을 맺고 있다.

열왕기서는 무엇을 위주로 기록했는지와 어떻게 끝을 맺고 있는지 설명한다.

역대기서는 아담부터 시작하여 많은 부분을 다윗 왕의 역사에 대해 기록하고 있으며, 나머지 부분에서 남유다 왕들의 긍정적인 업적을 위주로 기록하고 있다. 역대기서의 끝은 바벨론을 멸망시킨 페르시아 초대왕인 고레스가 예루살렘 성전재건을 명령하면서 끝을 맺고 있다. 다시 말하면 예루살렘 성전재건을 언급하며 미래에 대한 소망, 즉 **다윗과 맺으신 언약이 이루어질 것**을 바라보게 하며 끝을 맺는다.

역대기서는 무엇을 위주로 기록했는지와 어떻게 끝을 맺고 있는지 설명한다.

2 열왕기서와 역대기서의 공통점

유다 왕 아사랴 제삼십구년에 가디의 아들 므나헴이 이스라엘 왕이 되어 사마리아에서 십 년간 다스리며 여호와 보시기에 악을 행하여 이스라엘로 범죄하게 한

느밧의 아들 여로보암의 죄에서 평생 떠나지 아니하였더라 (왕하15 : 17,18)

아하스가 왕위에 오를 때에 나이가 이십 세라 예루살렘에서 십육 년 동안 다스렸으나 그의 조상 다윗과 같지 아니하여 여호와 보시기에 정직하게 행하지 아니하고 (대하28 : 1)

이스라엘 왕들의 역사와 세계사의 차이점을 설명한다.

••• 열왕기서와 역대기서의 기록 방식은 세상의 일반 역사(세계사)의 기록 방식과 다르다. 일반 세계사는 정치, 경제, 문화면에서 국가의 발전과 흥망을 위주로 기록하고 있지만, 열왕기서와 역대기서 왕들의 역사를 기록한 사가들은 정치와 경제와 문화적인 면을 다루기보다는 하나님과의 백성 간의 관계와 하나님과 이스라엘 왕들 간의 관계가 어떠한가를 위주로 기록하고 있다.

열왕기서와 역대기서의 공통점에 대해서 설명하고, 무엇을 위주로 기록했는지 설명한다.

특히 왕과 하나님과의 관계에 있어서 '왕은 하나님의 백성들을 하나님의 명령하심대로 잘 이끌었는가?' 위주로 기록하고 있고 그것을 기준으로 왕들을 평가하고 있다. 세상의 군왕들처럼 국가를 부강하게 만들었는지, 국토를 넓혔는지에 대한 것이 평가의 기준이 아니라 **하나님만 섬기며 살았는지, 하나님의 말씀을 지켰는지, 하나님의 말씀대로 하나님 백성들을 다스렸는지**에 대한 것을 평가의 기준으로 삼아 열왕기서와 역대기서의 이스라엘 왕들의 역사를 기록했다.

3 다니엘 선지자

유다 왕 여호야김이 다스린 지 삼 년이 되는 해에 바벨론 왕 느부갓네살이 예루살렘에 이르러 성을 에워쌌더니 (단1 : 1)

그 때에 쇠와 진흙과 놋과 은과 금이 다 부서져 여름 타작 마당의 겨 같이 되어 바람에 불려 간 곳이 없었고 우상을 친 돌은 태산을 이루어 온 세계에 가득하였나이다 (단2 : 35)

이 여러 왕들의 시대에 하늘의 하나님이 한 나라를 세우시리니 이것은 영원히 망하지도 아니할 것이요 그 국권이 다른 백성에게로 돌아가지도 아니할 것이요 도리어 이 모든 나라를 쳐서 멸망시키고 영원히 설 것이라 (단2:44)

• • • 바벨론의 느부갓네살 왕이 B.C.605년에 남유다에 쳐들어와서 지혜 있고 쓸모 있는 귀족과 왕족들을 잡아갔는데 그중 다니엘과 세 친구도 포함되어 있었다. 그들은 바벨론의 포로로 잡혀가 느부갓네살의 신하가 되었지만 오직 하나님만 섬기는 다니엘은 계속해서 하나님과 깊은 교제를 나누고 있었다.

다니엘이 바벨론의 포로로 잡혀갔음을 설명한다.

하루는 바벨론 느부갓네살 왕이 꿈을 꾸었는데 자신이 무슨 꿈을 꾸었는지 생각나지 않아서 자신이 거느리는 신하들에게 맞출 것을 명령했지만 아무도 맞추지 못했다. 그러던 중 하나님의 은혜로 다니엘이 느부갓네살의 꿈을 해몽하게 되었다. 느부갓네살의 꿈에는 큰 신상이 등장하는데, 그 꿈은 돌 하나가 거대한 신상을 치고 신상은 그 돌에 의해 무너져 바람의 겨처럼 날아가 없어지며 오직 신상을 친 돌만 남아 태산을 이루어 온 세계에 가득 차게 되는 꿈이었다. 이것을 다니엘이 느부갓네살 왕에게 말했다. 태산을 이룬 돌은 하나님께서 한 나라를 세울 것을 뜻하는데, 그 나라는 영원히 망하지 않는 나라이

느부갓네살의 꿈에 대해서 설명한다.

수산에 있는 다니엘의 무덤

하나님께서는 다니엘을 통해 무엇을 선포하게 하셨는지 설명한다.

며 그 나라의 국권이 다른 백성에게 돌아가지 않을 것이고 다윗과 언약하신 대로 다윗의 혈통으로 이어질 영원한 나라라고 다니엘은 대제국의 황제 앞에서 미래에 하나님께서 하실 일을 선포하였다.

하나님께서는 유다와 예루살렘의 멸망으로 실의에 빠진 이스라엘 백성들에게 **하나님의 나라는 끝난 것이 아니라 하나님의 나라는 다윗의 혈통으로 영원히 이어져 갈 것**이라는 것을 대제국의 중심부에서 온 열방과 이스라엘 백성들에게 다니엘을 통해 선포하게 하셨다.

4 에스겔 선지자

서른째 해 넷째 달 초닷새에 내가 그발 강 가 사로잡힌 자 중에 있을 때에 하늘이 열리며 하나님의 모습이 내게 보이니 여호야긴 왕이 사로잡힌 지 오 년 그 달 초닷새라 (겔1:1,2)

우리가 사로잡힌 지 스물다섯째 해, 성이 함락된 후 열넷째 해 첫째 달 열째 날에 곧 그 날에 여호와의 권능이 내게 임하여 나를 데리고 이스라엘 땅으로 가시되 하나님의 이상 중에 나를 데리고 이스라엘 땅에 이르러 나를 매우 높은 산 위에 내려놓으시는데 거기에서 남으로 향하여 성읍 형상 같은 것이 있더라 (겔40:1,2)

너희는 이 땅을 나누되 제비 뽑아 너희와 너희 가운데에 머물러 사는 타국인 곧 너희 가운데에서 자녀를 낳은 자의 기업이 되게 할지니 너희는 그 타국인을 본토에서 난 이스라엘 족속 같이 여기고 그들도 이스라엘 지파 중에서 너희와 함께 기업을 얻게 하되 타국인이 머물러 사는 그 지파에서 그 기업을 줄지니라 주 여호와의 말씀이니라 (겔47:22,23)

에스겔이 바벨론의 포로로 잡혀갔음을 설명한다.

••• 에스겔은 B.C.597년 바벨론의 느부갓네살 왕이 예루살렘에 쳐들어와 여호야긴 왕을 잡아가면서 왕족과 귀족들과 기술자들을 잡아갔을 때 함께 잡

혀간 사람이다.

에스겔이 바벨론에 잡혀가서 몇 년이 흐른 후 하나님께서는 그에게 이상들을 보여주셨다. 에스겔 선지자가 본 이상 중 특히 마지막 이상은 '회복된 하나님의 성전'인데 에스겔이 본 성전은 기존에 건축되었던 성전처럼 건축할 수 있는 성전 설계도가 아니었다. 에스겔이 본 성전 설계도의 규모는 앞으로 유대인뿐만 아니라 이방인들도 동일한 기업을 받을 수 있도록 그 규모에 맞는 하나님의 왕국, 즉 **교회를 묘사한 것**이었다.

에스겔이 이상 중에 본 성전 규모와 그것이 무엇을 의미하는지에 대해서 설명한다.

에스겔 선지자는 이방인과 유대인이 귀환하는 영광과 하나님의 영광이 회복된 성전에 가득할 것을 제시하며 메시지의 결론을 맺는다. 에스겔의 마지막 메시지는 약 B.C.572년에 본 이상으로 이스라엘 포로민들에게 성전의 회복에 대한 기대를 주었으며 예레미야가 선포한 70년이 차면 귀환할 것이라는 말씀에 대한 소망을 다시금 갖게 해 주었다.

성전에 대한 마지막 메시지는 이스라엘 포로민들에게 어떤 영향을 주었는지 설명한다.

이처럼 하나님께서는 예루살렘에서는 예레미야 선지자를 통해, 바벨론에서는 다니엘 선지자와 에스겔 선지자를 통해, 비록 유다와 예루살렘이 멸망했지만 하나님 나라는 끝난 것이 아니며 하나님의 나라는 영원할 것이고 약속한대로 다윗의 혈통으로 진정한 왕이 올 것이고 하나님의 참 백성들이 귀환하게 될 것이며 여호와의 영광이 가득한 성전이 회복될 것이라는 **미래에 대한 메시지**를 선포하게 하셨다.

남유다가 완전히 망한 후 예레미야, 다니엘, 에스겔을 통해 선포한 메시지에 대해서 설명한다.

에스라, 느헤미야

에스라, 느헤미야는 고레스 칙령부터 예루살렘 귀환에 대한 말씀이다.
이 부분에서는 '제1차 귀환과 성전재건', '제2차 귀환과 영적 각성',
'제3차 귀환과 성벽재건, 개혁운동', '이때 활동했던 선자지들',
'구약의 마지막 말씀'에 대해서 공부한다.

스룹바벨과 예수아는 무엇을 하기 위해 예루살렘으로 귀환했는가?

역대기 끝과 에스라 시작이 무슨 사건으로 연결되어 있으며, 에스라서는 고레스 칙령부터 제1차 포로귀환과 예루살렘 성전재건과 제2차 포로귀환에 대한 역사를 기록하고 있음을 알아본다. 에스라 6장에 등장하는 학개 선지자와 스가랴 선지자는 무슨 메시지를 선포했으며 어떤 역할을 했는지에 대해서도 알아본다.

1 역대하 끝과 에스라서의 시작

또 하나님의 전을 불사르며 예루살렘 성벽을 헐며 그들의 모든 궁실을 불사르며 그들의 모든 귀한 그릇들을 부수고 (대하36:19)

이에 토지가 황폐하여 땅이 안식년을 누림 같이 안식하여 칠십 년을 지냈으니 여호와께서 예레미야의 입으로 하신 말씀이 이루어졌더라 바사의 고레스 왕 원년에 여호와께서 예레미야의 입으로 하신 말씀을 이루시려고 여호와께서 바사의 고레스 왕의 마음을 감동시키시매 그가 온 나라에 공포도 하고 조서도 내려 이르되 (대하36:21,22)

바사 왕 고레스 원년에 여호와께서 예레미야의 입을 통하여 하신 말씀을 이루게

페르시아 제국 고레스(키루스) 대왕의 무덤

하시려고 바사 왕 고레스의 마음을 감동시키시매 그가 온 나라에 공포도 하고 조서도 내려 이르되 (스1 : 1)

••• 에스라서의 시작은 역대기 끝의 사건으로 시작하고 있다. 즉 역대기서가 바벨론을 멸망시킨 페르시아의 초대 왕 고레스가 왕으로 등극 한 후 바벨론 포로로 생활하고 있었던 이스라엘 백성들에게 예루살렘으로 돌아가 성전을 재건하라는 명령을 하면서 끝을 맺는데, 이 사건을 에스라서 시작에 그대로 반복해서 기록하고 있다. 그러므로 역대기서 끝과 에스라서 시작은 '고레스의 칙령'이라는 역사적인 사건으로 연결되어 있다.

역대기 끝과 에스라 시작이 무슨 사건으로 연결되어 있는지 설명한다.

2 스룹바벨과 예수아

이스라엘의 하나님은 참 신이시라 너희 중에 그의 백성 된 자는 다 유다 예루살렘으로 올라가서 이스라엘의 하나님 여호와의 성전을 건축하라 그는 예루살렘에 계신 하나님이시라 (스1 : 3)

곧 스룹바벨과 예수아와 느헤미야와 스라야와 르엘라야와 모르드개와 빌산과 미스발과 비그왜와 르훔과 바아나 등과 함께 나온 이스라엘 백성의 명수가 이러하니 (스2 : 2)

예루살렘에 있는 하나님의 성전에 이른 지 이 년 둘째 달에 스알디엘의 아들 스룹바벨과 요사닥의 아들 예수아와 다른 형제 제사장들과 레위 사람들과 무릇 사로잡혔다가 예루살렘에 돌아온 자들이 공사를 시작하고 이십 세 이상의 레위 사람들을 세워 여호와의 성전 공사를 감독하게 하매 (스3 : 8)

••• 페르시아의 초대 왕 고레스는 잔인한 정책을 펼쳐왔던 앗수르 제국과는 다르게 정복한 민족들에게 종교와 문화에 대해 자유를 보장해주는 평화로운 정책을 펼친 왕이었다. 이러한 정책의 일환으로 포로로 잡혀와 있는 이스라

제1차 포로귀환은 누구를 중심으로 무엇을 위한 것이었는지 설명한다

엘 백성들에게 예루살렘으로 돌아가 성전을 건축해도 좋다는 칙령을 내렸다. 다윗 왕의 자손인 스룹바벨과 대제사장인 예수아를 중심으로 바벨론 포로생활을 하며 살고 있었던 수많은 이스라엘 백성들(49,697명)은 벅찬 기대와 감격한 마음으로 성전을 재건하기 위해 자기의 삶을 뒤로 하고 예루살렘으로 귀환했다. 이것이 **제1차 포로 귀환**이다.

귀환 후 열악한 환경, 언약궤의 부재, 사마리아인들의 방해 등 그들이 겪은 어려움에 대해서 설명한다. 결국 성전재건이 중단되었음을 설명한다.

드디어 예루살렘에 도착하여 스룹바벨과 예수아를 중심으로 귀환한 백성들은 힘을 다하여 성전을 재건하기 시작했다. 그러나 예루살렘으로 귀환한 사람들은 예루살렘과 일정한 지역에 제한적으로 거주할 수밖에 없는 열악한 환경으로 인해 정착하는 데 많은 어려움이 있었다. 또한 언약궤가 없었다는 것도 그들에게는 많은 것을 상징한다. 하나님의 임재의 상징이요 이스라엘 백성의 중심인 언약궤가 없다는 것은 비록 예루살렘으로 귀환하긴 했지만 예전과는 같지 않은 상황이라는 것을 나타내 준다. 하지만 이 모든 것은 하나님의 계획하심 안에서 이루어지는 과정이었다. 또한 앗수르가 북이스라엘을 멸망시킨 후 외국의 이방인들과 북이스라엘을 혼합시켜 놓은 정책으로 인해 생긴 사마리아 사람들의 방해로 마침내 15년 동안 성전재건이 지연되는 어려움을 겪게 된다.

3 학개와 스가랴

유다 사람의 장로들이 선지자 학개와 잇도의 손자 스가랴의 권면을 따랐으므로 성전 건축하는 일이 형통한지라 이스라엘 하나님의 명령과 바사 왕 고레스와 다리오와 아닥사스다의 조서를 따라 성전을 건축하며 일을 끝내되 (스6 : 14)

다리오 왕 제이년 여덟째 달에 여호와의 말씀이 잇도의 손자 베레갸의 아들 선지자 스가랴에게 임하니라 이르시되 (슥1 : 1)

다리오 왕 제이년 여섯째 달 곧 그 달 초하루에 여호와의 말씀이 선지자 학개로 말미암아 스알디엘의 아들 유다 총독 스룹바벨과 여호사닥의 아들 대제사장 여호수아에게 임하니라 이르시되 (학1 : 1)

이 성전이 황폐하였거늘 너희가 이 때에 판벽한 집에 거주하는 것이 옳으냐 (학1 : 4)

너희는 산에 올라가서 나무를 가져다가 성전을 건축하라 그리하면 내가 그것으로 말미암아 기뻐하고 또 영광을 얻으리라 여호와가 말하였느니라 너희가 많은 것을 바랐으나 도리어 적었고 너희가 그것을 집으로 가져갔으나 내가 불어 버렸느니라 나 만군의 여호와가 말하노라 이것이 무슨 까닭이냐 내 집은 황폐하였으되 너희는 각각 자기의 집을 짓기 위하여 빨랐음이라 (학1 : 8,9)

이제 원하건대 너희는 오늘부터 이전 곧 여호와의 전에 돌이 돌 위에 놓이지 아니하였던 때를 기억하라 (학2 : 15)

성전재건이 중단된 후 귀환한 백성들의 상태에 대해서 설명한다.

••• 사마리아와 주변 민족들의 방해로 성전건축이 지연되고 있는 상황에서 귀환한 백성들은 하나님께 예배는 드리고 있었지만 시간에 흘러감에 따라 귀환할 때의 기대와는 다른 환경으로 인해 성전재건에 대한 열망도 점점 시들해져 갔다. 또한 정착하는 데 많은 어려움이 있었던 귀환한 백성들은 자기들의 집을 짓고 각자 생활하는 데 치중하는 자기중심적인 삶을 살았다. 하나님께서는 그들의 이러한 모습들을 학개 선지자를 통해 지적하셨다.

귀환한 백성들에게 무엇을 질책하셨는지 설명한다.

이렇게 살고 있는 귀환한 백성들에게 하나님께서는 학개 선지자를 통해 성전이 무너지던 때, 즉 남유다가 참혹하게 망해갈 때를 '기억하라'고 말씀하시면서 성전완공을 촉구하셨다. 이것은 하나님의 은혜로 말미암아 그토록 소망했던 성전을 재건할 수 있도록 허락하셨는데도 불구하고 그들이 최우선적으

페르시아의 왕 궁터

페르세폴리스(페르시아의 수도)의 궁전 알현실 유적
고레스 2세에 의해 건축됨

로 감당해야 할 일을 자기들의 먹고 사는 문제 때문에 안일하게 방치하고 있었던 것에 대해 이스라엘 백성들에게 돌 위에 돌 하나도 없이 예루살렘 성전이 초토화되었을 때를 기억하고 정신을 차리라고 학개 선지자를 통해 질책하신 것이다.

결국 각성한 귀환한 백성들은 학개와 스가랴 선지자와 함께 힘을 모으고 스룹바벨과 예수아를 도와 마침내 B.C.516년에 성전을 완공하게 되었다.

고레스칙령부터 스룹바벨과 예수아, 학개, 스가랴를 중심으로 백성들과 함께 성전을 완공시킬 때까지의 역사적인 과정이 에스라 1장부터 6장까지 기록되어 있다.

예루살렘 성전 완공에 대해서 설명한다.

고레스 칙령 이후 지금까지 설명한 일들이 에스라 1장부터 6장까지 기록되어 있음을 설명한다.

에스라가 예루살렘에 귀환해서 한 일은 무엇인가?

예루살렘 성전을 재건한 후 귀환한 사람들은 어떤 삶을 살았으며, 에스라는 페르시아에서 예루살렘으로 귀환해서 어떤 사역을 했고, 구약의 어떤 말씀을 통해 백성들을 각성시켰으며, 에스라의 영적각성 운동을 통해 백성들이 어떻게 회복되었는지에 대해서 알아본다.

1 에스라의 귀환

이 일 후에 바사 왕 아닥사스다가 왕위에 있을 때에 에스라라 하는 자가 있으니라 그는 스라야의 아들이요 아사랴의 손자요 힐기야의 증손이요 (스7 : 1)

이 에스라가 바벨론에서 올라왔으니 그는 이스라엘의 하나님 여호와께서 주신 모세의 율법에 익숙한 학자로서 그의 하나님 여호와의 도우심을 입음으로 왕에게 구하는 것은 다 받는 자이더니 (스7 : 6)

에스라가 여호와의 율법을 연구하여 준행하며 율례와 규례를 이스라엘에게 가르치기로 결심하였었더라 (스7 : 10)

수산 궁터

수산궁 정원의 폐허

• • • 스룹바벨, 예수아, 학개, 스가랴는 귀환한 백성들과 함께 힘을 다해 예루살렘 성전을 재건하였지만 기대했던 것에 미치지 못했고 결국 귀환한 백성들은 시간이 갈수록 각자의 삶에 치중하게 되어 점점 예배도 잘 드리지 않았고 다시 이방인과 섞여서 살고 있는 실정이었다. 이러한 예루살렘의 소식을 들은 에스라는 귀환한 백성들이 또 다시 하나님 앞에 죄에 빠지지 않게 하기 위해 페르시아 왕의 권고로 그들에게 하나님의 말씀인 율법을 가르치기 위해 B.C.458년 예루살렘으로 **제2차 포로 귀환을** 하게 된다.

에스라가 예루살렘으로 귀환을 결심한 이유를 설명한다.

에스라가 큰 위기라고 생각한 것은 주변의 적들이 아니었다. 바로 귀환한 백성들이 이방인들과 결혼으로 인해 그들의 종교와 문화에 섞이게 되는 것을 위기로 생각했다. 그것이 하나님을 진노케 만드는 큰 죄악임을 율법의 학사였던 에스라는 잘 알고 있었기 때문에 이 문제를 해결하기 위해 백성들에게 말씀을 가르치는 영적 개혁운동을 벌이게 된 것이다.

에스라가 무엇을 큰 위기라고 생각했는지 설명하고, 그것을 해결하기 위해 무엇을 결심했는지 설명한다.

2 에스라의 개혁운동과 모세의 율법

우리가 비록 노예가 되었사오나 우리 하나님이 우리를 그 종살이하는 중에 버려두지 아니하시고 바사 왕들 앞에서 우리가 불쌍히 여김을 입고 소생하여 우리 하나님의 성전을 세우게 하시며 그 무너진 것을 수리하게 하시며 유다와 예루살렘에서 우리에게 울타리를 주셨나이다 (스9:9)

우리 하나님이여 이렇게 하신 후에도 우리가 주의 계명을 저버렸사오니 이제 무슨 말씀을 하오리이까 (스9:10)

전에 주께서 주의 종 선지자들에게 명령하여 이르시되 너희가 가서 얻으려 하는 땅은 더러운 땅이니 이는 이방 백성들이 더럽고 가증한 일을 행하여 이 끝에서 저 끝까지 그 더러움으로 채웠음이라 (스9:11)

그런즉 너희 여자들을 그들의 아들들에게 주지 말고 그들의 딸들을 너희 아들들을 위하여 데려오지 말며 그들을 위하여 평화와 행복을 영원히 구하지 말라 그리하면 너희가 왕성하여 그 땅의 아름다운 것을 먹으며 그 땅을 자손에게 물려 주어 영원한 유산으로 물려 주게 되리라 하셨나이다 (스9:12)

곧 내 주의 교훈을 따르며 우리 하나님의 명령을 떨며 준행하는 자의 가르침을 따라 이 모든 아내와 그들의 소생을 다 내보내기로 우리 하나님과 언약을 세우고 율법대로 행할 것이라 (스10:3)

말씀에 능했던 에스라가 알고 있었던 것은 무엇인지 설명한다.

••• 에스라는 모세의 율법에 능숙한 학자였다. 그러므로 그는 하나님께서 그동안 이스라엘에게 하신 일들과 베푸신 은혜를 잘 알고 있었다. 하나님 말씀에 능했던 에스라는 이스라엘 백성들이 왜 멸망했으며 왜 포로로 잡혀 가게 되었는지 명확하게 알고 있었다.

에스라는 어떤 말씀과 연결해서 백성들의 죄를 고백하고 있는지 설명한다.

그런데 귀환한 백성들이 또 다시 조상들이 범했던 죄를 반복해서 짓고 있는 것에 대해서 에스라는 '레위기와 신명기의 말씀'을 통해 백성들을 각성시키며, 하나님 앞에 나아가 고백하고 있다. 에스라 9장11절은 레위기 18장27

절의 말씀 너희가 전에 있던 그 땅 주민이 이 모든 가증한 일을 행하였고 그 땅도 더러워졌느니라를 고백하고 있는 것이다. 에스라 9장12절은 신명기 7장2,3,4절의 말씀 네 하나님 여호와께서 그들을 네게 넘겨 네게 치게 하시리니 그 때에 너는 그들을 진멸할 것이라 그들과 어떤 언약도 하지 말 것이요 그들을 불쌍히 여기지도 말 것이며 또 그들과 혼인하지도 말지니 네 딸을 그들의 아들에게 주지 말 것이요 그들의 딸도 네 며느리로 삼지 말 것은 그가 네 아들을 유혹하여 그가 여호와를 떠나고 다른 신들을 섬기게 하므로 여호와께서 너희에게 진노하사 갑자기 너희를 멸하실 것임이니라를 고백하고 있는 것이다.

포로의 후예인 이들은 하나님 말씀에 대한 불순종의 결과를 뼈저리게 경험하며 살아온 사람들이다. 에스라가 말씀을 선포했을 때 자기 조상들이 이 같은 죄들을 하나님 앞에 범했기 때문에 이스라엘 나라가 멸망했고, 예루살렘 성전이 초토화된 것임을 깨달았다. 삶으로 경험하며 살아온 포로의 후예인 이들은 하나님 말씀에 순종하는 것만이 유일한 길임을 알았기에 에스라의 선포를 듣고 주저함 없이 죄와 연결된 모든 것을 끊어버리기로 결정하였다.

하나님의 백성으로서 이방인과 결혼하는 것이 하나님 앞에 죄라는 것도 깨달았다. 특히 당시 이스라엘은 나라를 되찾은 것도 아니었고 인구가 많은 것도 아닌 상태에서 이방민족과 혼인을 통해 섞이게 되면 **이스라엘의 민족적 고유 특성**을 잃어버릴 수도 있는 상황이었다. 그렇기 때문에 에스라는 귀환한 사람들 중 이방여인인 아내와 자식들을 내보내기로 단호하게 결단을 내렸다.

에스라는 귀환한 백성들에게 말씀을 통해 영적인 각성운동을 일으켜 포로의 후예인 그들에게 세상 앞에서는 나라도 없는 초라한 포로이지만 만물을 통치하시는 하나님 앞에서 자신들이 어떤 존재인지를 알려주며 하나님 앞에서 **진정한 정체성**을 되찾을 수 있도록 인도한 위대한 지도자였다.

포로 후예들은 어떻게 죄와 연결된 모든 것들을 단절하기로 결심했는지 설명한다.

에스라는 왜 이방여인인 아내와 자식을 내보내기로 결정했는지 설명한다.

에스라가 왜 위대한 지도자인지 이유를 설명한다.

느헤미야가 예루살렘에 귀환해서 한 일은 무엇인가?

느헤미야는 무엇 때문에 귀환하려 했으며 어떤 사역을 감당하였고 어떤 어려움이 있었는지를 알아보고, 에스라와 느헤미야가 함께 한 사역에 대해서 알아본다.

1 느헤미야의 사역

하가랴의 아들 느헤미야의 말이라 아닥사스다 왕 제이십년 기슬르월에 내가 수산 궁에 있는데 내 형제들 가운데 하나인 하나니가 두어 사람과 함께 유다에서 내게 이르렀기로 내가 그 사로잡힘을 면하고 남아 있는 유다와 예루살렘 사람들의 형편을 물은즉 (느1 : 1,2)

성벽 역사가 오십이 일 만인 엘룰월 이십오일에 끝나매 우리의 모든 대적과 주위에 있는 이방 족속들이 이를 듣고 다 두려워하여 크게 낙담하였으니 그들이 우리 **하나님께서** 이 역사를 이루신 것을 앎이니라 (느6 : 15,16)

총독 느헤미야의 귀환 길

••• 느헤미야는 페르시아 아닥사스다 왕의 술 맡은 관원으로 왕의 신임을 받는 높은 지위에 있었던 관리였다. 그는 예루살렘 방문을 마치고 돌아온 형제 하나니에게서 예루살렘의 처참한 상황에 대해서 듣고 하나님 앞에 슬피 금식하며 기도로 나아갔다. 그는 왕으로부터 귀환을 허락받고 유다 총독의 직책으로 예루살렘에 귀환하였다. 이것이 **제3차 포로 귀환**이다.

B.C.586년 남유다가 바벨론에게 망하면서 예루살렘 성과 성벽이 무너졌다. B.C.516년에 성전은 재건되었지만 성벽은 재건하지 못하고 있었다. 이렇게 140년 동안 무너진 상태로 방치되어 있었으므로 외부의 세력으로부터 무방비 상태에 있었다.

느헤미야는 예루살렘으로 돌아와 성벽을 답사한 후 무너진 성벽을 재건하기 시작했다. 그는 반대하는 세력들의 방해에도 굴하지 않고 백성들에게 각각의 은사대로 직책을 맡기고 세우고 격려하고 친히 모범을 보이며 그들을 잘 이끌었다. 결국 느헤미야의 끊임없는 노력으로 마침내 높이 2~3m, 넓이 2.5~3km 되는 거대한 성벽을 52일 만에 기적적으로 완성하게 되었다.

느헤미야는 어떤 사람이었고, 왜 예루살렘으로 귀환하려고 했는지 설명한다.

성전은 140년 동안 어떤 상태에 있었는지 설명한다.

느헤미야의 성벽 완성에 대해서 설명한다.

2 에스라와 느헤미야의 동역

그 때에 학사 에스라가 특별히 지은 나무 강단에 서고 그의 곁 오른쪽에 선 자는 맛디댜와 스마와 아나야와 우리야와 힐기야와 마아세야요 그의 왼쪽에 선 자는 브다야와 미사엘과 말기야와 하숨과 하스밧다나와 스가랴와 므술람이라 (느8:4)
에스라가 모든 백성 위에 서서 그들 목전에 책을 펴니 책을 펼 때에 모든 백성이 일어서니라 (느8:5)
에스라가 위대하신 하나님 여호와를 송축하매 모든 백성이 손을 들고 아멘 아멘 하고 응답하고 몸을 굽혀 얼굴을 땅에 대고 여호와께 경배하니라 (느8:6)
하나님의 율법책을 낭독하고 그 뜻을 해석하여 백성에게 그 낭독하는 것을 다 깨닫게 하니 백성이 율법의 말씀을 듣고 다 우는지라 총독 느헤미야와 제사장 겸 학사 에스라와 백성을 가르치는 레위 사람들이 모든 백성에게 이르기를 오늘은 너희 하나님 여호와의 성일이니 슬퍼하지 말며 울지 말라 하고 (느8:8,9)

성벽을 완성한 후 느헤미야와 에스라는 백성들에게 말씀을 선포했음을 설명한다.

••• 예루살렘 성벽을 완성한 후 느헤미야는 에스라와 함께 종교개혁을 주도했다. 에스라는 영적인 개혁을 감당했고 느헤미야는 물리적인 개혁을 감당하며 백성들을 함께 이끌었다. 예루살렘 성벽을 완성하고 모든 것이 정비되어 안정을 찾게 된 후 느헤미야와 에스라는 모든 백성들을 수문 앞 광장에 모아 놓고 에스라 좌우에 13명의 레위지파 사람들을 세웠다. 에스라가 하나님의 말씀인 모세의 율법책을 펼 때 모든 백성들이 일어서서 얼굴을 땅에 대고 하나님을 경배했다. 에스라가 모세의 율법책을 백성들에게 읽어 주었고 레위 사람들이 말씀을 해석해 주었다. 백성들은 **말씀을 듣고 하나님 앞에 모두 눈물을 흘렸다.**

느헤미야 8장4~9절의 장면을 하나님께서 예레미야를 통해 하신 말씀과 연결해서 설명한다.

하나님께서는 예레미야를 통해 다음과 같이 말씀하셨다.
이스라엘 자손을 북방 땅과 그 쫓겨 났던 모든 나라에서 인도하여 내신 여호와께서 살아 계심을 두고 맹세하리라 내가 그들을 그들의 조상들에게 준 그들의 땅으

로 인도하여 들이리라 (렘16:15)

이스라엘을 다시 그의 목장으로 돌아가게 하리니 그가 갈멜과 바산에서 양을 기를 것이며 그의 마음이 에브라임과 길르앗 산에서 만족하리라 여호와의 말씀이니라 그 날 그 때에는 이스라엘의 죄악을 찾을지라도 없겠고 유다의 죄를 찾을지라도 찾아내지 못하리니 이는 내가 남긴 자를 용서할 것임이라 (렘50:19,20)

이로써 예레미야를 통해 이스라엘의 회복을 약속하셨던 하나님 말씀이 느헤미야와 에스라를 통해 이루어지게 되었다.

구약 성경은 무슨 말씀으로 끝을 맺는가?

에스라, 느헤미야, 말라기는 동시대에 활동하셨던 분들이다. 귀환한 백성들은 어떤 삶을 살았고, 말라기 선지자는 그들에게 어떤 말씀을 선포했으며, 구약은 무슨 말씀으로 끝을 맺고 있는지에 대해서 알아본다.

1 말라기 선지자

여호와께서 말라기를 통하여 이스라엘에게 말씀하신 경고라 (말1 : 1)

만군의 여호와가 이르노라 보라 용광로 불 같은 날이 이르리니 교만한 자와 악을 행하는 자는 다 지푸라기 같을 것이라 그 이르는 날에 그들을 살라 그 뿌리와 가지를 남기지 아니할 것이로되 (말4 : 1)

내 이름을 경외하는 너희에게는 공의로운 해가 떠올라서 치료하는 광선을 비추리니 너희가 나가서 외양간에서 나온 송아지 같이 뛰리라 (말4 : 2)

너희는 내가 호렙에서 온 이스라엘을 위하여 내 종 모세에게 명령한 법 곧 율례와 법도를 기억하라 (말4 : 4)

> ! 말라기 당시 이스라엘 백성들의 상태를 설명한다.

··· 말라기 선지자는 스룹바벨과 예수아가 죽은 후 등장한 선지자다. 귀환 초기와는 달리 말라기 시대에는 제사장들이 재건된 성전에서 하나님 앞에 정규적으로 제사를 드리게 되었다. 그러나 귀환한 백성들은 시간이 지남에 따라 하나님에 대한 열심이 식어갔고 주변의 이방사람들의 영향을 받아 개인적인 삶에 치중하며 살게 되었다.

그래서 말라기 선지자는 이런 상황 가운데에 있는 백성들에게 예배와 신성한 결혼관 그리고 일상적 노동에 대한 말씀을 강조하였다. 또한 하나님께서는 하나님의 백성들에게 구약의 마지막 말씀인 말라기서를 통해 시내산에서 주신 법인 율례와 법도, 즉 하나님 말씀을 기억하라고 끝까지 명령하셨다.

2 구약의 마지막 말씀

보라 여호와의 크고 두려운 날이 이르기 전에 내가 선지자 엘리야를 너희에게 보내리니 그가 아버지의 마음을 자녀에게로 돌이키게 하고 자녀들의 마음을 그들의 아버지에게로 돌이키게 하리라 돌이키지 아니하면 두렵건대 내가 와서 저주로 그 땅을 칠까 하노라 하시니라 (말4:4,5,6)

··· 하나님께서는 말라기 선지자를 통해 다음과 같이 구약의 마지막 말씀을 맺고 있다. 첫째, 하나님 앞에서 **의인과 악인을 분명히 구분해 내는 날이** 올 것이라고 하셨다. 그날에는 하나님을 떠나 죄악에 빠진 자들에게는 저주가 임하게 되고, 하나님만을 섬기고 말씀을 지켜 행하는 자들에게는 건짐을 받는 축복이 임하게 될 것이라고 하셨다.

어떤 날이 임할 것에 대해서 설명한다.

둘째, **기억하라**고 명령하셨다. 하나님께서 행하셨던 일들과 하나님의 말씀, 율례, 법도를 기억하라는 말씀이다. 이 명령은 지금까지 이스라엘 모든 역사 동안 계속해서 백성들에게 하셨던 명령이다. 결국 앞으로 임할 큰 심판을 준비하는 하나님의 백성들도 하나님께서 행하신 일들과 하나님의 말씀을 동일하게 기억하고 지켜 행해야 하는 책임이 있다는 것이다.

무엇을 기억해야 하고 왜 기억해야 하는지 설명한다.

셋째, 그날이 임하기 전에 **엘리야를 보낸다**고 말씀하셨다. 엘리야가 당대에 우상에 빠져 있었던 백성들에게 회개할 것을 선포했던 것처럼 그날이 임하기 전에 그가 와서 아비와 자녀 사이의 마음을 돌이키게 하는 일을 할 것인데 만약 돌이키지 않으면 여호와께서 직접 오셔서 저주로 땅을 치시겠다고 말씀하셨다.

엘리야가 올 것에 대해서 설명한다.

그가 또 엘리야의 심령과 능력으로 주 앞에 먼저 와서 아버지의 마음을 자식에게, 거스르는 자를 의인의 슬기에 돌아오게 하고 주를 위하여 세운 백성을 준비하리라 (눅1:17)

말라기의 엘리야에 대한 예언이 세례요한에게서 성취되었음을 설명한다.

말라기 선지자가 말한 오리라 한 엘리야가 바로 '세례요한' 이다. 그러나 엘리야가 환생한 것이 아니라 엘리야의 심령과 능력으로 예수님이 오시기 전 앞서 길을 예비하는 역할을 하는 세례요한이 온 것이다. 즉 엘리야에 관한 말라기 선지자의 예언이 '세례요한'을 통해 성취되었다.

구약의 마지막 말씀은 무엇으로 끝을 맺는지 설명한다.

세례요한이 길을 예비한 대로 때가 차매 (갈4:4) 하나님께서 예비하신 정확한 때에 '참된 이스라엘의 회복을 위해' 진정한 왕이신 예수님께서 오셨다. 이렇게 구약의 마지막 말씀은 **예수님이 오실 그때를** 가리키며 끝을 맺고 있다.

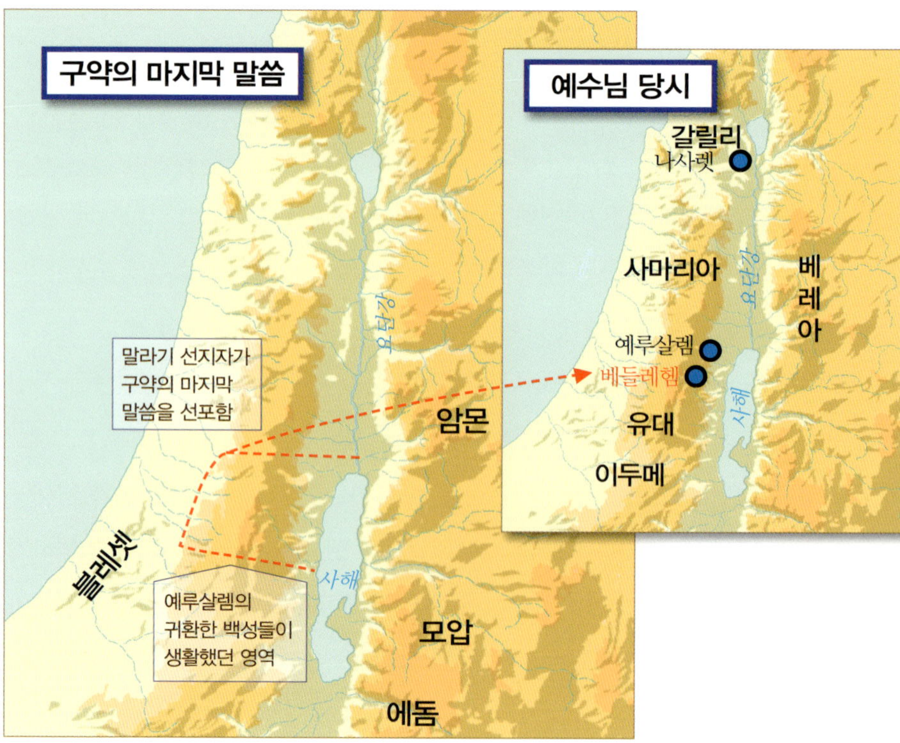

예수님 탄생자리 추정지

| 참고도서 |

김성수, 『내가 너로 큰 민족을 이루게 하리라』, 서울 합동신학대학 출판부

김홍전, 『하나님의 백성1~3』, 도서출판 성약

『사사기 소고 1~3』, 도서출판 성약

『신앙의 자태1』, 도서출판 성약

『사무엘 시대 1~2』, 도서출판 성약

『다윗왕국 1~2』, 도서출판 성약

『이스라엘 열왕의 역사1~4』, 도서출판 성약

『혼인, 가정과 교회』, 도서출판 성약

레온 우드, 『이스라엘의 역사』, 서울기독교문서선교회

팔머 로벗슨, 『선지자와 그리스도』, 개혁주의 신학사

빌 T. 아놀드 & 브라이언 E. 베이어, 『구약의 역사적 신학적 개론』, 크리스챤 출판사

알프레드 J. 허트, 『고고학과 구약성경』, 도서출판 미스바

크리스토퍼 라이트, 『현대를 위한 구약윤리』, IVP

John H. Walton 『Zondervan Illustrated Bible Backgrounds Commentary Ⅰ~Ⅳ』, ZONDERVAN

이원희, 『성서지도』, 도서출판 지계석

하용조, 『비전성경사전』, 두란노